JN416827

21세기 글로벌 사회 공공성

현장을 가다

21세기 글로벌 사회 공공성

현장을 가다

이동수 편

인간사랑

차례

서문

인간은 홀로 살기 어려운 존재이다. 혼자서는 외롭기도 하고 세파(世波)를 헤쳐 나갈 힘이 부족하기 때문이다. 인류문명의 발생은 사회의 구성 및 도시의 건설과 함께 시작되었는데, 이는 인류의 발전이 공동체형성과 밀접한 연관이 있다는 것을 뜻한다.

전통적으로 이런 문명공동체를 유지하는 틀로 국가가 제시되었다. 국가적 삶이 인간에게 부여되고, 이는 개인의 일이나 사적인 일이 아닌 공적인 일로 여기게 되었다. 이런 공적인 일은 주로 국민의 안위, 질서, 편의 등에 집중되었고, 이를 담당하는 역할은 정부, 의회, 사법, 군, 경찰 등에게 맡겨졌다.

그런데 인류사회가 점차 산업화, 민주화, 복지화, 정보화, 세계화의 단계를 거치면서 공적인 영역의 일이 확대되기 시작하였다. 국민의 안전을 보장하는 일뿐만 아니라 복리를 증진시키고 삶의 질을 높이는 일 또한 중요한 공적인 것으로 대두되었다. 이런 일을 국가 혼자만의 힘으로는 모두 감당하기 어렵다. 효율성을 강조하는 현대사회에서는 더더욱 그렇다.

따라서 이젠 공공의 일을 국가에 전적으로 맡겨서는 안 된다. 우리는 단순히 국가의 혜택을 받고 의무를 수행하는 국민의 단계에 머무는 것이 아니라, 사회 곳곳에서 자신의 일을 진행하면서도 남을 배려하고 사회를 걱정하는 일을 동시에 수행하는 시민이 되어야 한다. 요컨대 현대사회의 공적인 일은 국가와 시민이 공동으로 노력하는 거버넌스를 필요로 한다.

한편 현대사회에서 시민의 참여가 늘어나는 만큼 공적인 일에 대한 범위도 크게 확대되었다. 예전에는 단순히 생산활동이나 소비활동과 같이 경제영역에 국한되었던 일들이 요즘은 생산이나 소비 모두 친환경이나 에너지문제를 고려하지 않을 수 없게 되었다. 또한 학생들을 교육하는 대학들도 상아탑의 울타리를 벗어나 시민들에게 사회적 봉사를 할 수 있는 공공성에 대해 고민하게 되었다. 기업들도 이윤 획득뿐만 아니라 벌어들인 이윤을 어떻게 사회에 환원할 것인지 고민하기 시작하였다. 그리고 얼마 전까지만 하더라도 우리나라는 해외원조를 받던 국가였던 데 비해, 이제는 다른 개발도상국들에게 반대로 원조를 제공하고 봉사활동을 전개하는 국제적 공공성의 역할도 담당하게 되었다.

이러한 사회적 현상에 착안하여 경희대 공공대학원은 중앙일보사와 더불어 2011년 〈대한민국 리더십에 필요한 공공성〉이라는 기획시리즈를 9회에 걸쳐 연재한 바 있다. 이 시리즈는 정치, 안전, 사회복지, 기업, 에너지, 환경, 교육, 다문화, 국제개발협력 분야에 있어서 어떻게 공공성을 유지해야 하는지, 또 그런 공공성을 유지하기 위해 어떤 리더십을 발휘해야 하는지 등에 대해 살펴보았다. 그리고 중국, 싱가포르, 스웨덴, 일본, 미국, 독일, 프랑스, 아프리카 등지의 해당 현장을 방문하여 해외사례들을 심층 분석하였다.

이번에 출판되는 『21세기 글로벌 사회 공공성-현장을 가다』는 위의 연재물들을 바탕으로 하여 보완하고 확대한 논문들을 한데 모은 저작이다. 세계 각국의 사례들의 공통점은 모두 현대사회에서 공공성의 영역은 따로 없으며 정부와 기업, 일반시민들이 힘을 합쳐 공적인 문제를 의논하고 그 해결책을 펼쳐나간다는 점이다. 그런 점에서 현 인류는 문명공동체 본연의 임무를 잘 수행하고 있는 것처럼 보인다. 물론 현실은 아직도 이 저작에서 다룬 사례들의 기준에 훨씬 미치지 못한다. 다만 이 사례들이 고민하고 있는 현대인들에게 어떤 방향을 제시해줄 수 있지 않을까 생각한다.

마지막으로 이 책이 나오는 데까지 많은 도움을 준《중앙일보》 관계자와 인간사랑 출판사 관계자들에게 깊은 감사의 말씀을 드리고 싶다. 그리고 필진들에게 현장에서 도움을 준 수많은 각국 관계자 여러분들에게도 감사와 안부를 전한다.

2013년 8월

경희대 공공대학원장 이동수

1

정치리더십과 공공성 : 중국의 집단지도체제[1]

이 동 수

1. 들어가며

2011년 가을, 필자는 일행과 더불어 중국의 수도 베이징에 있는 북경행정학원(예전의 북경당교)을 방문한 적이 있다. 당시 한국의 정치 상황이 여야 간에 그리고 여당 내에서도 소위 말하는 친이·친박 간의 갈등이 심화되고, 사회가 보수와 진보로 나뉘어 갈등이 고조되고 있을 때였다. 필자는 이런 한국과 달리 비교적 안정적인 정치리더십

---

1 이 글은 『정치와 평론』 제12권(2013)에 게재한 「중국의 집단지도체제 : 협상의 정치리더십」을 수정·보완한 글이다.

을 발휘하고 있는 중국의 집단지도체제에 관심이 쏠렸다. 비록 중국은 공산당 일당지배체제이지만 그렇다고 해서 일인지배체제인 것은 아니며, 기득권을 갖고 있는 공산당 엘리트들이 치열한 경쟁과 갈등 속에서도 나름대로 집단지도체제를 이루어 공동통치를 한다는 것이 현대사회에서 매우 특이하게 보였으며 혹시라도 한국정치에 던져 주는 시사점은 없는가 하는 생각 때문이었다. 따라서 궁금증을 풀기 위해 북경행정학원을 직접 살펴보았던 것이다.

북경행정학원은 북경시 중급 이상의 간부들을 교육하는 곳이다. 그런데 단순히 공무원교육원으로서의 기능을 수행할 뿐만 아니라, 공산당 간부들인 그들에게 공산당원으로서 또 국가를 짊어진 공적인 업무를 담당하는 공인으로서의 마음가짐과 행동강령들을 재교육하는 일도 담당하고 있다. 오히려 후자의 의미가 더욱 강하다고 볼 수 있다. 이들의 교육과정을 살펴보고 중국의 정치인이나 관료, 또 지식인들과 대화를 나눌 수 있었던 것은 필자에게는 좋은 기회였으며, 중국정치에 대한 궁금증도 상당 부분 풀리게 되었다. 그 후 중국정치에 대해 좀 더 본격적으로 연구한 후 이 글을 쓰게 된 것이다. 필자가 생각하기에, 중국 정치리더십의 요체는 정치엘리트들이 공공성을 염두에 두고 서로 협상을 통해 갈등을 조정하는 집단지도체제를 성공적으로 이루었다는 데 있다. 그러면 이러한 중국의 정치리더십에 대해 본격적으로 살펴보기로 하자.

2. 중국의 집단지도체제

지난 2012년 11월 제18차 전국대표대회에서 중국은 새로운 국가 최고지도부를 선출했다. 다른 무엇보다 당의 지배를 우선시하는 중국에서 최고 의사결정기구는 공산당 중앙정치국 상무위원회인데, 이번에 7명의 위원으로 구성된 상무위원회를 새로이 출범시킨 것이다. 공산당 총서기와 당 중앙군사위 주석으로서 실질적인 일인자가 된 시진핑(習近平)을 비롯해, 총리가 될 리커창(李克强) 상무부총리, 장더장(張德江) 충칭시 당서기, 위정성(兪正聲) 상하이시 당서기, 류윈산(劉雲山) 당 선전부장, 왕치산(王岐山) 부총리, 장가오리(張高麗) 텐진시 당서기가 위원회를 구성한다.

이들은 1949년 중국 공산주의 정권 수립 이후 마오쩌둥(毛澤東)과 덩샤오핑(鄧小平), 장쩌민(江澤民), 후진타오(胡錦濤) 체제에 이은 5세대 지도부를 이루어 향후 중국의 미래를 이끌게 된다. 상무위원들은 각자 외교, 경제, 전인대, 정협 등 자신이 맡은 분야의 최고 결정권을 갖는다. 하지만 당정의 보다 중요한 결정사항들은 상무위원들의 토론을 거쳐 서로 합의하여 처리한다. 이는 서열 1위의 독단이 아닌 상무위원회의 집단지성을 통해 결정하는 방식을 의미하며, 공산당 일당독재에서 발생할 수 있는 결함을 보완하는 기능을 한다.

이러한 중국의 정치리더십은 일종의 집단지도체제(collective leadership)를 형성한다. 원래 중앙집권화와 권위주의 문화를 갖고 있는 중국에서 집단지도체제가 등장한 것은 덩샤오핑이 주도한 개혁기 이후이다. 중국은 고대로부터 일인지배체제의 성격이 강했다. 황제(皇帝)

라는 명칭에서도 알 수 있듯이 중국의 지배자는 단순히 지배하는 사람이 아니라 인간을 뛰어넘은 존재로서 천명(天命)을 받들어 이를 집행하는 성스러운 일인자였다. 공산주의 정권이 수립된 이후에도 이와 같은 일인지배체제의 성격은 유지되었다. 공산정권 초기에는 공산혁명의 실질적 오너인 마오쩌둥이 절대적이고 카리스마 있는 리더십을 갖고 있어서 그를 정점으로 한 지배체제가 안정을 이루었고, 그 뒤를 이은 덩샤오핑 시기에도 비록 마오와 같은 카리스마는 없었지만 개혁개방정책을 통해 실질적인 리더십을 발휘하면서 중국을 이끌 수 있었다.

하지만 1980년대부터 중국의 지배체제는 불안정한 모습을 보이기 시작했다. 덩샤오핑의 후계자로 간주되었던 후야오방(胡耀邦)과 자오즈양(趙紫陽)이 실각한데서 알 수 있듯이, 지도자들 간에 권력승계와 당노선 및 정책결정을 둘러싸고 심각한 당내갈등과 혼란이 있었던 것이다. 또한 1986－87년에 있었던 학생 민주화운동과 1989년 발생한 텐안먼(天安門) 사건은 정치의 불안정성을 계속 높이는 계기가 되었다.

그런데 중국정치에서는 무엇보다도 지배체제의 안정성이 중요하다. 전통시대에는 말할 것도 없으려니와 공산주의 정권은 체제유지를 위해 중앙 집중의 위계적인 정치질서를 필요로 하며, 이러한 정치구조 속에서는 소수의 통치 엘리트가 독점적으로 주요 국가정책을 결정하기 때문이다. 즉 정치권력의 정점에 있는 지도자들의 리더십이 안정되지 않으면, 정치뿐만 아니라 사회 전체시스템이 제대로 작동할 수 없게 된다는 것이다. 대부분의 공산주의 정권에서 공산당에 모든 권력이 집중되는 것은 이를 통해 국가 및 사회의 제 부문들을 안정적으로 통제하기 위해서이다. 만약 안정성이 깨지면 이는 단순히 정치 부문의 갈등뿐만 아니라 사회 전반에 걸쳐 혼란을 야기하고 결국 체제 자체를 흔들게 된다. 따라서 공산주의 체제유지의 핵심은 단일한 지도력 혹은 정치엘리트들 간의 타협에 의한 안정성의 확보에 놓여 있다.

1980년대 혼란을 겪은 중국은 1990년대 들어서면서 정치리더십을 안정시키고 제도화시키는 데 역점을 두었으며, 이것이 집단지도체제를 탄생시키게 되었다. 덩샤오핑 이후 중국에는 더 이상 마오쩌둥이나 덩샤오핑과 같은 절대적인 영향력을 지닌 일인자가 나타나지 않았으며, 그런 가운데 상대적으로 작은 힘을 지닌 지도자들 간의 타협을 통해 집단지도체제가 등장하게 된 것이다. 절대적인 일인자가 존재하지 않는 상황에서는 어느 특정 개인이나 파벌이 다른 경쟁자나 파벌을 물리적으로 제거할 수는 없다. 따라서 상호경쟁하는 개인이나 파벌들 사이에 상대를 인정하고 타협하는 일종의 신사협정이 형성되어 집단지도체제가 가능하게 되었던 것이다.

설사 파벌투쟁이 있다고 하더라도 집단지도체제 시기의 그것은 예전과 성격을 달리한다. 마오쩌둥 시대의 파벌은 주로 이념과 노선 대립 때문에 형성되었고, 파벌투쟁은 승자독식의 원리에 따라 생사를 건 투쟁으로 격렬하게 전개되었다. 문화대혁명 시기(1966-1976) 이념 대립과 지도자 숙청은 이를 잘 보여준다. 또한 덩샤오핑 시기에는 개혁파나 보수파 같은 명칭이 보여주듯이 파벌이 주로 정책적 차이로 인해 형성되었고, 파벌투쟁은 전보다 덜 격렬했지만 여전히 치열

하게 전개되었다. 후야오방과 자오즈양의 퇴진도 그 결과이다.[2]

하지만 장쩌민 시대부터는 이념이나 노선에 있어서 갈등이 아니라 정치권력을 둘러싼 갈등이 주를 이루었기 때문에 오히려 타협할 수 있는 여지가 있었다. 당시 장쩌민은 반대세력을 무자비하게 숙청하지 않았고—그럴만한 힘도 없었지만—그 대신 일정부분 권력을 나누어주고 타협할 수 있었다. 이는 덩샤오핑 이후 공산정권의 노선은 대체로 일치했다는 것을 의미한다. 하여튼 장쩌민 시기에는 장쩌민을 중심으로 한 상하이방이 핵심세력을 이루었지만, 이들이 권력을 독점하고 국가정책을 자신의 뜻대로 결정하지 않았으며 권력의 분점이 이루어졌다. 예컨대 제1기 장쩌민 체제에서는 장쩌민–챠오스(喬石, 전국인민대표회의 위원장)–리펑(李鵬, 국무원 총리)의 삼두체제가 형성되었고, 제2기에는 장쩌민–리펑(전국인대 위원장)의 이원체제가 형성되었다. 또한 후진타오 시대에 들어와서는 공청단(共靑團) 지도자 출신을 중심으로 한 후진타오 세력과 상하이방(上海幇) 및 태자당(太子黨)을 중심으로 한 장쩌민·쩡칭홍(曾慶紅) 세력이 중앙과 지방에서 권력을 분점하였다.

그런데 이와 같은 권력의 분점은 한편으로는 단순히 야합처럼 보이기도 하지만, 다른 한편 묘한 타협을 이루기도 한다. 예컨대 이제 막 출범한 시진핑 제1기의 구성을 보면 향후 10년간 중국을 이끌어갈 쌍두마차인 시진핑과 리커창은 서로 불편한 동거의 형태를 이루면서도 묘한 조화를 이룬다. 이 두 사람은 같은 점보다 다른 점이 훨

2 조영남, 『21세기 중국이 가는 길』 (파주: 나남, 2009), 30–31.

씬 많기 때문에 불편한 관계이기도 한데, 서로 다른 시각에서 중국과 세계를 보고 조화의 리더십을 발휘하라는 뜻에서 이렇게 서로 다른 두 사람에게 중요한 역할을 맡기게 된 것이다. 이것은 국가경영의 실수를 최소화하려는 중국식 실용주의의 결과이기도 하다.

두 사람을 보다 구체적으로 비교해 보면, 우선 시진핑은 태자당 출신이지만 현실주의자이다. 청소년기 고난이 만든 결과이다. 그의 아버지 시중쉰(習仲勳)은 부총리를 지냈지만, 1966년 문화대혁명이 터지면서 반혁명분자로 몰렸고 가정은 파탄났다. 그는 문화대혁명에 반대한다는 말을 친구들에게 했다가 투옥되었는데, 너무 배가 고픈 나머지 탈옥해 집으로 가서 어머니에게 먹을 것을 달라고 애원했으나, 어머니는 나머지 가족을 지키기 위해 눈물을 흘리며 당위원회에 이를 고발하였다. 음식도 없었고 자신까지 처벌받으면서 시진핑을 지킬 수 없었을 뿐만 아니라, 집에 남아 있던 나머지 두 아들들을 지키기 위해 그랬던 것이다. 훗날 시진핑은 "어머니의 피눈물을 보고 극단적 이념의 피해를 알았고 모든 것을 현실적으로 생각하는 지혜를 갖게 되었다"고 회고했다.

반면 공청단 출신인 리커창은 지적이고 논리적이다. 문화대혁명 당시 안후이성 평양현 부서기였던 아버지의 배려로 성 문사관이었던 리청(李誠) 문하에서 5년 동안 고전을 익혔다. 대학에서도 정치와 경제사회는 물론 문화와 해외경제 서적까지 탐독한 독서광으로 유명하다. 그러나 종종 현실을 무시한다는 비판이 있다. 행정스타일에서도 두 사람은 다른데, 시진핑은 매사에 단결을 최우선한다. 문혁 기간 중 7년에 이르는 하방 생활을 하며 체득한 것이다. 반면 리커창은 효율성과 가치를 중시한다. 두 사람은 개혁적이라는 면에서는 공통점을 갖고 있으나, 시진핑은 당내민주화를 핵심으로 하는 정치개혁을, 리커창은 국유기업 개혁을 필두로 한 경제개혁을 독려할 것으로 보인다.[3]

이와 같이 중국의 집단지도체제는 서로 파벌들의 동거일 뿐만 아니라, 서로 다른 스타일의 결합의 성격도 지니고 있다. 이는 파벌들 간의 충돌을 막는 한편, 하나의 스타일에 고정되지 않고 상호 견제와 결합을 통해 최선의 결과를 내고자 하는 실용주의 정신이 포함된 것이기도 하다.

그런데 이런 집단지도체제는 르네상스시대 이탈리아 도시국가들(예컨대 피렌체나 베네치아)의 모습을 떠올리게 한다.[4] 물론 르네상스기 도시국가들은 신성로마제국에 편입되지 않고 자유를 누리기 위해 작은 도시들이 하나의 혼합적 국가체제를 이루어서 훗날 공화주의와 민주주의 발달에 기여한 반면, 공산주의 중국은 중앙집권의 권위주의 체제를 형성해 시민들의 자유를 억압하고 있는 측면이 있다. 하지만 르네상스시대 도시국가들에 있어서 가장 중요한 결정은 항상 위원회(consilio)를 통해 이루어졌다. 이 위원회에는 여러 종류가 있었는데, 여기에 참여할 수 있는 사람들은 소수의 유력하고 부유한 시민

---

3 그 밖에 이번 상무위원회 구성원인 위정성, 장더장, 장가오리는 상하이방 출신이며, 왕치산은 태자당, 류윈산은 공청단 출신이다.

4 르네상스시대 이태리 도시국가의 정부형태와 그 정치적 의미에 대해서는, 필자의 졸고 「르네상스기 이태리 도시국가의 정부 : 자유와 법치의 공화정」, 『한국정치연구』 제19집 2호 (2010)를 참조하였다.

들이었다. 이들은 경우에 따라 도시를 통괄하는 콘술(consul)을 임명하여 권한을 위임하기도 하였고, 폭력과 무질서가 난무할 때에는 법과 질서의 외부에 존재하는 포데스타(podesta)[5]를 임명하여 국정을 운영토록 하였으며, 또 기근이나 질병, 전쟁과 같은 재해에 직면해서는 유력한 개인인 시뇨레(signore)의 일인통치를 인정하기도 하였다.

일반적으로 도시국가에는 여러 종류의 행정위원회와 1-2개의 입법위원회, 법무를 담당하는 포데스타, 그리고 모든 시민이 참여하는 대의회가 있었다. 하지만 긴급상황을 제외하고는 대의회가 열리지 않았으며, 대부분의 공무는 각종 위원회에서 이루어졌다. 위원회 위원은 1년 미만의 임기만 주어졌는데, 직접·간접 선거와 추첨 등 다양한 방식을 통해 충원되었다. 그리고 일정 기간이 지나야만 재선될 수 있게 함으로써 부정부패를 애초에 방지하고자 하였다. 또한 자격심사제를 거쳐야만 입후보가 가능했기 때문에, 소수의 사람들만 입후보할 수 있었다. 예컨대 피렌체의 경우, 시민의 수는 전체 인구의 5%인 4-5천명이었으며, 이 중 10% 내외의 사람들만이 공직에 입후보할 수 있었다.[6]

이에 비추어 보면, 공산주의 중국은 도시국가 시절의 귀족인 시민을 공산당원으로 대체했을 뿐, 나머지 측면에 있어서는 유사한 면

---

5 포데스타는 'power'를 뜻한다. 이는 도시국가의 군사와 치안을 담당하는 최고행정관을 지칭하는데, 영토가 확장되면서 좀 더 효율적인 통치체제를 만들기 위해 임명되었다.

6 S. E. Finer, *The History of Government* Vol. 2(Oxford : Oxford University Press, 1997), 963.

이 있다. 즉 르네상스시대 도시국가는 유력한 시민들이 연합하여 위원회를 구성하고 여기서 중요 결정을 내렸으며, 일반시민들에게는 위원회에 참석할 수 있도록 허락되기는 하였지만 실제로는 그들의 동의만 구했을 뿐이다. 결국 소수 귀족(유력한 시민)들이 가문과 파벌을 형성하여 유능한 엘리트들 간의 집단지배체제를 이루었다고 할 수 있다.

다만 중국 공산당 상무위원회 위원이 되는 것은 여러 선발과정을 거쳐 임명되는 반면, 도시국가의 위원회 위원은 보다 민주적이며 임기가 짧아 순환적인 측면이 있었으며, 따라서 독재나 부정부패의 가능성은 보다 적었다고 볼 수 있다. 하지만 국정을 돌보고 결정하는 기능적인 측면에 있어서는 두 위원회가 비슷한 면이 있다. 그런 점에서, 중국 공산당 상무위원회는 일종의 공화주의적 요소를 지녔다고 할 수 있다. 즉 1인의 통치에 의존하는 것이 아니라 여러 사람과 세력 간의 공동통치의 형식을 취하고 있다는 것이다.

3. 중앙집권화와 관료주의

공산주의 정권의 수립은 정치체제와 제도 등에 있어 중국 전통과의 단절을 의미했다. 19세기 서구의 침략으로 전통체제인 청조(清朝)가 망하고 신해혁명과 국공대립기 등을 거쳐 중국 공산주의 정권이 탄생하자 전통과는 완전히 결별하는 것처럼 보였다. 하지만 정치문화란 그렇게 쉽게 바뀌는 것이 아니다. 통치방식이나 정책결정과정 그리고 대중의 정치에 대한 인식과 같은 정치문화적 측면에 있어서는 공산주의 정권도 고대로부터 형성된 역사적 전통을 계속 이어받고 있다. 요컨대 중국 공산주의 정권 역시 전통적인 정치문화 즉 중앙집권화와 관료주의를 토대로 하는 권위주의적 문화와 통치방식을 여전히 답습하고 있다는 것이다.

중국에서 중앙집권화와 관료주의가 정착하게 된 것은 황제에게 권력이 집중된 데 그 원인이 있다. 최종 결정은 황제 1인에 의해 내려지고 이를 효과적으로 수행하기 위해서는 그것을 집행하는 체제가 잘 정비되어 있어야 하기 때문이다. 전통시대에는 방대한 영토를 다스리기 위해 현(縣)－군(郡)－주(州)에 이르기까지 지방이 잘 편재되어 있었고, 지방은 중앙정부 관료체제의 통제 하에 놓여 있었다. 오늘날 공산주의 중국도 이와 비슷하다. 전통시대의 황제 1인이 지배에서 공산당 정치국 상무위원회의 지도자들의 집단 지배로 바뀌었을 뿐, 정책을 결정하고 집행하는 통치의 방식은 예전과 다름이 없었다.

또한 공산주의 중국은 국가 우위체제가 아니라 당 우위체제로서 당이 국가를 지배하는 방식을 취하고 있다. 그리고 이를 통해 중앙이 지방을 통제하며, 상급기관이 하급기관을 장악하는 수직적 통치구조를 이룬다. 이런 통제구조 속에서 중앙집권화는 자연히 이루어지며, 여기서 파생된 여러 종류의 관료주의는 전통시대에 비해 더욱 견고해진 측면이 있다. 특히 간접선거를 통한 당 지도부 구성방식과 상급기관의 평가에 의한 승진구조는 필연적으로 중앙집권화를 강화시킨다. 또한 국민의 통제를 받지 않는 일당구조와 관료체제는 국가와 대중 관계를 비대칭적으로 만들고, 사회를 국가에 종속시키며,

사회내부의 관계도 서열화시킨다. 요컨대 중국 공산주의 정권은 소수의 지도자·당·국가·하위기관·대중으로 촘촘히 구조화되고 통제되는 것이다.

중앙집권의 중국 공산주의 정권은 의행합일(議行合一, combination of legislative and executive powers)을 바탕으로 한다.[7] 이는 서구민주주의의 삼권분립과는 달리 국가기관의 주요한 업무에 대해 정책결정과 집행을 통일적으로 집행하는 방식을 일컫는다. 즉 민주집중원칙에 입각해 국가기관 간의 업무관계에서 체현되는 사회주의 방식에 따라 결정과 집행을 한 곳에서 하는 것이다. 이러한 구조 하에서는 권력이 법보다 강하고, 권력간 균형과 견제가 이루어지기보다 지도자 1인의 의지가 중요하게 작동한다. 예컨대 마오쩌둥 시대에는 그에게 이런 절대적 권위가 부여되었고, 덩샤오핑 시대 그의 결정은 법률에 관계없이 관철되었으며, 개인적 권위가 훨씬 약했던 장쩌민 시대에도 상무위원회의 권력은 다른 어떤 것보다 강한 힘을 지니고 있었다. 요즘엔 인민대표회의의 기능강화가 정치개혁의 핵심과제로 등장하면서, 중국식 삼권분립이 점차 확립되어 가고 있기는 하다. 그러나 권력의 집중은 중국 정치문화의 전통적인 특징이다.

그런데 황제 1인에게 권력을 집중하지 않고 지금과 같이 집단지도체제의 형태로 변형된 것은 사실 중국전통의 내각제 요소와 관련이 깊다. 원래 전통시대 중국에서부터 권력은 흔히 알려진 것처럼 황

---

7 민귀식, 「현대중국 권위주의정치의 전통문화 요소 탐구」, 『한중사회과학연구』 10권 3호 (2012), 5-6.

제 1인에게 개인적인 차원에서 집중된 것이 아니라 관료주의의 정점에 있는 공적 지위로서의 왕에게 최종권한이 있었던 것이며, 그러한 왕조차 소위 승상제에서 보는 바와 같이 최고재상으로서의 승상의 권한을 의식하지 않을 수 없었다. 즉 일인지하(一人之下) 만인지상(萬人之上)으로서의 승상이라는 위치에 있는 자가 실질적인 권한을 행사하기 쉬었다. 그런데 내각제란 이런 1인의 승상이 전횡할 것을 우려하여 다수의 집단지도체제를 이루는 요소로 작동하였다.

내각제는 중국 명조시대에 처음 등장하여 청조시대까지 계속 유지된 제도이다. 명대 태조가 1380년 중국의 오랜 전통인 승상제를 폐지한 데서 출발하여 관습적으로 사용하다가 청대 1690년 『강희회전(康熙會典)』에 처음 법령으로 규정되어 정착하였다.[8] 내각제는 대략 대학사 및 학사 6명 정도의 인원으로 구성되는데, 처음에는 황제를 보좌하는 역할을 하다가 점차 승상을 대신하여 각자 자신의 업무를 갖고 협의를 통해 정책을 결정하고 집행하며 최종책임을 지는 역할을 하였다. 오늘날 정부의 각 부처를 내각이라 부르고 대통령제와 대비되는 것으로서 내각제라는 용어를 사용하는데, 원래 내각의 유래는 여기서 비롯되었다. 다만 공산주의 중국에서 이런 내각제는 공산당 정치국 상무위원회라는 당 조직에 존재하는 것으로 변형되었을 뿐이다. 이는 공산주의 중국이 국가는 결국 당이 책임진다는 정신을 실현하기 위한 것이었다.

---

8 황태연, 「공자의 분권적 제한군주정과 영국내각제의 기원」, 한국정치사상학회 발표논문(2013.03.16), 12.

한편 중국에서 의행합일이 가능한 이유는 전통적으로 국가주의 정신이 강하기 때문이다. 즉 황제를 정점으로 하여 중앙의 관료들이 국가 전체를 통치하고 책임을 지기 때문에 결정과 집행이 함께 이루어져야 한다는 것이다. 이는 곧 국가를 가정의 확장으로 생각하는 중국의 전통적 사고에 기초하고 있다. 가족의 확대가 사회이고 사회가 공공화된 것을 국가로 간주하는 것이다. 즉 가족-사회-국가는 모두 동일시되며, 가족질서를 바탕으로 사회질서도 구축된다. 이는 전통적인 종법(宗法)질서에 따르는 것으로서, 아버지의 인격과 왕의 인격이 하나이고, 아버지의 권력과 왕의 권력은 하나로 인식한다. 그 결과 혈연관계를 중심으로 하는 종법질서가 사회와 국가관계까지 규정하는 가장 강력한 힘으로 작용하게 되었다.[9]

이러한 상황에서 국가의 정책결정은 곧 아버지의 결정이며, 국가의 명령은 아버지의 말씀과도 같다. 이러한 종법질서는 국민을 국가에 예속시키는 권위주의를 낳게 된다. 반면 국가는 아버지와 같은 존재이기 때문에 가족과 같은 국민에게 무한책임을 진다. 아버지가 자식을 버릴 수 없듯이, 국가는 국민을 버릴 수 없는 것이다. 그런데 이러한 책임의식은 다른 어느 때보다도 공산주의 정권에서 더욱 견고해졌다. 현재 공산주의 정권은 국가가 모든 영역을 관리하고 책임진다는 무한정부 개념을 갖고 있기 때문이다.

종법질서에 따른 정치체제는 결국 권위주의적 정치질서와 일인의 카리스마에 의존하는 카리스마적 정치문화를 낳는다. 이는 전통

---

9 민귀식, 「현대중국 권위주의정치의 전통문화 요소 탐구」, 18.

시대에서 뿐만 아니라 공화제를 시행한 이후에도 계속 이어졌다. 짧은 기간 권력을 장악했던 쑨원(孫文)도 카리스마를 권력의 원천으로 삼았고, 장제스(蔣介石)도 대륙과 대만에서 강력한 카리스마를 행사했으며, 마오쩌둥은 신격화의 단계로까지 승화되었다. 또한 중국 최고지도자의 카리스마는 문화적으로는 황제를 천자로 인식하는 뿌리 깊은 천명관의 영향이 크다. 중국의 제왕정치문화는 황제의 권위가 높고 신하의 지위는 낮은 것(君尊臣卑)이 특징이다. 유가는 비록 군주와 신하의 관계를 예(禮)와 충(忠)으로 규정했지만, 현실정치는 춘추전국시대를 정점으로 신하의 정치적 지위가 지속적으로 격하되었다. 특히 황권이 확립되고 유교가 통치이념으로 자리 잡으면서, 사대부는 황제를 위한 관리로 전락하고 학문은 관리가 되기 위한 수단이 되었다.[10]

이러한 제왕정치문화는 외형상 유가를 전면에 내세웠지만, 실제로는 법가를 위주로 한 통치라고 할 수 있다. 법가는 법(法)–술(術)–세(勢)를 중심이론으로 황제의 권한강화를 위해 모든 논리를 동원한다. 또한 강력한 중앙집권제를 실시하고, 하급정부는 상급정부에, 지방정부는 중앙정부에 복종해서 중앙정부의 명령이 말단행정지역까지 신속하게 집행될 수 있는 제도를 구축한다. 이것은 황제의 권력을 안정적으로 유지하기 위한 가장 중요한 제도의 완성인데, 오늘날 중국 공산당의 권위와 중앙권력을 유지하는 형식과 매우 흡사하다.

그 동안 중국정부는 경제적 성과를 토대로 중앙집권화되고 권

10 민귀식, 「현대중국 권위주의정치의 전통문화 요소 탐구」, 15–16.

위적인 공산당 지배를 정당화하고 공산당의 정통성을 유지해 왔다. 그러나 대중은 이제 정치민주화에 눈뜨기 시작했고, 시민권과 언론 자유를 요구하는 등 새로운 정치적 성과를 요구하고 있다. 이에 공산당은 민주화의 실질적 내용이 서구의 민주 형식보다 중요하다는 논리를 내세우면서 중국식 정치민주화를 추진한다고 강조한다. 그리고 민주적 내용을 충실히 담보하는 것은 책임정치 즉 '양정(良政)'이며, 책임정치는 공산당이 안정적으로 유지될 때 비로소 내실있는 개혁이 가능하다는 논리를 전개한다. 이런 양정논리는 정치적 목표를 달성하는 것이 민주적 과정보다 중요하다는 전형적인 성과주의 혹은 결과주의 논리이며, 책임정치를 위해 공산당이 계속 집권해야 한다는 논리이다.[11]

그러나 양정논리는 책임정치를 구현하고자 하는 선의를 갖고 실제적인 성과를 낸다 해도, 실제 운영에 있어서는 관료들의 간섭과 개입이 가능한 논리로 기능하는 측면이 있으며, 국민의 자유를 제한하는 결과를 초래한다. 이렇게 타락할 수 있는 이유는 현행 법률에 구체적인 운영세칙을 명확하게 규정하지 않았기 때문이다. 이는 법규해석을 지나치게 관료의 개인적인 판단에 의지하게 되고 관료의 전횡을 구조적으로 보장하게 된다. 요컨대 국가주의는 국가의 책임성이라는 측면에서는 순기능으로 작용하지만, 관료의 간섭과 부패를 불러일으킬 수 있는 부작용이 있는 것이다.

중국이 국가주의 국가체제라고 해서 최고 지도자들의 결정과

---

11 민귀식, 「현대중국 권위주의정치의 전통문화 요소 탐구」, 17.

집행이 하나의 유기체로 완전히 작동하는 것은 아니다. 이런 관료주의적 위계구조 속에서도 서로 경쟁하는 사람들이 존재하며, 이들은 일종의 파벌을 형성하여 서로 경쟁한다. 반면 경쟁자들 사이에서도 체제를 유지하고 자신의 기득권을 유지하기 위해 다시금 관료주의가 강화되며, 이런 관료적 통제 속에서 대중은 정보통제와 자기검열을 통해 비판을 자제하며 공산당의 지배를 받아들인다. 요컨대 과두적인 관료주의는 계속 유지되면서, 그 안에서 관료엘리트들 간의 내부경쟁은 존재한다는 것이다.

따라서 공산당 내부의 경쟁자들 사이에서는 당내파벌이 끊임없이 재생된다. 공산당만 유일정당으로 인정되고 다른 경쟁정당이 없는 환경 속에서는 당내의 파벌이 가장 중요한 경쟁기제로 작동한다. 물론 파벌은 비공식적으로만 존재하고 유지되지만, 강한 내부연대 구축을 통해 권력핵심을 장악하려는 목표를 갖고 다른 파벌과는 견제를 통한 균형을 추구한다는 측면에서 일종의 당내 정당 기능을 수행하는 것이다. 또한 파벌은 위계질서와 '보호-추종(patron-client)'관계에 의해 유지되고 확대되는데, 이는 당내 극심한 경쟁구조가 낳은 산물이라 할 수 있다. 태자당이나 공청단 혹은 상하이방 등 지역과 출신에 따른 파벌은 정치투쟁의 위험을 증가시키는데, 최근 외형상 충칭모델을 둘러싼 중국지도부의 파벌투쟁은 예외적으로 그 과정이 외부에 노출되기도 하였다.[12] 그런데 현대중국에서 관료주의가 횡횡하는 책임을 전통문화에만 돌릴 수는 없다. 현재의 관료주의는 전통문화의 속성이 사회주의체제에서 더욱 강화되었기 때문이다.

4. 협상의 정치리더십

앞서 우리는 중국 공산주의 정권의 정치문화적 특징이 중앙집권화와 관료주의에 있다고 보았다. 이는 전통적인 정치문화를 계승하는 것으로서 엘리트정치를 바탕으로 한다. 그런데 중국정치의 또 다른 특징은 이 엘리트들이 서로 파벌을 형성하여 경쟁하는 한편 종국에는 파벌들 간에 타협과 협상을 통해 정치적 안정을 이룬다는 점이다. 이는 민주주의가 발달한 서구에서도 쉽게 찾아보기 힘든 것으로서, 중국정치가 갖는 커다란 장점이다. 그렇다면 중국에서 파벌은 어떻게 나뉘어 경쟁하고 또 이 경쟁 파벌들 간에는 어떻게 타협과 협상이 가능할까? 여기서 그 의문을 풀어보려고 한다.

먼저 앞서 살펴본 바와 같이 중국 공산당에서 파벌이 생기는 이유는 이념이나 노선 차이 때문이 아니다. 장쩌민 시대부터, 보다 구체적으로 1992년 제14차 당대회에서 '사회주의 시장경제 건설' 방침이 확정된 후부터, 공산당 지도부 내에서는 개혁개방정책에 대한 일정한 합의가 이루어졌으며, 더 이상 이를 둘러싼 가치관 논쟁이나 노선투쟁은 존재하지 않게 되었다. 그 대신 학연(칭화방), 지연(상하이방과 베이징방), 업무(공청단), 혈연(태자당) 등을 통해 새로운 파벌들이 형성되었다. 이는 지도자들 간에 이념대립이나 정책차이가 크지 않으며 다만 지위나 이해관계를 둘러싼 경쟁 즉 일종의 이익집단의 경쟁과 같은 성격을 지닌다는 것을 뜻한다. 그 결과 최근의 파벌투쟁은 중앙

---

12 민귀식, 「현대중국 권위주의정치의 전통문화 요소 탐구」, 7-8.

과 지방의 요직을 어떻게 배분할 것인가를 놓고 벌이는 자리다툼의 성격이 짙다. 이런 상황에서 파벌투쟁은 일정한 몫(자리)을 배정할 수 있도록 타협하고 흥정하는 거래로 변화되었으며, 따라서 타협의 여지는 얼마든지 있는 것이다.

또한 지도자들 간의 타협과 협상이 가능한 이유는 앞서 지적한 것처럼 어느 한 개인이나 파벌이 권력을 독점할 수 없는 현실적 차원 때문이기도 하다. 후진타오 시대만 하더라도 공청단 세력이 이전에 물러난 장쩌민의 상하이방과 쩡칭홍의 태자당 연합과 더불어 권력을 나누어 갖고 있었는데, 이는 어느 집단도 상대를 압도하지 못함으로써 타 세력을 인정하여 협상한 결과이다. 재미있는 것은 당시 공산당 정치국 상무위원회 9인 중 후진타오 세력은 자신과 원자바오(溫家寶) 총리를 포함해 3인밖에 되지 않았으며 나머지는 반대파였다는 점이다.

이는 절대적 권위와 권력을 갖는 과거 공산당 주석들과 달리, 후진타오는 여러 '동급자 중 첫 번째(first among equals)'에 지나지 않는 위치에 있다는 것을 보여준다. 또한 이는 근대서구가 왕정에서 공화정으로 넘어갈 때 재상(prime minister)이 갖는 지위와도 같은 것이다. 즉 중국의 주석은 주요 국가정책을 결정하는 다수의 공산당 정치국 상무위원회의 첫 번째 사람이지 유일한 사람은 아니라는 것이다.[13] 오히려 모든 결정은 주석의 의중이 아니라 위원들 간의 토론과 협상을 거쳐 이루어진다. 지금도 7명의 상무위원들 중 일인자인 시진핑과 왕

13 이동수, 「실사구시 중국집단체제」, 중앙일보 (2011.11.07).

치산은 태자당으로서 소수파에 불과하다. 반면 총리인 리커창과 류윈산은 공청단 출신이며, 장더장과 장가오리, 위정성 등은 상하이방 출신이다. 즉 세 파벌이 교묘하게 균형을 이루고 있는 것이다.

이러한 균형 상태를 깨뜨리고 한 개인이 자신을 드러내려 할 때, 중국의 집단지도체제는 이를 용인하지 않는다. 한 예로 2012년 충칭시 서기인 보시라이(薄熙來)가 해임되어 실각한 사례가 이를 잘 보여준다. 주지하다시피, 보시라이가 해임된 직접적인 원인은 충칭시 부시장이며 공안부장인 왕리쥔(王立軍)이 청두 미국 영사관에 망명을 요청했다가 중국 당국의 설득으로 망명을 포기하고 유죄판결을 받은 데 있다. 당시 이 사건의 책임자인 보시라이도 함께 문책을 받게 되었는데, 이는 후진타오 시대에 들어 중요한 사건이 발생하면 관련 지도부를 문책하는 것이 거의 일반화된 관례라는 사실과 일맥상통한다. 예를 들어 인재로 인해 대형사고나 자연재해가 발생하면, 관리책임이 있는 지도자 즉 당서기나 시장은 해임되었다. 왕리쥔 사건도 예외는 아니며, 누군가 책임을 져야 한다면 그것은 바로 보시라이가 1순위였던 것이다.

하지만 보다 중요한 이유는 보시라이 개인의 업무태도, 즉 잘못된 작풍에 있다고 볼 수 있다.[14] 우선 보시라이의 해임은 소위 야심가에 대한 징계의 성격을 띠고 있다. 2007년 충칭시 당서기로 사실상 좌천된 후 보시라이는 개인의 출세를 구체적으로는 공산당 정치

---

14 조영남, 「보시라이 해임을 보는 한 시각」, 『동아시아 브리프』 제7권 2호 (2012), 52.

국 상무위원회의 진입을 위해 대중에게 인기있는 정책을 추진한다는 지적을 끊임없이 받았다. 2007년 시작한 '혁명정신 계승운동'(唱紅)이나 2009년 본격화된 '범죄소탕작전(打黑)'은 이를 잘 보여주는 대표적인 사례이다. 특히 단기간에 많은 성과를 내기 위해 보시라이는 법적 절차를 무시하고 속도전 방식으로 범죄소탕작전을 추진하였는데, 이는 국내뿐만 아니라 해외로부터도 많은 비판을 받았다. 보시라이가 충칭모델을 계속 선전한 것도 개인적 야심에서 비롯된 것이다.

보시라이의 해임은 또한 한 개인이 독재적인 통치방식을 사용한 것에 대한 징계의 성격도 갖고 있다. 보시라이는 정책결정과 추진과정에서 독선적인 태도로 인해 많은 비판을 받았다. 요컨대 그는 중요 사안을 독단적으로 결정하고 더 나아가서 충칭에 자신의 독립왕국을 세우려 했다는 것이다. 이는 현재 공산주의 정권이 강조하는 '집단지도체제'와 '민주집중제'를 정면으로 위배하는 행위이다. 이러한 보시라이의 야심적이고 독단적인 작풍은 예전 문화대혁명 시기에 마오쩌둥과 사인방(四人幇)이 저질렀던 잘못과 비슷한 것으로서 시계를 거꾸로 돌려놓은 것과 같다. 따라서 원자바오 총리는 문화혁명과 역사결의를 언급하면서 이런 사실을 지적하여 보시라이의 작태를 비판하였던 것이다.

다른 한편 경쟁관계에 있는 파벌들이 극한적인 투쟁을 전개하기보다 서로 타협할 수 있는 것은 그들이 공산당 엘리트라는 공통분모를 갖고 있고 또 여러 과정을 거쳐 상급자나 지도자에 오르면서 서로 교육을 공유하고 공통된 가치관을 갖고 있기 때문이다. 그들은 서로 경쟁하기는 하지만 기본적으로 공산당원이며 엘리트로서 국가를 짊어지고 있다고 생각하며, 그런 점에서 서로 간에 동지의식 혹은 동류의식을 갖고 있는 것이다. 요컨대 중국 엘리트들 간에는 파벌이 다르더라도 서로의 공통분모는 존재한다.

이런 공통분모 공유를 가능케 하는 가장 큰 원인은 교육에 있다. 엘리트들은 파벌은 서로 다르더라도 현재의 위치에 오르는 동안 각급의 엘리트 교육기관과 당 간부 및 공무원 재교육 기관에서 함께 교육을 받는다. 이때 이들은 공통된 가치관을 갖게 되며, 함께 토론하고 공부하는 과정에서 서로 협상하고 공존하는 기술을 습득하게 된다. 그리고 중국에서는 간부를 선발하는 기준이 4가지인데, 덕(德), 능(能), 근(勤), 적(積)이 그것이다. 즉 덕이 있는지 없는지, 능력이 있는지 없는지, 근면성실한지 아닌지, 그리고 그동안 공적이 있는지 없는지의 여부에 따라 선발하는 것이다. 그런데 이때 협력이라는 덕목은 능력에 해당하며, 협력하는 기술이 없는 사람은 능력이 없는 자로 간주된다. 왜냐하면 일을 실제적으로 성취하려면 다른 사람과의 협력을 필요로 하는데, 그렇지 못한 경우 성과를 낼 수도 없고 따라서 무능한 자가 되기 때문이다. 그러므로 일의 실제적 수행과정 속에서 각 파벌 간에는 타협과 협력이 생기며, 상대방을 제거할 대상이 아니라 경쟁적 협상자로 바라보게 된다는 것이다.

교육에 있어서 가장 중요시 하는 것은 '실사구시(實事求是)' 정신이다. 이는 원래 한나라 시대 반고(班固)가 지은 『한서(漢書)』에 처음 나온 말인데, "사실에 힘써 얻음에서 매양 참다움을 구하는 것"을 일컫는다.[15] 공산주의 정권이 들어서기 전에 중국역사에서 '실사구시'를 가장 많이 논한 것은 청나라 중기의 고증학파가 들어서면서부터이다.

그들은 실사구시를 기본방법으로 내세웠다. 그러나 현대중국에 접어들면서 마오쩌둥과 덩샤오핑은 중국 공산주의의 기본이 실사구시에 있다고 설파하였다. 주지하다시피, 실사구시는 마오가 연안시절 당학교의 교시로 내세운 후 줄곧 공산주의 중국의 기본 정책방향이 되었다. 마오는 공산주의를 단순히 이념으로서 받아들인 것이 아니라 중국의 현실을 개혁하는 데 가장 적합한 대안으로서 현실에 적용했던 것이다. 그러나 문화대혁명을 거치면서 마오의 초기 실사구시 정신은 일정 부분 훼손되기에 이른다.

마오쩌둥의 뒤를 이은 덩샤오핑은 실사구시를 중국정치에 실현시키는 데 성공하였다. 경직된 공산주의 노선을 버리고 소위 흑묘백묘론(黑猫白猫論)을 제창하고 개혁개방정책을 추진하면서 중국의 실제적 발전을 이끌었다. 그는 중국이 처한 현실을 직시하고 당시 중국의 실정으로부터 현대화를 건설해야 한다고 주장하였다. 이를 위해 외국의 경험을 열심히 학습하고 참조해야 하지만, 결국 타국의 경험과 도식을 기계적으로 옮겨 놓으면 안 되고 중국특색의 사회주의 길로 나아가야 한다고 주장하였다. 이러한 중국만의 사회주의는 경제건설을 제반사업의 중심위치에 놓고 생산력의 발전을 근본 임무로 하며, 개혁과 개방을 원동력으로 하여, 경제를 신속히 발전시켜 인민들의 생활수준을 부단히 향상시켜야 한다고 보았다. 이러게 되면 중국은 부강하고 민주주의적이며 문명한 사회주의 국가로 건설된다는 것이다.

---

15 최용수, 「중국 실사구시의 유래와 발전」, 『동방학지』 98권 (1997), 119.

덩샤오핑 이후 지금에 이르기까지 중국의 3, 4, 5세대 지도자들도 이러한 실사구시 노선을 그대로 이어받고 있다. 따라서 중국의 정치리더십의 요체는 바로 실사구이 리더십이라고 볼 수 있다. 그런데 이런 실사구시 정신에 기초해보면, 서로 다투는 것보다 서로 협력하는 것이 훨씬 실용적이며 이익이 된다고 본다. 또한 민주주의 문제에 있어서도 정치적 민주화가 중요한 것이 아니라 친민(親民 : 국민에게 다가감)이나 이인위본(以人爲本 : 국민을 근본으로 함)이 더욱 실용적이라고 생각한다. 그런 점에서 공산주의 중국은 민주(民主)보다 민본(民本)을 더욱 중시하고 있으며, 이는 중국의 오랜 전통을 잇는 것이다. 설사 의견이 다르거나 서로 경쟁적 관계에 있다고 하더라도 최종적인 철학적 근거는 민본과 실용이며, 이는 결국 최종적으로 거국체제(擧國體制)와 '조화사회'를 이루는 것을 목표로 한다. 요컨대 경쟁자들은 서로 다투다가도 거국적이라는 명분 앞에서는 자신의 의견만 내세우지 않고 실리적으로 상대방과 조율하고 협력하는 풍토를 조성하는 것이다.

교육적 측면 외에 중국의 지도자들이 파벌 간의 타협을 이룰 수 있었던 또 다른 요인은 그들이 공동의 위기의식을 느끼고 있기 때문이다.[16] 중국에서는 1989년 텐안먼 사건과 1991년 소련 붕괴 이후, "안정이 모든 것에 우선"하는 원칙이 수립되었고 이는 지금까지도 이어진다. 특히 1990년대 중반 이후 노동자, 농민 등 개혁개방정책에 따른 피해 집단이 형성되고 이들이 조직적으로 저항하는 규모와 빈도가 증가하면서, 공산당은 커다란 위기의식을 갖게 되었다. 더

16 조영남, 『21세기 중국이 가는 길』, 34-38.

욱이 지금은 자유에 대한 국민들의 요구가 증가하면서 기존 공산주의 체제가 유지될 수 있을지에 대한 의문도 제기되고 있다. 이러한 사회불안이 증가하고 있는 가운데 체제를 안정시키기 위해서는 정치적 안정이 필수적이고, 중국과 같은 공산당 일당지배체제에서는 공산당 내부에서의 통합과 단결유지가 정치적 안정의 핵심을 이룬다.

사회적 불안과 위기에 대응하기 위해 공산당 엘리트들은 파벌들 간에 협상과 타협을 시도하고, 다른 한편 사회의 다른 섹터들 예컨대 지식인이나 기업가들과도 연대하여 지배체제를 더욱 공고히 하고 있다. 특히 1990년대 이후부터 지식인과 기업가와 지배연대를 구축하여 노동자, 농민, 자영업자 등 일반국민을 통치하고 있다. 이것은 공산당이 지식인과 기업가를 체제 내로 끌어들이는 선취전략 또는 포섭전략을 성공적으로 실시한 결과이다. 일반적으로 권위주의 정치체제에 도전할 수 있는 가장 강력한 집단은 지식인(대학생 포함)과 중산층인데, 공산당 정치엘리트들은 이들과 타협하여 지배세력 내부로 끌어들임으로써, 위험요소를 미리 제거하고자 한 것이다.

먼저 중국의 지식인들은 1989년 텐안먼 사건과 1991년 소련 붕괴 이후 급격히 보수화되었다. 이 사건들은 단순히 정치엘리트들 뿐만 아니라 지식인들에게도 큰 충격으로 다가와 위기의식을 심어주었고, 따라서 정치적 단결과 사회적 안정을 강조하는 경향이 확산되었다. 그리고 국민의 단결과 안정을 위해서는 국가능력을 배양하고 공산당 지배를 강화해야 한다고 생각하였다. 이에 화답하여 공산당은 임금인상 등을 통해 지식인 및 전문가 집단의 경제적 지위를 향상시켜 주었고, 이들을 정책결정과정에 부분적으로 참여시킴으로써 정치적 지위도 높여 주었다. 또한 일정한 선을 넘지 않는 범위 내에서는 지식인이 비교적 자유롭게 연구하고 활동할 수 있도록 보장함으로써 이들의 불만을 완화시킬 수 있었다. 그 결과 일부 지식인은 공산당이 이룩한 경제적 성과를 인정하고 이전의 급진적 정치개혁 요구를 반성하면서 공산당 지배체제를 적극적으로 지지하는 체제옹호세력으로 변화하였다. 물론 중국 내외에 공산당 일당지배체제에 비판적인 반체제 지식인이 다수 존재하는 것이 사실이다. 그러나 전체적으로 볼 때, 이들의 영향력은 그다지 크지 않은 편이다.

사기업가를 중심으로 한 경제엘리트에 대한 공산당의 포섭전략은 2000년대 들어 구체화되었다. 1990년대 시장경제가 확대됨에 따라 사영기업가는 중국에서 중요한 사회계층으로 성장했다. 그런데 이들은 처음부터 국가권력에 대해 대항하기보다는 협조적이었다. 이는 무엇보다 이들의 태생적 한계 때문이다. 즉 중국의 사영기업가는 국가권력과의 밀접한 관계를 통해서 부를 축적했던 것이다. 그러나 최근까지 사영기업가가 가진 경제력에 비해 이들의 사회적 지위는 여전히 낮았고 정치적 영향력도 매우 미약했다. 따라서 사영기업가들은 자신의 경제활동을 보호하고 사회정치적 지위를 높이기 위해 공익사업 출연, 당정 고위관료와의 관시(關係) 형성, 공산당 입당, 지방의회 의원출마 등 다양한 방식을 사용하였다. 그 후 사기업가의 정치적 지위를 공식적으로 인정하기 시작하였고 2004년 제10기 전인대 2차회의에서 헌법수정을 통해 국유재산과 동등하게 사유재산도의 신성불가침성도 헌법에 명시하고 법의 보호를 받기 시작하였다. 이에 원래부터 체제에 순응했던 사기업들은 공산당 일당지배체제를 더욱 옹호하는 세력으로 변화하였다.

다른 한편 공산당 정치엘리트들은 자신의 지배체제에 위협이 될 만한 사회조직과 단체에 대해서도 사전에 체제 내로 흡수하는 포섭전략을 추진했다. 노동조합을 비롯해 여성단체, 사기업가단체, 청년단체에 대한 정책이 대표적이다. 이런 포섭전략을 적극적으로 구사함으로써 현재 중국에서는 기성 정치체제 밖에서 공산당에 반대하는 힘있는 조직은 형성되기 어려워졌다. 물론 일부지역에서는 인민구호단체, 환경단체, 여성단체가 공산당이나 국가권력의 간섭과 통제 밖에서 형성 및 운영되고 있으며, 자유주의적이고 체제비판적인 시민단체들의 활동도 존재한다. 하지만 아직까지는 기존 체제에 크게 위협이 되는 시민사회 조직이나 운동은 부재한다고 보아야 한다.

이와 같이 중국 정치엘리트들은 내부의 파벌 싸움에도 불구하고, 사회적, 체제적 위기의식을 갖고 서로 협상하며, 정치부문 이외의 섹터들, 특히 기업인, 지식인들을 체제 내로 흡수하고 일정부분 협력하는 방식을 취하고 있다. 이것이 중국정치가 안정적인 근본적인 이유이다. 하지만 일반국민들과 일부 지식인들 사이에는 점차 보다 자유로운 체제로의 변화에 대한 욕구가 점점 커지고 있다.

5. 중국 정치리더십의 한계와 시사점

앞서 살펴본 바와 같이 중국의 정치리더십은 체제안정과 국가발전을 최우선 목표로 삼는다. 그리고 이 목표를 달성하기 위해 경직된 이념보다는 실용주의에 입각하여 정치적 파벌 간의 타협과 협상을 추구하고, 사회 내의 다른 세력들 예컨대 지식인이나 기업인 등을 지배체제 내부로 흡수하여 현 체제를 공고히 하고자 한다. 이러한 중국의 정치리더십은 일정 부분 목적을 달성한 듯 보인다. 다른 국가에서는 볼 수 없는 정치적 안정과 정치세력 간의 타협이 존재하며, 국가의 지원을 받는 경제부문에서도 비약적인 발전을 거듭하고 있다.

하지만 현재 중국정치에 잠복되어 있는 가장 큰 문제는 바로 '민주'에 관한 것이다. 민본이나 실용만으로는 국민들의 자유와 민주에 대한 열망을 충족시키기 어렵다. 개혁개방 이후 중국은 정치민주화는 아니지만 정치제도화를 위한 개혁노력은 계속 추진해왔다. 하지만 이 정치개혁은 체제안정에는 기여했지만 문제점 또한 노정하였다. 먼저 정치권력이 여전히 공산당에 집중되는 문제가 있다. 정치제도화 개혁은 당정결합을 당연시한다. 이 때문에 정치권력은 공산당으로, 이것은 다시 소수의 당정간부와 개인으로 집중된다. 이로 인해 중국에서는 권력남용과 부정부패, 자원낭비와 정책실패가 광범위하게 발생한다. 또한 정치제도화는 국민의 정치참여를 제한하고, 이로 인해 시위와 폭동과 같은 '길거리 정치'가 확산되는 문제가 있다. 최근 언론에 자주 보도되는 각종 시위와 폭동 즉 집단소요사건은 이런 국민저항의 일부 사례다. 어느 비공식 통계에 의하면, 2010년에만 약 18만 건의 집단소요사건이 발생하였다고 한다. 이런 문제들을 해결하지 못하면 중국은 정치사회적 안정을 계속 유지할 수 없을 것이다.

따라서 중국의 정치와 사회 전반이 민주화되지 않고서는 지속적인 경제발전이 불가능할 뿐만 아니라, 국제사회의 책임 있는 지도자로서의 자격과 위상을 갖출 수 없다. 물론 이러한 인식 저변에는 서구적 근대화론, 즉 민주주의와 사회발전 사이의 상호 인과관계를 설명하는 이론이 중국에도 여전히 적실성을 갖는다는 생각이 깔려 있다. 이에 대해 중국 정부는 중국특색의 민주주의의 길을 가고 있다고 항변하면서, 서구근대화론의 보편성을 일축한다.

그러나 체제비판적인 일부 지식인들 사이에서는 서구식 민주주의론이 받아들여져 쟁점화되면서 적지 않은 반향을 불러일으키고 있으며, 국제사회에서도 이를 주목하면서 힘을 실어주고 있다. 그 중 가장 첨예하게 이슈화된 것은 노벨평화상을 수상한 류샤오보(劉曉波)와 그가 주도한 '08헌장'이다. 이 헌장은 중국의 민주화를 촉구하는 선언문이라 할 수 있는데, 헌장이 제시하고 있는 구체적인 민주화의 방법은 바로 서구식 정치제도를 받아들여 중국헌법을 개정하는 것이다. 거기에는 삼권분립과 선거제도 도입, 집회·결사(정당 포함)·언론·종교의 자유 보장, 사유재산권 보호, 세제개혁, 환경보호, 연방공화 등 다양한 요구사항들이 포함되어 있으며, 이 중 가장 핵심적인 것은 선거제도 도입과 일당독재의 포기이다.[17] 그러나 헌장이 지향하는 가치의 구체적 내용이 서구식 정치모델을 그대로 답습하고 있어서, 중국정치가 직면하고 있는 현실을 구체적이면서도 실제적으로 고민한 흔적은 별로 보이지 않는다. 그 결과 헌장의 주장은 매우 파격적이면

17 성근제, 「대표성의 위기와 중국정치개혁의 방향」, 『동아시아 브리프』 7권 1호 (2012), 88.

서도 동시에 매우 식상한 것으로 받아들여지는 역설을 낳았다.[18]

반면 신좌파의 입장이 새로이 각광받고 있는데, 이는 중국공산당이 주도하는 현실정치의 비민주성과 그로 인한 정치적 위기를 인정하는 동시에 정치개혁을 위해 어떤 단계와 조치들을 취해야 하는지를 고려하는 입장이다. 왕후이(王暉)는 2011년 발표한 『대표성의 균열』에서 선거제도와 다당제의 도입을 통한 정치개혁을 요구하는 중국 자유주의파들의 주장에 대응하여 신좌파의 정치적 입장을 개진하고 있다. 그는 먼저 중국에 민주가 필요하다는 것을 인정하면서도, 중국에 필요한 민주가 무엇인가에 대해 반문한다. 그리고 민주주의의 두 층위를 구별하는데, 정치체제로서의 민주주의와 사회형식으로서의 민주주의가 그것이다. 전자는 보통선거권, 개인권리의 보호, 언론의 자유, 다원주의 등을 포괄하는 개념이고, 후자는 평등을 핵심으로 하되 사회보장과 부의 재분배 등을 포괄하는 개념이다. 이때 평등은 다시 기회의 평등, 분배적·결과적 평등, 그리고 능력의 평등으로 구별된다.

이러한 민주주의의 복합성을 고려해 본다면, 중국 사회주의 역사는 민주주의의 사회형식을 위한 기초를 제공한 시기일 뿐만 아니라, 개혁개방시기의 성취를 위한 전제를 마련한 시기로서 긍정적으로 재평가되어야 한다. 그러나 자유주의자들은 이러한 사회주의적 유산을 민주와 독재의 이분법 속에서 그 합법성과 합리성을 부정하면서 정치체제로서의 민주를 내세우고 있는데, 이러한 서구식 선거정치나

18 하지만 2010년 류샤오보가 노벨평화상 수상자로 선정되면서 다시 주목을 끌고 있다.

다당제의 도입이 사회형식에서의 민주를 당연히 가져오는 것은 아니다. 예컨대 인도와 같은 경우는 영국 식민지 경험을 통해 의회제, 다당제, 보통선거, 언론자유 등이 충분히 보장된 정치 환경을 갖고 있다. 그러나 인도는 여전히 고도로 불평등한 사회이다. 이처럼 어느 민주적 정치체제가 사회적 평등이라는 기초적 형식을 결여하고 있을 때, 이 사회를 민주적 사회라고 볼 수는 없다. 따라서 중요한 것은 정치적 민주가 필요한가의 여부가 아니라, 어떻게 해야 정치적 민주주의로 하여금 사회적 평등이라는 실질적 내용을 포괄하도록 할 수 있는가 하는 점이다.

이런 관점에 입각하여 왕후이는 정치개혁은 민주적 사회형식과 합치되어야 한다고 주장한다. 즉 민주적 사회형식에 대한 고려가 전제되지 않은 상태에서 선거와 다당제라는 서구정치제도가 그대로 중국에 이식되는 것은 해결책이 아니라는 것이다. 정치적 민주화가 본래의 사회주의 분배제도와 평등의 유산을 부정하는 수단으로 변질될 경우, 의회주의에 기초한 다당제 역시 새로운 과두지배를 위한 정치적 틀로 변형되고 다당제 민주주의와 과두적 재산분배제도 사이의 결탁이 발생할 수도 있다. 따라서 보다 중요한 것은 대표성의 균열이 없는 사회, 즉 정치엘리트, 경제엘리트, 문화엘리트들의 이익이 사회대중의 이익과 단절되지 않으며, 정당과 매체, 법률체계가 사회적 이익과 공공의 의식을 대표할 수 있는 사회를 만드는 것이다. 그런 점에서 현 중국 공산당 통치는 대표성의 위기를 겪고 있으며, 서구 또한 자유민주주의 하에서 사회형식으로서의 민주가 달성되지 않아 대표성의 위기를 겪고 있다고 볼 수 있다.

이러한 왕후이의 논의는 류샤오보와 같은 자유주의파의 논의보다 더 설득력 있게 들린다. 그리고 무엇보다도 현재 정치엘리트들 사이에는 보수적인 정치개혁 방침이 여전히 주도적인 위치를 차지한다. 그들이 보기에 정치개혁은 두 가지 목적에 부응해야 하는데, 먼저 공산당의 지도와 권력 강화에 기여해야 하며, 둘째 경제성장과 발전에 기여해야 한다는 것이다. 따라서 가까운 장래에 공산당 일당제에 위협이 되는 자유주의적 정치개혁, 예컨대 다당제와 직선제 등은 추진되기 어려워 보인다. 만약 국민이 민주화를 강력하게 요구하면 현 지도부도 어쩔 수없이 민주개혁을 추진할 수도 있다. 그러나 문제는 국민이 민주화를 강력하게 요구하지는 않는다는 점이다. 대신 그들은 경제발전과 민생개선을 최우선 국정과제로 생각하며, 정치개혁보다 부패척결을 위한 개혁을 가장 우선시한다. 요컨대 중국 국민의 민주화에 대한 요구와 압력은 그렇게 강한 편이 아니며, 서구보다는 싱가포르나 홍콩과 같은 모델을 원하는 경향이 있다.[19]

그렇다면 이와 같은 중국 정치리더십의 사례가 우리에게 주는 교훈은 무엇인가? 중국과 같은 중화문화권에 속하면서 유교사상이나 국가주의에 익숙한 우리로서는 중국으로부터 많은 시사점을 얻을 수 있을 것이다. 물론 우리는 중국과 달리 서구식 정치체제의 민주는 이미 달성했으며, 사회형식에 있어서는 아직 서구와 마찬가지로 부족한 형편이다. 따라서 서구가 중국에서 배우고자 하는 점을 우리 역시 배울 수 있다. 이는 한국사회를 사회주의나 권위주의로 변형시키자는 이야기가 아니다. 이미 민주주의라는 정치체제를 가진 나라로서 체제 변화는 더 이상 불필요하며, 다만 중국의 정치리더십에서 긍정적인 요소들을 어떻게 한국 정치현실에 접목시킬 수 있는지를 고민해 보자는 것이다.

이런 측면에서 보면, 먼저 중국정치에서는 경쟁적인 파벌들 간의 타협과 협상이 있다는 점이 눈에 띈다. 우리는 이미 산업화와 민주화 단계를 거쳐 이제 선진국의 문턱에 와 있다. 그런데 우리사회에서 가장 큰 문제는 정치엘리트들 간에 아직도 보수와 진보로 나뉘어 이념대결을 벌이면서 이를 권력투쟁의 도구로 삼고 있다는 점이다. 더욱이 정치엘리트들 간의 투쟁은 일반국민으로 하여금 보수와 진보 진영 중 어느 한쪽을 택해야 하는 것으로 착각하게 만들고, 선거가 있더라도 패배한 진영에서는 이에 승복하지 않은 채 계속 권력투쟁을 일삼으며 사회의 분열을 가중시키고 있다. 이는 지나친 파당중심주의로서 국민을 기만하는 것이며 결코 국가에 득이 되지 않는다.

우리는 박정희 시대를 정치체제의 측면에서 권위주의체제 혹은 독재국가체제라고 비판을 해왔다. 하지만 지금도 일부 사람들은 그 시대를 찬양하는데, 그 이유는 경제발전과 사회발전에 있어서의 공헌 그리고 지배세력의 국가를 위한 헌신 때문이다. 이에 비하면 지금의 정치권은 그 시대를 비판할 자격이 없어 보인다. 그들은 이미 형성된 정치체제로서의 민주주의 틀 내에서 여전히 자유와 민주라는 구호만 내세우면서, 각자는 자신의 이익과 파당의 권력획득에만 혈안이 되어 국가전체를 위한 마음을 갖고 있지도 않고 사회형식으로서

---

19 조영남, 「시진핑 시대의 과제와 정치개혁 전망」, 『성균차이나브리프』 1권 (2013), 99.

의 민주에 대한 노력도 경주하고 있지 않기 때문이다. 박정희 시대의 문제점은 권위주의적 정치권력을 박정희 개인이 독점하여 결과적으로 여러 세력을 아우르는 정치적 타협과 협상을 이루지 못한 데 있다고 볼 수 있다. 박정희 시대의 종언은 박정희 본인의 사망과 1980년대 민주화항쟁을 통해 이루어졌다. 하지만 그 이후의 현실은 여러 파당들 간의 투쟁만 남겨졌을 뿐이다.

그렇다고 해서 중국 공산주의 정권의 집단지도체제를 그대로 받아들이자는 것은 아니다. 현재 중국이 직면하고 있다시피, 정치엘리트들 간의 타협과 협상만으로는 한계가 있다. 자유를 갈망하는 국민들과 민주의 힘을 고려해 볼 때, 정치권력은 국민에게 점차 확산되어야 한다. 하지만 이때 필요한 것은 민주적 상태 속에서 각자 주체이며 권력을 갖고 있는 여러 사람들과 여러 파벌들이 사회전체의 이익 혹은 국가의 이익이라는 측면에서 서로 협력할 수 있는 문화가 정착되는 것이다. 한국사회에 부족한 것이 바로 이런 정치문화이며, 중국의 정치리더십은 그런 점에서 우리에게 시사점을 던져준다.

참고문헌

민귀식. 2012a. 「현대중국 권위주의정치의 전통문화 요소 탐구」. 『한중사회과학연구』. 10권 3호.

_____. 2012b. 「중국전통지식인과 정치사회권력 관계에 대한 역사적 고찰」. 『중소연구』. 제36권 2호.

성근제. 2012. 「대표성의 위기와 중국정치개혁의 방향」. 『동아시아 브리프』. 7권 1호.

왕야난 지음. 한인희 옮김. 2002. 『관료의 나라 중국』. 서울 : 지영사.

이동수. 2010. 「르네상스기 이태리 도시국가의 정부 : 자유와 법치의 공화정」. 『한국정치연구』. 제19집 2호.

_____. 2011. 「실사구시 중국집단체제」. 중앙일보(2011.11.07).

조영남. 2009. 『21세기 중국이 가는 길』. 파주 : 나남.

_____. 2012. 「보시라이 해임을 보는 한 시각」. 『동아시아 브리프』. 제7권 2호.

_____. 2013. 「시진핑 시대의 과제와 정치개혁 전망」. 『성균차이나브리프』. 1권.

최용수. 1997. 「중국 실사구시의 유래와 발전」. 『동방학지』. 98권.

황태연. 2013. 「공자의 분권적 제한군주정과 영국내각제의 기원」. 한국정치사상학회 발표논문(2013.03.16).

Finer, S. E.. 1997. *The History of Government*, Vol. 2. Oxford : Oxford University Press.

Fukuyama, Francis. 2011. *The Origins of Political Order : From Prehuman Times to the French Revolution*. New York : Farrar, Straus and Giroux.

2

안전사회와 공공성 : 싱가포르의 안전지상주의

김 태 영

『21세기 글로벌 사회 공공성 : 현장을 가다』라는 주제로 다양한 분야에 대한 연구가 진행되었는데, 필자가 맡은 분야는 안전사회를 위한 공공성의 확대가 어떤 역할을 할 수 있는가에 대한 연구였다. 안전사회(safe society)와 공공성(publicness)이라는 두 개의 키워드는 즉각 싱가포르를 연상시켰다. 싱가포르에 가면 공공성의 확대를 통해 안전사회가 어떻게 가능한지 알 수 있는 좋은 기회가 될 것으로 확신했다. 흔히 싱가포르 하면 안전지상주의가 널리 퍼져 있는 매우 안전한 곳으로 알고 있다. 또한 싱가포르는 정부가 상당한 권한을 가지고 엄격한 법집행을 하는 것으로도 널리 알려져 있다. 안전과 공공성을 곧바로 연계하기가 쉽지 않지만 싱가포르에 가면 그 해답을 찾을 수 있다는 일종의 확신이 있었다. 이에 싱가포르 정부에 연락을 취하여 인터뷰 요청을 시도했다. 경찰청, 소방청 등이 적절한 연구 대상 기관이었다. 그러나 여러 차례의 인터뷰 요청에도 불구하고 싱가포르 정부는 학술연구에 대해 인터뷰 거절을 정중히 알려왔다. 인터뷰 거절 이유를 나중에 짐작했지만, 당시에는 이해되지 않은 부분이 많았다.

안전한 사회로 알려진 싱가포르의 경험을 정부 관계자로부터 직접 듣고 싶었는데, 허사로 돌아갔다. 아마 정부가 지나치게 엄격한 법집행을 통하여 안전한 사회를 강제하고 있다는 비판을 받을지도 모른다는 걱정을 한 것으로 보였다. 이 또한 지나치게 안전을 고려한 싱가포르 정부의 기이한 대응인지도 모르겠다. 안전한 인터뷰가 아닐지도 모른다는 염려 때문이었을 것으로 짐작된다. 대략 출국 일자를 정해놓았는데, 인터뷰 일정에 차질이 생겨서 난처하게 되었다. 국립싱가포르 대학교의 지인과 안전 분야 전문가의 소개로 국립싱가포르 대학교(NUS)의 저명한 파티엔풍(Fwa Tien Fung) 교수에게 연락을 했다. 인터뷰 승낙을 흔쾌히 받은 후 싱가포르 행 비행기를 탔다. 비교적 작은 나라, 싱가포르 공동체에서 안전은 도대체 어떤 의미일까? 세상에 널리 알려진 대로 싱가포르는 과연 안전한 사회일까? 그렇다면 그들은 어떤 과정을 거쳐서 안전한 사회를 만들었을까? 등등의 질문을 새기면서 인터뷰 준비를 해나갔다. 인간에게 주어진 재능을 십분 발휘하면서 함께 잘 살아가는 싱가포르의 실상을 경험하고 싶었고, 동시에 그 작은 국가에서 인간이 어떻게 슬기롭게 공동체 생활을 잘 해나가는지도 알고 싶었다. 비단 안전사회만의 문제가 아니었다. 자본주의 사회이지만, 규칙을 엄격하게 정하고 재화 및 서비스를 잘 분류하여 정부가 해야 할 일과 시장이 해야 할 일을 슬기롭게 구분하고 있는 싱가포르로의 여행은 공공성에 대한 또 하나의 중요한 자양분을 얻을 수 있는 좋은 기회로 여겨졌다.

지구의 생명체 중 가장 나약한 존재로 알려진 인간이 오늘날 가장 경쟁력 있는 존재로 살아가고 있는 이유는 무엇일까? 세상에 태어나자마자 걷기도 하고, 수영도 할 수 있는 다른 동물과 달리 인간은 꽤 긴 시간을 부모의 보호를 받은 후에야 비로소 홀로 제 몸 정도를 가눌 수 있다. 그렇다고 다른 동물들처럼 빨리 뛰지도, 날카로운 이빨을 갖고 있지도 않다. 인류 역사 이전에 이 나약한 생명체는 다른 동물들에게 잡혀 먹히는 게 다반사였다. 이를 가엽게 여긴 신이 인간에게 선물 하나를 주었다고 하는데, 이는 바로 그들의 '함께 살도록 하는 재주'였다. 공동체를 이루면서 함께 살아가는 인간은 어떤 동물들보다 강하고 경쟁력이 있었다. 오히려 이제는 다른 동물들이 인간에게 무참히 잡혀 먹히는 것이 걱정이 될 정도였다. 공동체 생활을 하면서 인간은 각자 해야 할 일과 공동으로 해야 할 일들을 적절히 잘 구분하고 배합하여 지구상 가장 강력한 생명체로 진화하였다. 예컨대, 재물을 모으는 행위는 개별적인 노력의 영역에 속하고, 공동체를 외부 적으로부터 지켜내는 일은 공동의 영역에 속하도록 한 것이다. 신으로부터 선물 받은 고귀한 재주 덕분에 인류사회는 그 동안 비약적으로 발전해왔다. 결국 공동체 생활을 할 수밖에 없는 인간에게 공공성의 문제는 피할 수 없는 선택이자, 번영의 조건이다. 다만 어느 정도의 공공성을 용인해야 할 지 현명하게 잘 결정해야 할 과제를 안고 있다.

그렇다면 구체적으로 어떤 일은 공공의 영역에 속하고, 어떤 일은 사적 영역에 속하는 것이 합당할까? 만약 이 또한 신이 내린 재주라면, 누가 가르쳐 주지 않아도 스스로 판단하여 어떤 일은 함께 수행하고, 어떤 일은 개별적으로 수행할 것이다. 그러나 불행히도 신은 인간에게 매우 구체적인 수준의 재주까지 주지는 않은 것 같다. 어떤 나라는 거의 대부분의 일을 공동으로 수행하고, 또 어떤 나라는 거의 모든 일을 개별적으로 수행하고 있는 점이 그 증거이다. 공공성이 지나치게 강한 나라에서는 거의 모든 일이 공동으로 수행되고, 거의 모든 재화 및 서비스가 공동으로 거래된다. 반대로 공공성이 지나치게 희박한 나라에서는 나라를 지키는 국방, 치안조차도 사적으로 수행되는 경향이 있을 뿐만 아니라 거래되는 재화 및 서비스는 순전히 사적 능력에 의하여 공급받는다.

A. M. 오쿤(A. M. Okun)은 권리의 영역(Domain of Right)과 경쟁의 영역(Domain of Dollars)이라는 개념을 활용하여 보다 구체적으로 공공성(Publicness)의 정도를 측정하는 방식을 제시하였다. 사회는 권리의 영역과 경쟁의 영역으로 구분하는데, 권리의 영역이 크면 공공성이 강한 나라, 경쟁의 영역이 크면 공공성이 약한 나라이다. 권리의 영역이 크다는 것은 능력에 상관없이 누구나 일정한 수준의 재화 및 서비스를 공동체로부터 공급받을 수 있음을 의미한다. 반대로 경쟁의 영역이 크다는 의미는 순전히 본인의 능력에 따라 재화 및 서비스를 시장에서 공급받아야 하는 사회이다. 권리의 영역이 큰 사회와 경쟁의 영역이 큰 사회 중에서 특별히 어떤 사회가 더 건전하다고 결론 내리기 쉽지 않다. 왜냐하면 어떤 사회를 선택해야 하는가는 가치판

단의 문제이며, 특정 사회가 처해있는 상황과도 밀접히 연관되어 있기 때문이다.

다만, 우리의 선택이 얼마나 합리적인가, 또는 어느 정도 사회문화적 특성을 반영하는가에 따라서 그 사회의 총체적 경쟁력이 제고될 수 있다는 점에서 신중한 선택이 요구된다. 예컨대, 아이스크림을 권리의 영역에 포함시키는 사회를 가정해보자. 누구나 공평하게 공동체로부터 원하는 만큼 아이스크림을 공급받아야 하는 사회의 경쟁력이 높을 수 있겠는가? 또는 국방서비스가 경쟁의 영역에 속한다고 가정해 보자. 각자 개인의 능력에 따라 국방서비스를 차등적으로 제공받아야 하는 사회가 경쟁력이 있다고 할 수 있겠는가? 이와 같이 명백히 권리의 영역 또는 경쟁의 영역에 속해야 하는 재화 및 서비스가 존재하는 반면 일반적으로 명확한 판단이 어려울 정도로 모호하다. 예컨대, 교육서비스는 어느 영역에 속해야 하는가? 의료서비스는 어느 영역에 속해야 하는가? 사회복지서비스는 어느 영역에 속해야 하는가? 교육서비스는 대체로 권리의 영역에 속해 있다. 사립학교 시스템을 인정함으로써 부분적으로 경쟁의 영역에 포함시켜 보완하고 있지만, 원칙적으로는 누구나 공평하게 능력에 상관없이 교육서비스를 제공받아야 하는 것으로 인지하고 있다. 물론 어떤 나라의 경우 교육서비스가 철저히 경쟁의 영역에 속해 있기 때문에 아이들이 경제적 이유로 정상적인 교육을 받지 못한 경우도 있다. 그러나 대부분의 선진국에서는 원칙적으로 교육서비스는 권리의 영역에 속한다고 알려져 있다. 의료서비스의 경우는 좀 더 모호하다. 유럽의 복지국가들은 이를 권리의 영역에 포함시키고 있지만, 미국은 중도 입장을 취하고 있고, 한국의 경우도 최근 의료보험제도의 정비를 통해 상당 부분 권리의 영역으로 이전 중에 있다고 판단된다.

이번 싱가포르 여행을 통하여 필자는 안전서비스가 권리의 영역에 속하는지, 혹은 경쟁의 영역에 속하는지 확인하고 싶었다. 안전서비스라고 하면 그 범위가 모호하기 때문에 특별한 개념 규정을 별도로 하지 않으면 명료하게 어느 영역이라고 정하기가 쉽지 않다. 예컨대, 자연재해로부터의 안전을 의미하는 재난문제인지 생활안전 등과 관련된 인재 문제인지 등에 관한 논의가 선행되어야 할 것이다. 천재지변 등과 관련된 국가 서비스는 명백히 권리의 영역에 속한다고 보는 것이 일반적이다. 문제는 생활안전 등 개인적 활동과 관련된 치안서비스, 학교폭력, 통학안전, 도로안전, 식품안전 등과 관련된 부분이다. 치안서비스 역시 다소의 논란이 있지만 권리의 영역에 속해야 한다는 입장에 대하여 공감할 것으로 본다. 물론 최근 사설경비서비스의 등장으로 치안서비스가 경쟁의 영역으로 넘어가야 한다는 주장도 있지만 원칙적으로 국가가 책임지고 수행해야 하는 기본적인 업무라는 점에는 이견이 없다. 이런 이유로 필자는 특별히 생활안전에 속한다고 볼 수 있는 통학, 교통, 시설안전 등에 초점을 맞추어 살펴보고자 했다.

삶에 필요한 각종 재화 및 서비스를 일단 두 영역 중 어느 한쪽으로 분류해야 한다는 일종의 강박관념과도 같은 무거운 생각으로 우리사회를 면밀히 들여다보기 시작했다. 물론 안전문제에 초점을 맞춘 것은 전술한 바와 같이 이 문제에 대한 공감이 여전히 미진하기 때문이다. 이명박 정부 초기 '국민생활안전'이라는 용어가 처음 등장하기 시작했다는 사실의 발견은 대단한 일이었다. 이것은 국가 차원에서 생활안전 문제를 인지하기 시작했음을 의미한다. 선진 대한민국의 슬로건으로 등장한 개념이기 때문에 필자가 생각하고 있는 맥락과는 일치하지 않을 수도 있다. 그러나 생활안전 서비스가 권리의 영역으로 넘어오고 있다는 것을 의미한다고 판단된다. 적어도 안전문제와 관련해서는 누구나 공평하게 국가로부터 양질의 서비스를 능력에 상관없이 제공받아야 한다는 의미일 것이다. 만약 안전서비스가 경쟁의 영역에 속해 있다면 어떤 상황을 예상할 수 있을까? 안전을 고려한다면 우선 아이들을 매일 학교까지 직접 데려다 줘야 할 것이다. 도로 역시 지역별 능력에 따라 차등적으로 건설될 뿐만 아니라 안전지수 역시 차등적으로 나타날 것이다. 가난한 지역에서 더 많은 범죄의 발생은 자명하며, 이로 인해 엄청난 사회경제 부담이 개인에게 귀속될 것이다. 결국 안전을 돈으로 거래하는 사회가 될 것이기 때문에 강자에게는 더 많은 안전이 보장되지만, 약자에게는 안전이 담보되지 않아 결국 모두 안전하지 못한 사회를 경험하게 될 것이다. 최근 박근혜 정부가 안전을 중시하겠다는 입장을 수차례 강조한 것은 사실상 안전서비스를 권리의 영역으로 넘기겠다고 선언한 것이나 마찬가지이며, 이러한 맥락에서 안전에 대한 논의가 더 심층적으로 진행되어야 할 것이다.

대체로 선진국에서는 안전서비스가 누구에게나 공평하게 제공되고 있는 반면, 후진국에서는 강자에게만 차별적으로 제공되는 경향이 있다. 과연 안전이 돈으로 거래되어야 하는 서비스인가에 대한 근본적인 의문이 이번 싱가포르 여행을 떠나게 된 일차적 사유이다.

흔히 안전공화국이라고 명명된 싱가포르는 과연 안전한 나라인지 직접 확인하고 싶어서였다. 우리도 국민생활안전을 강조하면서 나름 안전을 국가의 최우선 책무로 인지하기 시작한 배경과도 연관되어 있다. 싱가포르가 과연 안전한 사회인지, 어떤 계기로 인하여 안전을 권리의 영역으로 포함시켰는지, 그리고 구체적으로 어떤 정책적 조치를 취하고 있는지 등에 관한 세세한 경험을 몸으로 느끼고 싶었다. 그 동안 이런 저런 이유로 싱가포르를 경유한 적은 많았지만 직접 싱가포르 도심을 경험한 적은 없었기 때문에 여러 가지로 설레는 여행이었다. 비행기가 창이 국제공항에 안전하게 착지하면서부터 싱가포르 탐험이 시작되었다. 특별한 목적을 가지고 시작된 여행이었기 때문에 마음이 가볍지는 않았다. 공항에서부터 시작된 관찰은 공항을 떠나는 순간까지 매우 세심하고 집요하게 이루어졌다.

이번 여행의 첫 번째 목적지인 국립싱가포르 대학으로 가기 위하여 우선 택시를 타보기로 하였다. 예상대로 택시기사가 차에서 내려 짐 싣는 것을 도와주었다. 사소해 보이는 행동이지만, 내게는 큰 의미가 있었다. 인천공항에서 택시 기사가 직접 내려서 짐을 싣는 광경을 목격하는 것은 매우 어려운 일이다. 한편 짐이 없더라도 기사가 직접 문을 열어주는 광경은 선진국에서 흔히 목격되는 광경이다. 물론 안전 때문이다. 친절 때문이라고 인식하는 여행객은 번지수를 잘못 짚은 것이다. 승객과 본인의 안전을 위해서 배려하는 것이다. 잘 정비된 가로수를 갤러리 삼아 택시는 미끄러지듯 도심을 향했다. 신호등을 보고 정지선에 멈춘 많은 차량들을 살펴보았다. 거의 모든 차량이 정확히 정지선을 지켰다. 고지식한 로봇처럼 일렬로 정지선에 정확히 배열된 차량이 인상적이었다. 혹시라도 정지선을 지키지 않는 차량이 있을까 해서 카메라를 꺼내 들었다. 물론 사진 찍을 기회를 잡지 못했다. 법규를 지키려고 안간힘을 쓰는 것처럼 보이지는 않았다. 오히려 안전을 위하여 지나치게 움츠러드는 듯 보였다. 싱가포르 시민들 모두 일종의 안전강박관념 환자들처럼 여겨졌다. 호텔에서 경험한 안전 관련 배려는 특별히 다른 나라와 크게 다르지 않았다. 다만, 우리 일행이 머문 호텔이 마침 공사 중이어서 공사와 관련해 몇 가지 특징을 발견할 수 있었는데, 투숙객 및 내방객의 불편을 줄이기 위하여 완벽한 차단 조치를 취하고 있었다. 체크아웃을 하고 난 이후에야 비로소 공사 중이라는 사실을 인지할 정도였다.

어쨌거나 공항에서 이번 여행의 일차 목적지인 국립 싱가포르 대학(NUS)으로 바로 향했다. 토목공학과 파(Fwa) 교수와의 면담을 위해서였다. 싱가포르를 과연 안전공화국으로 불러도 괜찮을지에 관한 질문이 핵심이었다. 물론 싱가포르가 안전공화국이 될 수밖에 없는 사연에 관한 질문도 나왔다. 다음은 필자와 파 교수와의 인터뷰 중 주요 내용이다.

Q. **싱가포르하면 우선 떠오르는 이미지가 '안전사회'인데, 교수님께서는 싱가포르가 안전공화국이라고 알려진 사실에 공감하십니까?**

A. 그렇습니다. 제 전공이 안전 관련 분야이기 때문에 그렇게 대답한 것은 아닙니다. 싱가포르에서 최고의 가치(value)는 안전(safety)입니다. 국가의 가치는 주로 이념과 연관되어, 효율성(efficiency), 형평성(equality), 또는 민주성(democracy) 등이 언급되는데, 싱가포르 정부는 안전을 최고의 이념 또는 가치로 내세웁니

다. 그 결과 안전을 강조하는 다양한 정책들이 추진된 것 같습니다. 많은 외국인들이 싱가포르를 안전한 국가로 인식하고 있는 것으로 알고 있습니다.

Q. **그렇군요. 저희 일행의 이번 싱가포르 방문도 싱가포르가 과연 안전한 사회인지 확인하고 싶었기 때문입니다. 물론 어떤 과정과 노력을 통하여 안전사회를 구축했는지도 궁금합니다.**

A. 환영합니다. 3시간 전에 공항에 도착했다고 알고 있는데, 오시면서 안전에 관하여 혹시 느낀 점은 없었나요? 저는 한국을 가 본적이 없어서 사실 한국이 얼마나 안전한 나라인지 잘 모르겠습니다. 군사적으로 다소 위험하다는 이야기를 들은 적은 있는데, 그 이외에 생활안전과 관련해 한국이 안전한 사회인지 개인적으로 궁금합니다. 말씀 드렸듯이 싱가포르는 특히 생활안전과 관련하여 매우 안전한 사회라고 생각합니다. 작은 나라다 보니, 군사적으로 안전하다는 생각을 갖고 있지는 않지만, '안전이 최우선'이라는 생각에 국민 모두가 공감하고 있습니다.

Q. **질문과 답변이 혼란스러울 수 있습니다. 맞습니다. 한국은 군사적으로 안전하다고 말하기 어렵습니다. 국민생활안전과 관련해 과거에 비하면 점차 안전한 사회로 변모하고 있다고 말할 수 있습니다. 그러나 여전히 안전에 대한 인식이 낮은 편입니다. 선진국으로 가기 위해서는 경제 발전도 중요하지만 안전하고 행복한 사회 구축이 더 중요하다고 생각합니다. 그렇다면 구체적으로 살펴보기 위하여 도로 관련 질문을 하겠습니다. 교통위반을 할 경우 법적으로 어떻게 처리됩니까? 혹시 엄격한 법규 때문에 소위 '강요된 안전'이 나타나고 있는 것은 아닌지요?**

A. 다른 나라에 비하면 벌칙이 좀 가혹한 편입니다. 사안에 따라 다르지만 신호위반을 할 경우 거의 $1,000에 달하는 벌금을 지불해야 하고 간혹 면허가 정지되는 경우도 있습니다. 그러나 불가피한 경우를 제외하고는 신호위반 사례가 나타나지 않습니다. 오후에 보셔서 느끼셨겠지만 위반할 필요도 없고, 그럴 생각 자체를 하지 않습니다. 교통체증이 심하다는 이유로 서둘러 빨리 가고 싶은 욕구도 없습니다. 신호위반, 불법 차선변경, 끼어들기 등 일체의 안전 관련 위반 등을 찾아보기 어려울 겁니다. 다만 간혹 교통사고가 발생하게 되는데, 이 경우 경찰은 매우 심도 있게 조사합니다. 우선 운전자 과실인지, 아니면 도로설계의 문제인지 조사합니다. 만약 도로설계의 문제가 확인되면 공사 관련 시공사는 물론이고 관련 공무원까지 처벌 받게 됩니다. 교통사고가 빈번히 발생하는 구간에 대한 심층 조사를 통하여 이와 같은 책임소재가 명백히 드러납니다. 물론 운전자 과실인 경우에는 그에 따른 처벌을 받게 됩니다. 이 모든 절차는 싱가포르 사회 전체를 보다 안전하고 쾌적한 공간으로 만들기 위한 불가피한 조치입니다. 물론 초기에는 일부 강요된 안전이라는 평가를 받기도 했지만 이제는 안전에 대한 인식이 생활화되었다고 보면 됩니다. 누가 지켜보지 않아도 교통법규를 잘 준수합니다.

사진 : 싱가포르의 안전문화에 대하여 설명하는 싱가포르
국립대학(NUS) 토목공학과 파티엔풍 교수.

Q. **방금 전 매우 중요한 언급을 하셨는데, 다시 한 번 확인하고 싶습니다. 교통사고가 빈번히 발생하는 구간에 대한 심층조사를 통하여 도로설계 상의 문제가 있는지를 밝혀낸다고 하셨는데, 건설회사와 관련 공무원들의 입장에서는 너무 억울하지 않습니까? 어떤 상황에서 어느 정도 책임을 그들에게 묻는지요? 그리고 그 이유는 무엇입니까?**

A. 운전자는 본인과 다른 운전자의 안전을 위하여 법규를 지키면서 안전운행을 할 책임이 있습니다. 그러나 운전자의 안전운행에 방해가 되는 구조적인 문제

로 사고가 발생했다면 그와 같은 여건을 조성한 당사자들이 일부 책임을 당연한 져야합니다. 다만, 어느 정도 책임을 공유해야 할 것인지에 대한 판단이 문제입니다. 해당 구간에서 사고가 빈번히 발생하거나, 설령 빈번히 발생하지 않더라도 사고를 유발할 수 있는 구조적 특성이 발견된다면 모든 책임을 운전자에게만 전가할 수 없지요. 그렇기 때문에 책임의 정도는 사고유발 정도와 관련이 됩니다. 이는 법률가 등 전문가의 판단에 맡깁니다. 더 중요한 문제는 책임의 범위와 관련된 문제인데, 해당 공무원들도 책임을 공유한다는 겁니다. 물론 저와 같은 외부 전문가도 부분적으로 책임을 공유합니다. 그래서 정부정책 관련 자문도 매우 신중해질 수밖에 없습니다. 예컨대, 새로운 도로를 설계할 때 안전을 최우선 가치로 설정합니다. 수용능력, 미적 가치, 비용 등 다양한 고려요소가 있지만, 제일의 고려요소는 안전입니다. 비용이 더 들어도 안전을 위해서라면 투자를 아끼지 않습니다. 외관상 멋져 보이지 않더라도 안전에 문제가 된다면 허가하지 않습니다.

Q. **공항에서 도심으로 들어오는 도중에 아름다운 길과 아름다운 건축물들을 많이 보았는데, 미관에 관심을 갖지 않는다고 하시니 언뜻 이해가 되지 않습니다. 그리고 건설업자는 그렇다고 해도 공무원들은 억울하겠습니다.**

A. 안전한 구조물이 아름답게 보이는 것입니다. 안전하지 않은 구조물은 절대 아름답게 보이지 않습니다. 싱가포르 사람들은 그런 철학을 갖고 있습니다. 그리고 공무원들은 마땅히 자신들이 해야 할 일이기 때문에 매사에 신중을 기합니다. 아직까지 특별히 억울해 하는 공무원을 만나보지 못했습니다. 중요한 공공사업을 수행할 때 국민의 입장에서 국민의 종복이라고 생각하고 안전한 싱가포르를 만들기 위하여 사명감을 갖고 일하기 때문에 자신의 잘못된 결정

에 대하여 승복을 하는 것이 일반적입니다.

Q. **교수님께서 토목공학 전공이라서 주로 구조물에 대한 이야기를 나누었는데, 이번에는 공공부문의 의사결정과 관련된 질문을 드리도록 하겠습니다. 극단적인 두 가지 경우를 예로 들어보겠습니다. 정부가 주도적으로 결정하는 독재형(elite model) 의사결정 모형과 다수의 의견을 수렴해서 결정하는 민주형(democratic model) 의사결정 모형이 있다면 싱가포르는 이 중 어느 쪽에 더 가깝다고 생각하시는지요? 싱가포르 정부는 시민의 의견을 충분히 듣는 편인지요? 시민의 의견을 지나치게 존중하다 보면 각종 공공사업의 방향이 그들의 이해관계에 따라 안전과 상관없이 왜곡되는 경우도 있지 않겠습니까? 혹은 시민의 의견을 지나치게 무시한다면 결국 구성원의 행복지수가 내려가지 않을까요?**

A. 만약 둘 중 하나를 고르라면 싱가포르 정부는 독재형 의사결정 모형에 가깝다고 생각됩니다. 정부가 주로 결정하는 편입니다. 물론 많은 사람들의 의견을 듣기는 하지만 그들의 의견이 전부 반영되지는 않습니다. 정부가 책임을 지고 사업을 추진하지만 가급적이면 외부 전문가를 포함한 많은 사람들의 의견을 참고합니다. 그렇기 때문에 공무원들의 역할이 매우 중요합니다. 그리고 권한과 책임이 함께 주어지기 때문에 혹시 처벌받더라도 크게 억울해 하지 않습니다.

Q. **안전이라는 서비스를 권리의 영역에 있어야 할 국가의 책임으로 인식하고 있다는 말씀이네요? 권리의 영역에 있다는 말은 곧 누구나 능력에 상관없이 동등하게 안전이라는 공공서비스를 국가로부터 제공받는다는 뜻입니다. 만약 안**

전이 시장의 영역에 있어야할 서비스라면 개인의 사적 능력에 따라 차등적으로 제공받겠지요. 싱가포르에서는 안전 서비스를 제공하는 민간업자는 없는지요?

A. 저는 공학자라서 안전 서비스가 어느 영역에 있어야 하는지에 대한 철학적 고민을 크게 하진 않았는데, 질문을 생각해보니 매우 중요한 함의가 있다고 생각됩니다. 그렇습니다. 안전이라는 서비스는 권리의 영역에 속해야 하고, 또한 현재 싱가포르에서는 안전이 권리의 영역에 속한다고 봅니다. 국가는 개인의 능력과 무관하게 누구나 안전 서비스를 동등하게 향유할 수 있도록 최대한 노력하고 있습니다. 안전 서비스를 능력에 따라 차등 제공받아야 한다면, 전쟁이 나도 능력에 따라 국방서비스를 차등해서 받아야 한다는 논리와 같다고 생각합니다. 안전서비스는 국방서비스와 마찬가지로 국민이 받아야 할 가장 기본적인 권리입니다. 싱가포르 정부는 이와 같은 철학에 기초하여 누구나 동등하게 안전 서비스를 제공받을 수 있도록 세심한 버려를 합니다. 다만, 범위와 관련하여 국가의 손길이 닿지 않은 곳이 있을 수 있습니다. 그런 경우에는 민간회사가 해당 서비스를 제공하기도 합니다. 그러나 민간회사는 정부를 보조하지, 안전 서비스를 독점적으로 판매하지는 않습니다. 예컨대, 사설경호서비스 등의 역할은 매우 제한적입니다.

Q. **그렇다면 국가가 제공하는 안전 서비스는 구체적으로 어떤 형태입니까? 예컨대, 학교통학 관련 안전 서비스를 국가가 어떤 형태로 제공하나요? 통학 안전을 담당하는 부서 또는 인력이 별도로 배정되어 있나요? 치안 관련 서비스를 위해 경찰청이 있지 않습니까? 또한 소방과 관련해 소방청이 있지 않습니까? 그리고 이와 같은 기관들은 다른 나라에도 설치되어 있습니다.**

A. 문제는 기관 및 인력의 배정 여부가 아닙니다. 맞습니다. 다른 나라에도 경찰청, 소방청 등이 있습니다. 통학과 관련해서 특별 기관이 있지 않습니다. 다만, 강력한 법·제도에 의지해 안전을 보장한다는 점에서 다른 나라와 차이가 있을 것입니다. 예컨대, 통학버스에는 반드시 운전자 이외에 보조 인력을 배치해야 합니다. 보조 인력의 역할은 학생들이 안전하게 차에 오르고 내리는 것을 도와줍니다. 물론 차안에서 발생하는 안전을 저해하는 일체의 사안을 관리합니다. 통학버스가 멈추면 다른 차들은 기다려야 합니다. 미국과 유럽 여러 나라에서도 그렇게 하지 않습니까? 이를 어기면 통학버스 운행이 강제로 중단됩니다.

사진 : 어린이 안전에 대하여 설명하는 스무스웨이 트랜스포트서비스(Smoothway Transport Service)의 통학버스 기사인 추아스위키옹(Chua Swee Kiong).

Q. **결국 법을 엄격하게 적용한다는 것이지요? 법을 지나치게 엄격하게 적용하면 국민들의 행복지수가 오히려 낮아지지 않을까요? 의사결정 방식도 거의 독재형에 가까운 것 같은데, 법규 적용마저 지나치게 엄격하면 국민들이 오히려 답답하고 불편해 하지는 않을까요? 물론 최근 한국에서 아이들이 통학차에 치여 사망하는 사건들이 여전히 발생하는 점을 감안한다면, 이 문제는 아무리 강조해도 지나침이 없지만, 교수님의 의견을 듣고 싶습니다.**

A. 안전하고 행복한 나라는 쉽게 만들어지지 않습니다. 적어도 안전 문제에 있어서만큼은 싱가포르 국민들이 충분한 공감을 갖고 있다고 생각합니다. 싱가포르에 있어서 안전은 일차적으로는 국민의 행복과 직결되지만, 더 나아가서는 외국인 투자 유치 등 국가 산업과 밀접한 연관이 있습니다. 많은 사람들이 안전한 싱가포르에 투자하고 여기에서 살고 싶어 하지 않겠습니까? 싱가포르는 단지 엄격한 법규만을 활용하여 안전을 지키려 하지 않습니다. 안전을 위한 세심한 배려가 구석구석 배어있기 때문에 국민들이 쉽게 승복하고 기꺼이 법규를 지키려 하는 것입니다. 준비되지 않은 상황에서 법규만 엄격하게 적용한다면 불만과 불쾌지수가 증가하겠지요.

Q. **충분히 이해됩니다. 버스 정류장에 비치된 벤치의 방향이 도로를 향하여 직각으로 놓여 있지 않고, 버스가 다가오는 방향으로 45도 각도로 비스듬히 설치되었더군요. 기다리는 승객을 위한 배려라는 생각이 들었습니다. 또한 만약에 있을지도 모를 버스돌진 사고에 대비해 버스정류장에 예쁜 차단 바를 설치했더군요. 혹시라도 버스 기사가 실수로 정류장을 덮치는 경우가 발생해도 기다리는 승객의 안전은 보장될 것 같다는 생각을 했습니다. 또한 차도가 아닌 인도라 해도 위험하다고 판단되는 지역에는 특수 블록 처리를 해서 행인들이**

이용하지 못하도록 사전에 위험요소들을 차단하려 노력하고 있는 흔적이 발견되었습니다.

사진 : 버스가 다가오는 방향으로 비스듬히 설치된 벤치와 안전을 위한 차단 바가 보인다. 안전공화국 싱가포르의 단면을 보여준다.

A. 관찰력이 좋으시네요. 안전과 관련해 정부가 할 일은 이렇게 최대한 세심한 배려를 하는 것입니다. 물론 엄격한 법적용이 당연히 뒤따릅니다. 최근 일부 도심지역에서 범죄행위가 간혹 보고되고 있는데, 이는 사회 문제로서 저와 같은 공학자의 관심과는 거리가 있지만, 이것도 안전 문제이기 때문에 여전히 걱정이 됩니다. 물적 환경뿐만 아니라 사회문화 측면의 안전도 매우 중요합니다. 단순히 경찰인력을 늘린다고 해결될 문제도 아니며, 엄격한 법규 적용을 통해서도 해결될 문제가 아니기 때문에, 이 부분에 대한 깊은 고민이 필요한 시점이라고 봅니다.

Q. **양질의 교육을 통해 건전한 시민이 양성되고, 그들이 함께 안전한 싱가포르를 구축하는데 무슨 문제가 있겠습니까? 다만, 세계화 시대에 싱가포르가 이제는 더 이상 자국민들만 이용하는 공간이 아니지 않습니까? 외국인, 일시 방문객 등에 대한 배려와 홍보, 교육 등도 필요하지 않겠습니까?**

A. 최근 장난감의 안전성 관련 법률이 더 엄격하게 개정되었습니다. 장난감으로 인해 어린이들의 안전이 문제될 수 있다는 사실에 기초한 것입니다. 싱가포르에서는 일단 법규에 따라 안전을 확보하려는 뿌리 깊은 철학이 있습니다. 사회 범죄 행위 등에 대해서도 내국인과 외국인 모두에게 엄격히 법규를 적용해 접근하리라 전망합니다. 지속적인 시민교육만으로는 충분하지 않다고 생각합니다. 사회적 경제적 범죄로 안전이 위협받는다면 싱가포르 정부는 더 엄격히 법을 적용해서 국민의 기본권을 지켜나갈 것으로 생각합니다.

Q. **어쨌든 싱가포르에서 '안전'은 명백히 권리의 영역에 속해 있다고 생각합니다. 한국에서도 현 정부가 2008년부터 국민생활안전을 특별히 강조하기 시작했습니다. 이것은 한국정부도 안전을 권리의 영역에 속해 있는 기본서비스로 인식하기 시작했음을 의미합니다. 안전한 대한민국을 건설하기 위하여 우선적으로 할 일이 있다면, 소중한 조언을 부탁드립니다.**

A. 국민들의 인식전환이 가장 중요하고 시급합니다. 안전에 대해 투자할 생각도 해야 하고, 안전을 강조하는 정부를 지지해야 하고, 어떤 가치보다도 안전이 가장 소중하다는 인식을 가져야 할 것입니다. 안전을 해치는 어떤 행위도 엄격하게 처벌받는다는 것을 보여줘야 할 것입니다. 예컨대, 식·의약품 관련 안전에 문제가 발생하면 해당 업체는 시장에서 영원히 추방당한다는 실례를 만들어야 합니다. 싱가포르는 그런 노력을 통하여 안전한 음식, 안전한 약품만

이 거래될 수 있다는 관행을 만들었습니다. 물론 안전한 도로, 안전한 건축물, 안전한 공원 등 일체의 안전한 공적 사적 구조물만이 세상에 남겨질 수 있다는 신화를 만들었습니다.

일부 인터뷰 내용은 파 교수 이외에 다른 분과의 대화 내용인데. 편의상 여기 포함시켜 정리했다. 인터뷰는 주로 물적 환경의 안전성에 집중되었는데, 싱가포르 정부의 안전에 대한 철학을 엿볼 수 있었다. 인터뷰와 현장방문 등을 통하여 싱가포르가 안전한 이유에 대한 나름의 결론을 얻을 수 있었다. 무엇보다도 국가가 제공하는 안전서비스에 대한 국민의 인식이 공신이었다. 싱가포르에서는 오쿤 박사가 제시한 두 가지 영역 중에 '안전'이 명료하게 권리의 영역(domain of right)에 있는 재화 및 서비스이다. 권리의 영역에 있다는 말의 의미는 국민 모두에게 안전할 권리가 동등하게 존재한다는 사실을 의미한다. 누구나 안전 서비스를 동등하게 제공받을 권리가 있음을 의미하며, 시장에서 거래해서는 안 되는 서비스임을 의미한다. 만약 안전 서비스가 시장에서 능력에 따라 제공받을 수밖에 없다면 가난한 사람의 안전은 누가 책임져야 하는가? 시장 논리에 따르면 안전 역시 서비스이기 때문에 능력에 따라 차등적으로 제공받는 것이 합당할 수 있다. 부자의 안전과 가난한 자의 안전이 동등할 수 없다는 것이다. 시장에서 추가 안전의 거래를 부정하지는 않지만 국가가 상당 부분의 안전 서비스를 공평하게 제공해야 선진사회일 것이다.

그러나 싱가포르 사례와 관련해서 하나 아쉬운 점은 이 모든 노력이 엄격한 규제(deterrence)를 통해서만 가능했다는 점이다. 예컨대,

지하철에서 음식물을 섭취하면 500달러, 담배를 피우면 1,000달러, 인화물질을 반입하면 5,000달러의 벌금을 물게 하고 있다. 최근 강화된 공공놀이시설 면허제도 역시 강제성에 기초하고 있다. 침 뱉기, 무단횡단 등을 하면 태형이 가해진다는 이야기는 널리 알려져 있다. 규제 또는 억제로 번역되는 Deterrence라는 영어 단어가 상징하는 바가 크다고 본다. 오랜 기간 습관이 되어 안전을 위한 규칙을 잘 지키고 있지만 싱가포르 사회가 안전하고 쾌적한 이유는 강제성에 기초한다. 이와 같은 강압에도 불구하고 원만히 수용되고 있는 것을 보면, 결국 안전지상주의라고 표현될 수 있는 싱가포르의 사회문화적 특성이 오늘날 싱가포르를 안전한 사회로 만든 일등공신이 아닌가 싶다.

인터뷰 내용만 놓고 보면, 이 모든 것은 싱가포르 국민들이 전적으로 합의해준 규칙이라고 이해할 수 있지만, 정부정책결정 과정을 들여다보면 이 모든 조치들에 대하여 싱가포르 국민들이 전적으로 합의했다고 보기 어려운 측면도 있다. 파 교수도 인정한 것처럼 정부정책이 정부 주도적으로 결정된다. 의사결정에서 소위 엘리트 모형이 적용되고 있다고 볼 수 있다. 어떤 의미에서 대다수 국민들의 의사가 적절히 반영되는 구조라고 보기 어렵다. 물론 문제가 발생할 경우, 누구보다도 공무원이 먼저 처벌받기 때문에 책임성 측면에서 비난받지 않을 수도 있다. 그러나 새로운 시대에는 공동체의 의사결정에 보다 많은 구성원들이 적극 참여하여 공동으로 문제를 해결해 나가는 것이 추세이다. 따라서 거버넌스에 의해 직접적인 이해관계자의 참여뿐만 아니라 간접적인 이해관계자까지 참여하여 권한과 책임을 널리 공유하는 지속가능한 발전모델이 요구된다. 비교적 최근인 1993년 차량 탑승 시 어린이 보호 장구 착용이 의무화되었는데, 미국 등 구미 선진국에 비하면 다소 늦은 감은 있었지만 어린이 안전을 위해 또 하나의 규제를 추가하였다. 그런데 기존의 규제와의 차이점은 이 모든 노력의 시작과 끝이 안전관련 시민단체의 노력의 결과였다는 점에서 주목할 만하다. 현재 싱가포르의 교통민간단체인 국가안전회의(National Safety Council)는 다양한 캠페인을 통하여 어린이 안전의 중요성을 홍보하고 필요에 따라서는 보호 장구를 대여해 주기도 한다. "아이를 낳는 것도 중요하지만, 안전하게 잘 키우는 것이 더 중요하다"는 문구에서 보듯이 단순 규제가 아닌 공감을 통한 안전문화 확산에 힘쓰고 있다.

의원내각제를 통하여 합법적으로 장기집권을 할 수 있는 정치적 여건 때문에 부분 독재가 가능한 나라인 싱가포르에서 안전 문제뿐만 아니라 정부의 주요 정책이 일방적으로 만들어지고 집행되어온 것은 사실이다. 총선에서 승리만 하면 총리직을 연임할 수 있기 때문이다. 대다수 국민들이 정부주도 발전 모델에 큰 거부감이 없기 때문에 싱가포르 정부는 사명감을 가지고 공공성 확대에 주력해 온 것으로 보인다. 그러나 안전 문제뿐만 아니라 국가를 운영하는 모든 중요한 문제에 진정한 국민적 공감대 형성이 중요할 것이다. 국제적으로도 경쟁력이 높다는 싱가포르 공무원들이라도 어떤 측면에서는 시민사회로부터 배울 부분이 많을 것이다. 굳이 정체제도를 변경하지 않아도 국가 운영은 구성원 모두가 함께 한다는 새로운 인식을 공유할 때이다. 그런 점에서 최근 싱가포르에서 일어나고 있는 작은 시민운동은 매우 고무적이다. 예컨대, 환경운동, 금연캠페인, 청소년 보호, 음란사이트 차단 운동 등 생활환경 구석구석에서 시민사회 활동이 점차 활발해지고 있다. 이제는 국가와 시민사회가 함께 고민하고 함께 문제를 해결해 나가야 하는 새로운 시대를 경험하기 시작한 것으로 짐작된다.

진정한 공공성은 단순히 어떤 재화 및 서비스를 공공 영역에 포함시키는 것으로 의미를 제한하지 않는다. 어떤 과정과 절차를 거쳐 해당 재화와 서비스가 공공 영역이나 권리 영역으로 들어왔는지, 또는 그 재화와 서비스에 관련된 규칙이 어떤 절차를 거쳐 만들어지고 집행되는지 총체적으로 파악할 수 있도록 확대되어야 한다. 함께하면 경쟁력이 배가하는 호모 사피엔스의 본성을 얼마나 잘 활용하는가의 문제가 바로 공공성의 문제이며, 안전사회를 만드는 핵심 키워드로 지속가능한 사회를 구축하는데 결정적 변수가 될 것이다. 싱가포르를 떠나면서 제한적이지만 공공성을 매우 잘 활용하는 20세기형 대표 국가를 만났다는 생각을 했다. 이제 21세기형 대표 국가를 찾아야할 시점이다. 이번 싱가포르 여행은 안전사회는 공공성의 확대를 통해서만 효과적으로 구축될 수 있다는 작은 교훈, 그리고 거버넌스에 입각한 공공성의 확대를 통해서만 지속가능한 안전사회의 구축이 가능하다는 큰 교훈을 동시에 얻은 소중한 기회였다.

참고문헌

김태영, 이지상. 2011. 「2012 대한민국 리더십을 찾아서 : 안전공화국 싱가포르」. 중앙일보.

양기근. 2010. 『안전사회 구축을 위한 소방정책의 과제』. 서울 : 한국치안행정학회.

유현정 외. 2011. 『위험사회를 사는 소비자와 생활안전』. 서울 : 대영문화사.

윤수재 외. 2009. 『새로운 시대의 공공성 연구』. 서울 : 한국행정연구원.

이재은. 2011. 『안전사회 구현을 위한 지방정부의 역할』. 서울 : 지방행정.

정재희 외. 2003. 『안전사회 이렇게 만들자』. 파주 : 나남.

행정안전부. 2010. 『행정안전백서 : 행복한 국민, 안전한 사회, 행정안전부가 함께 합니다』.

Beck, Ulrich. 1992. *Risk Society*, Sage Publication.

Faw Tien Fung. 2011. 인터뷰 자료

Okun, A. M. 1975. *Equality and Efficiency,* The Brookings Institution

The National Safety Council of Singapore. 2011. *Papers*

사회안전법 전문. 2011.

사회안전신문 www.safenews.co.kr

사회안전방송 www.safetv.co.kr

안전행정부. 안전행정백서.

3

사회복지와 공공성 : 스웨덴의 보편적 복지

신 동 면

1. 들어가며

복지국가를 공부하기 시작하면서부터 스웨덴은 종교인들의 성지(聖地)와 마찬가지로 꼭 한번 가보고 싶은 나라였다. 복지가 가장 잘 발달되어 있는 사회민주주의 국가, 자본주의가 인간적일 수 있다는 것을 보여주는 나라, 그리고 국민 모두가 인간다운 삶을 영위하는 보편적 복지국가라는 설명까지 스웨덴에 대한 찬사가 넘쳤다. 그리고 복지국가 스웨덴의 성공 뒤에는 항상 노동조합을 정치적 기반으로 삼는 사회민주당(이하 사민당)이 버티고 있었다. 사민당은 1932년에 처음으로 집권한 이래 자본주의체계가 필연적으로 양산하는 소득 불평등을 재분배 정책을 통해 완화하고 평등과 사회적 연대를 추구해 왔다. 보편적 사회서비스와 소득비례의 성격을 지닌 사회보험을 발전시키며 사민당은 1976년까지 무려 44년간 전통적 지지 세력인 노동자뿐만 아니라 중산층의 광범위한 지지를 받아 왔다.

그러나 사민당은 최근 총선거에서 잇달아 집권에 실패하였다. 지난 2010년 9월 19일에 실시된 총선거는 사민당에게 패배의 아픔을 넘어 사민당의 위기를 절감하도록 하였다. 사민당은 2006년 총선에서 패배한 이후 절치부심해서 2010년 총선에 임했다. 모나 살린(M. Sahlin) 당수가 이끄는 사민당은 정권을 되찾으려고 녹색당, 좌파당과 사전에 연정 계약을 맺으며 선거에 임하였다. 그러나 선거 결과는 우파 연합 정권을 이끈 온건당의 승리로 돌아갔다. 보통선거가 실시되었던 1920년 이후 90년의 기간 동안 65년을 집권하며 사회민주주의자들의 큰 자랑이었던 스웨덴 사민당이 사상 최저인 30.1%의 지지율에 그치며 보수 정당으로부터 제1당의 지위도 위협받는 위기에 빠졌다.

이와 같은 사민당의 정치적 위기 때문에 스웨덴의 복지국가 모델이 더 이상 유지될 수 없으리란 목소리가 높아지고 있다. 특히, 스웨덴의 보편적·제도적 복지국가 모델을 비판하며 영·미식의 선별적·잔여적 복지국가 모델을 주장해 온 사람들은 고복지·고부담이 특징인 스웨덴 복지국가 모델이 더 이상 국민의 지지를 얻지 못한다고 목소리를 높이고 있다. 국내에서도 2010년 지방선거에서 무상급식이 선거 쟁점으로 부각되었던 것을 계기로 정치권과 시민단체를 중심으로 복지논쟁이 활발하게 진행되면서 스웨덴 복지국가 모델이 주목을 받았다. 일각에서는 한국 사회가 나아갈 방향으로 스웨덴의 보편적 복지국가 모델을 주장하고 있으며, 다른 일각에서는 스웨덴 복지국가 모델이 고복지·고부담을 특징으로 하기 때문에 한국 사회에 맞지 않는다고 주장한다. 특히, 후자를 지지하는 사람들은 사민당의 연이은 패배를 근거로 스웨덴에서도 실패한 보편적·제도적 복지국가 모델을 우리가 따라야 할 이유가 있는가라고 반문한다. 과연 스웨덴 복지국가 모델은 실패했고, 세계화 시대의 국가발전 전략으로 맞지 않는 사라져 가는 유물인가?

경희대학교 공공대학원에서 추진하는 『21세기 글로벌 사회 공공성 : 현장을 가다』의 일환으로 '복지 분야 공공성'을 맡으며, 필자는 고대하던 스웨덴 여행의 기회를 갖게 되었다. 스웨덴 여행을 계획하면서 '스웨덴 복지국가 모델이 정말로 사라지고 있는가'에 대한 대답을 현지 사회정책학자에게 직접 듣겠다는 생각이 앞섰다. 다행이도 스웨덴의 대표적 사회정책학자인 스벤 호트(Sven Hort) 교수와 인터뷰를 약속할 수 있었다. 그리고 필자는 "복지국가의 사회보장제도는 그 나라에 살고 있는 사람들의 생각을 변화 시킨다"고 굳게 믿는 연구자로서 스웨덴에서 현재 살아가는 복지국가 시민들의 일상을 보고 싶었다. 수도 스톡홀름의 거리에 다니는 사람들, 공원을 산책하는 사람들, 아이를 돌보는 사람들, 퇴직한 노인들, 직업소개소의 공무원들, 일자리를 찾는 실업자들, 행인들에게 손을 벌리며 구걸하는 사람들 등의 모습을 보며, 한국에 사는 우리들을 떠올려 보고 싶었다. 2011년 8월의 마지막 즈음, 아렌다(Arlanda) 국제공항에 비행기가 내리며, 기대와 설렘 속에 짧은 스웨덴(정확히 말하면 스톡홀름) 여행이 시작되었다.

2. 스웨덴의 보편적·제도적 복지국가

아렌다 국제공항에서 호텔까지 우리나라의 KTX와 같은 고속 열차를 타고 스톡홀름 시내에 있는 중앙역으로 왔다. 30분 정도 걸려서 도착하였는데, 요금이 200크로나로 싼지 비싼지 감이 잘 오지 않는다. 얼른 한국의 원화 환율을 찾아 곱하니(1크로나 = 약 167원) 약 33,000원이다. 스웨덴의 대중교통 요금이 싸지 않다는 것을 알았다. 역에서 내려 택시를 타고 호텔로 향하는데, 택시 운전사가 말을 건다. 자신은 아프가니스탄에서 온 이민자이며, 내가 어디서 왔는지 묻는다. 한국에서 여행 왔다고 하니, 자기가 삼성 핸드폰과 LG 에어컨을 사용한다고 한다. 나는 복지국가 스웨덴에서 이민자 신분으로 살아가는 택시 운전사의 삶이 궁금해 스웨덴 생활에서 어려움이 없는지 질문했다. 자신은 이민자이지만 차별을 받는다고 느끼지 않으며 스웨덴에서 평화롭게 생활할 수 있어서 행복하다고 한다. 임대아파트에 사는데 최근에 임대료가 많이 올라 걱정이라고 한다. 무상으로 자녀 교육을 시킬 수 있어서 매우 만족스럽고 아이가 공부를 잘한다고 한다. 병원 이용을 물었더니, 1년에 일정 금액(900크로나)까지 본인이 부담하지만 그 이상은 무료로 진료를 받으며, 약도 1년에 일정 금액(1,800크로나)만 본인이 부담하고 그 이상은 무료라고 한다. 반값 등록금 운동을 벌이는 한국의 대학생들과 진료비를 낼 형편이 못되어 병원에 가지 못하는 우리나라의 빈곤층을 떠올렸다. 어느덧 왕립공과대학교 근처의 오래된 기숙사를 개조해서 만든 호텔에 택시가 도착하였다. 아쉽게도 스웨덴에서 첫 번째로 만났던 사람과의 짧은 만남을 끝내야 했다. 그러나 택시 운전사와의 짧은 대화를 통해 보편적·제도적 복지국가로서 스웨덴의 일을 볼 수 있었다.

일반적으로 스웨덴의 복지국가 모델은 보편주의 원칙을 준수한다고 알려져 왔다. 그러나 스웨덴의 사회보장제도는 보편주의 원칙만을 따르진 않는다. 사회보장제도 수립 과정에서 보편주의와 선별주의 원칙은 사회복지 분야에 따라 적절하게 선택, 적용되어 왔다. 스웨덴 복지국가 모델 혹은 보편적 복지국가에 대한 오해를 불식하기 위해 보편주의와 선별주의를 잠깐 살펴보자. 보편주의와 선별주의는 사회정책 설계 과정에서 '국가가 누구에게 급여와 서비스를 제공할 것인가'의 문제를 다루는 원칙들이다. 보편주의는 전체 국민 또는 특정 집단(노인, 아동, 여성, 장애인 등)에 속해 있는 모든 사람들에게 급여와 서비스를 제공하는 것이다. 반대로, 전체 국민 중 일부를 선정하거나, 특정 집단에서도 일부만을 선별하여 급여와 서비스를 제공하는 것을 선별주의라고 부른다. 수급자를 선별하는 기준은 연령, 전문가 진단(장애 판정), 국가 유공자, 소득, 재산 등이 활용된다. 이중에서도 소득과 재산은 저소득층을 선별하기 위하여 사용되는 가장 일반적인 기준들이다. 이와 같이 보편주의와 선별주의는 복지 대상자 선정을 둘러싼 원칙들이다. 스웨덴의 보편적 복지국가는 전체 국민들의 인간다운 생활을 보장할 수 있도록 사회보험과 사회서비스를 보편주의 원칙에 따라 운영하고, 저소득 빈곤집단을 선별해 선별적 급여와 서비스를 제공한다.

또한 스웨덴은 제도적 복지국가를 유지해 오고 있다. 사회복지 제공에서 정부의 역할을 극대화하고, 소득과 재산을 조사하여 수급자를 선발하는 자산조사 방식은 급여를 가능한 최소화한다. 전 국민을 대상으로 적정 수준의 급여와 서비스를 제공하여 국민의 인간다운 생활을 할 권리인 사회권을 보장한다. 모든 시민들이 복지에 대한 권리를 누릴 수 있도록 수급권을 보장하며, 급여와 서비스가 충분한 수준으로 제공된다는 점에서 스웨덴은 보편적·제도적 복지모델을 확립하고 있다.

스웨덴의 보편적·제도적 복지모델은 고복지·고부담의 조합을 통하여 지탱된다. 스웨덴에서 사회보장지출은 고복지를 제공하기 위해 매우 빠르게 증가했다. 1960년에 국내총생산(GDP) 대비 10.9%이었던 사회복지지출은 경제성장 시기였던 6,70년대를 지나면서 사회보장제도가 확대되면서 급격하게 늘었다. 〈그림〉를 보면 1975년에 사회복지지출이 이미 25%에 달했으며, 1990년에 30.2%로 성장하였다. 사회보장지출 증가에 따르는 재원 마련을 위해 국민 부담률(조세+사회보험료/GDP 100)도 빠르게 증가하였다. 1975년에 이미 41.2%였던 국민 부담률이 1990년에 52.2%로 증가하였다. 1990년 1인당 GDP가 미국 달러 기준으로 2만 달러가 약간 밑돌았음을 고려해, 한국의 1인당 GDP가 2만 달러에 도달했었던 때를 찾아 비교해 보았다. 한국은 2007년에 1인당 GDP가 2만 달러 수준이었을 때, 국민 부담률 28.7%, 사회보장지출이 8% 수준에 불과하였다. 스웨덴 국민들은 고복지를 위하여 고부담을 해왔다는 것을 분명하게 알 수 있다. 우리나라에서 스웨덴과 마찬가지로 국가가 고복지를 제공하기 위해서는 국민의 고부담이 전제되어야 한다.

〈그림〉 사회복지지출, 국민부담률, 1인당 국내 총생산(GDP)

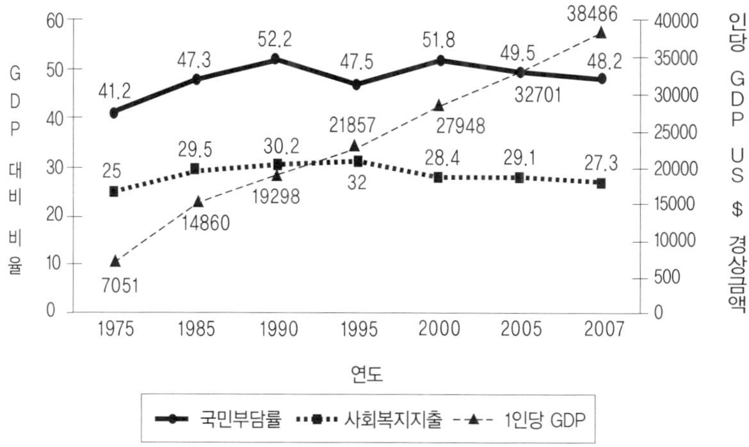

자료 : OECD, (2010) Social Security Expenditure.

그런데 국민 부담률과 사회복지지출이 높은 나라에서 노동시장이 왜곡될 수 있고, 더욱이 무한 경쟁과 자본의 자유로운 이동을 특징으로 하는 세계화 시대에 고복지, 고부담은 국내 기업 활동에 장애를 초래할 수 있다는 인식이 팽배하다. 그러나 스웨덴은 국민 부담률과 사회복지지출 수준이 세계 최고 수준을 유지함에도 1990년대 초반의 경제 위기 시기를 제외하고 경제성장을 지속해 왔다. 특히 2008년 세계 경제 위기 이후에도 스웨덴 경제는 큰 타격을 입지 않았고, 양호한 경제적 성과를 올리며 재정위기를 겪고 있는 유럽 국가들의 부러움을 사고 있다. 스웨덴 복지국가 모델이 사라진다는 진단은 거짓일까?

3. 스웨덴 복지국가 모델의 특수성

그렇다면, 스웨덴에서 높은 수준의 보편적 복지와 재원 조달을 위한 국민의 높은 조세부담은 어떻게 가능했을까? 스웨덴에 있는 독특한 제도적 특징에서 그 해답을 찾을 수 있다. 스웨덴은 조합주의 의사결정 방식, 보편주의 사회정책 및 제도 설계, 생애주기에 따른 사회 서비스 체계 등에서 서구의 다른 복지국가들과 차이를 보인다.

1) 사회적 합의주의 전통과 국민정치 노선

1932년에 집권한 사회민주당은 노사 간, 고·저소득층 간의 대타협을 바탕으로 사회 연대 복지국가의 건설을 추진하였다. 1938년에 노동자 대표와 기업주 대표가 참여하는 짤츠훼보덴 협약(Saltsjöbad-sanda Agreement)을 통해 중앙차원의 단체교섭을 제도화하고 호혜적 노사관계를 형성함으로써 복지국가 발전의 사회적 토대를 확립할 수 있었다. 이와 같은 노사정의 타협은 각자 단기 이익의 자제를 매개로 하는 '정치적 교환'에 의하여 이루어졌다. 노동은 임금을 억제하는 대신에 완전고용을, 자본은 사회정책을 지원하는 대신 산업평화와 투자여건 개선을, 국가는 정책형성 과정에서 이익단체의 참여를

허용하는 대신 정통성과 사회 안정을 확보할 수 있었다

사민당의 집권과 함께 노동조합은 사민당과의 밀접한 상호 연계를 통해 정책결정과정의 참여를 확대했다. 노동조합(LO)과 기업가연합(SAF) 같은 이익조직들이 정부의 정책형성 및 집행에 광범위하게 참여해 정책협의(policy concertation)를 발전시켜 갔다. 정책협의는 정부와 이익조직 사이의 자문과 협상의 형태뿐만 아니라 이익조직들이 정부기관을 통제하는 위원회에 참여하는 형태를 띠기도 하였다. 이러한 정책협의의 패턴을 두고 스웨덴 조합주의 모델이라고 널리 명명되어 왔으며, 스웨덴은 유럽사회에서 가장 조합주의에 가까운 국가 중 하나로 여겨져 왔다.

사회적 합의주의를 바탕으로 스웨덴은 복지국가 확립의 초기 단계에서 보편주의를 사회보장제도의 기본 원칙으로 채택한다. 보편주의는 중간계급 정당이었던 농민당과 자유당이 도시 보수엘리트와 협상을 통해 만들어 낸 사회보장제도의 원칙이었다. 그 당시 노동조합들은 보편주의 원칙이 부유층에게 이익을 주는 사회보장제도를 수립할 것으로 이해하였다. 장기적 관점에서 볼 대 보편적 복지가 사회계급 간 연대를 강화하고 제도적 복지국가를 발전시킴으로써 노동자계급의 이익을 실현하는 것이라는 이해가 부족했던 것이다. 그러나 사민당은 노동자 계급의 이익을 중간계급의 이해관계와 조화시키려는 노력을 기울였고, 중간계급 정당들과 복지동맹 관계를 유지하고자 보편주의 원칙을 수용하였다. 사민당 당수였던 한손(P.A. Hansson)이 의회 연설에서 밝힌 '국민의 집(folkhemmet)'은 계급정치 노선에 대비되는 사민당의 국민정치 노선을 상징하는 용어로 자리 잡았다.

2) 사회공학적 설계주의에 근거한 사회정책

스웨덴의 보편주의 복지국가는 사회민주주의 계열의 우수한 지적 역량을 바탕으로 사회공학적 설계주의에 입각하여 확립되었다. 사회공학적 설계주의는 정부가 바람직한 사회상을 계획하고 이를 위해 필요한 정책수단을 사전에 계획하여 실행한다는 특징을 지닌다. 스웨덴의 여성친화 가족정책과 연대임금 및 적극적 노동시장 정책은 사회공학적 설계주의를 보여주는 좋은 사례들이다.

대공황 이후 1932년에 집권한 사민당은 세계 최초로 케인스주의에 입각한 수요부양정책을 추진하였다. 그리고 노벨경제학상을 수상한 사회민주주의 지식인 미르달 부부(Gunnar & Alva Myrdal)의 제안을 따라 여성친화 가족정책을 추진하여 사회복지정책에서 사회투자 성격을 강화했다. 1937년에 도입된 출산수당과 1947년에 도입된 보편적 아동수당은 사회공학적 설계주의 관점에서 나온 정책들이었다. 사민당 정부는 복지국가 확대기 동안 여성친화 가족정책을 확대하여 여성의 노동시장 참여를 촉진했다. 공공 보육시설을 대대적으로 확충했고, 여성의 출산수당을 부모 육아휴직 급여로 대체했고, 부부합산과세를 폐지하고 개인별 과세를 도입하여 여성의 노동시장 참여를 촉진했다. 그리고 1992년 평등기회법 제정을 통해 고용, 임금, 직무 배치 등에서 법으로 성차별을 금지시켰다. 이와 같은 여성친화적 사회정책 덕분에 스웨덴은 여성의 노동시장 참여율이 세계에서 가장 높은 국가가 될 수 있었다. 〈표〉에서 보는 바와 같이, 2007년 여성 경제활동인구의 취업률이 78.2%에 달한다. 그리고 많은 취업 여성들이 정부가 만든 사회서비스 일자리에 취업하였기 때문에 복지국가 확대에 대한 강력한 지지 세력이 될 수 있었다. 한국과 큰 차이를 보인다.

〈표〉 연령대별 여성의 경제활동 참여율 (2007년)

단위 : %

구분	전체(15-64세)	15- 24세	25-54세	55-64세
스웨덴	78.2	57.8	87.1	69.6
한국	54.8	32.7	62.0	47.6

출처 : OECD, Labour Force Statistics.

여성친화 가족정책은 가족에서 남녀의 성 역할을 엄격하게 구분하지 않고 부부가 협력하여 가사를 공동 처리하는 가족문화를 형성했다. 이러한 가족문화에서 남녀의 양성 평등이 높은 수준에 이르는 것은 당연하다. 아침 8시경 스톡홀름 시내 공원을 산책하다가 여아를 유모차에 태워 놀이터로 가는 20대 후반의 한 남성을 만났다. 자신은 직장을 다니다가 그만두고 대학에서 건축학을 공부하고 있으며, 부인은 직장 생활을 한단다. 부인이 회사에 일찍 출근하기 때문에 자신이 9시 30분까지 아이를 돌보다가 어린이집에 맡긴다고 한다. 뒤늦게 공부하는 것이 쉽지 않을 텐데, 아내를 대신해 아이를 돌보는 것을 당연히 여긴다. 사실 스톡홀름 거리를 거닐면서 유모차를 끄는 남성이 많이 눈에 띈다. 아이 양육의 책임을 여성에게 떠넘기지 않고 공동으로 양육하는 스웨덴 사회의 모습을 상징적으로 잘 보여준다. 스웨덴 사회에서 이와 같은 양성평등은 복지국가의 여성 친화적 가족정책의 사회적 결과이다.

스웨덴의 관대한 육아휴직 급여와 남성의 육아휴직 사용은 유럽 국가들 사이에서도 잘 알려져 있다. 1974년 부모보험이 도입된 후 지금까지 육아휴가 기간은 여러 번 바뀌었다. 2002년 이후 출생한 아이부터 적용되는 휴가 기간은 480일이며, 아이가 8세 혹은 초등학교 1학년이 되기 전까지 나누어 사용할 수 있다. 쌍둥이를 출산한 부모는 180일 휴가를 더 받는다. 육아휴가 기간은 부모가 나누어 사용할 수 있는데, 어느 한쪽도 60일 미만으로 사용해서는 안 된다. 2008년 6월 이후에는 양성평등 보너스 제도를 도입해 부성의 육아휴가 사용일수의 증가를 유도하고 있다. 육아휴가 급여는 480일 가운데 390일은 가입자 연간 소득액의 77.6%를 지급하고(2010년 현재 소득 상한액은 연소득 424,000 크로나), 나머지 90일은 기본급여(2010년 현재 1일 180 크로나)를 지급한다. 또한 12세 미만의 자녀가 아파서 돌봐야 할 때 부모 중 한 명은 임시 부모휴가(간병휴가)를 신청할 수 있다. 임시 부모휴가는 연간 120일까지 허용되며, 60일 동안 간병 급여가 육아휴가 급여와 동일한 계산 방식에 따라 지급된다. 그리고 국가는 모든 아동들에게 16세가 될 때까지 부모 소득에 관계없이 일정액의 아동 수당을 지급한다. 2009년 기준 아동 수당은 1명 당 매월 1,050 크로나를 지급한다. 다자녀는 아동 수에 따라 비례적으로 아동수당이 지급되고 추가 수당이 부가된다(신필균, 2011). 여성친화 사회정책으로 인해 스웨덴의 출산율은 2008년 기준으로 1.91명으로 한국의 1.19명에 비하여 매우 높다(OECD, 2011).[1]

사회공학적 설계주의는 1950년대 초반 렌-마이드너 모델

(Rehn-Meidner model)로 알려진 사회경제정책 모델에서도 잘 나타난다. 스웨덴 노동조합 연합 소속의 경제학자인 렌(Gosta Rhen)과 마이드너(Rudolf Meidner)는 동일노동 동일임금 원칙을 담은 연대임금 정책과 근로자를 위한 적극적 노동시장 정책을 통해 완전고용과 산업 구조 합리화 계획을 제안했다. 연대임금 정책으로 인해 기업은 경쟁력이 있는 부문에서 일하는 근로자의 임금인상 요구를 효과적으로 억제하였고, 경쟁력이 없는 산업과 한계 기업들의 자연 도태를 유도했다. 그리고 한계 기업의 도산으로 불가피하게 발생하는 실업자는 관대한 소득보장제도의 보호를 받고, 경쟁력을 갖춘 더 나은 일자리로 이동할 수 있게 직업훈련과 직업알선 등의 적극적 노동시장 사업을 통해 지원하였다. 연대임금 정책과 적극적 노동시장 정책의 결합을 통하여 스웨덴은 성장과 분배의 선순환을 확보할 수 있었다. 연대임금정책은 1980년대에 들어서 제대로 작동하지 않았지만, 적극적 노동시장사업은 지금까지도 스웨덴 복지모델의 중요한 특징으로 자리 잡았다.

서구 복지국가뿐만 아니라 우리나라에서도 청년 실업자가 큰 사회 문제로 부상한 만큼 고용정책에 대한 관심이 높다. 외국의 고용정책을 논의할 때 스웨덴의 적극적 노동시장 사업을 빼놓을 수 없다. 아침 9시 스톡홀름 시에서 적극적 노동시장 사업을 담당하는 공공고용서비스센터(Arbetsförmedligen)를 찾아 길을 나섰다. 시내 중심가에 누구나 쉽게 찾을 수 있는 큰 건물 1층에 자리 잡은 공공고용서비스

---

1 http://www.oecd-ilibrary.org/economics/oecd-factbook_18147364;jsessionid=1qyidtpb7zjf5.delta.

센터에는 이른 아침인데도 사람들로 북적였다. 중년의 남성과 여성, 그리고 청년들까지 다양한 연령대 사람들과 다양한 피부색의 사람들이 구직 상담을 위해 줄을 서 있었다. 그리고 컴퓨터가 여러 대 놓인 사무실 한편에서는 고용서비스센터 직원의 도움을 받아 인터넷으로 일자리를 검색하고 자신의 이력서를 작성해 올리는 사람들로 빈자리가 없었다. 구직 상담을 위해 나온 사람들 중에서 어떤 중년 부인과 대화를 나누었다. 왜 센터에 왔느냐는 이방인의 질문에 그 부인은 스스럼없이 친절하게 자신을 소개했다. 자신은 미국인으로 미국에서 교육을 받았으며 스웨덴 남자를 만나 결혼해 미국에서 살다가 3년 전에 스웨덴으로 이주했고, 5살과 9살 아이가 있다고 한다. 그리고 남편은 금융회사에서 일하며, 자신은 미국에서 살 때 패션 분야에서 일했던 경력을 살려 스웨덴 회사에 취직을 하고 싶다고 했다. 작년에 고용서비스센터에 와서 스웨덴어를 배우는 프로그램을 소개받고 스웨덴어를 무료로 배우고 있으며, 이제 일자리를 소개받기 위해 상담 약속을 했다는 것이다. 나는 얼른 그녀에게 미국인으로 스웨덴에서 살기가 어떤지 물었다. 두 명의 아이를 키우는 부모로 그녀는 무상이나 다름없는 보육, 교육, 의료 서비스 등 모든 분야에서 너무 만족한다는 것이다. 미국과는 다르다는 것을 여러 번 강조했다. 그래도 미국보다 세금을 많이 내는데 괜찮은지 물었다. 세금을 많이 내도 정부의 전폭적인 지원 때문에 괜찮고, 기꺼이 세금을 낼 수 있다고 대답했다. '국민의 집'이라는 복지국가는 이렇게 미국인의 생각을 변화시켰다.

미리 고용서비스센터 직원과 면담 신청을 했었는데 마침 내 이름을 불렀다. 여자 직원을 따라 책상이 하나 놓여 있는 아담한 구직

사진 : 스톡홀름 공공고용서비스센터

상담실로 갔다. 그 직원은 대학에서 정치학 석사를 전공했으며, 자신도 고용서비스센터를 통해 지금의 직장을 구했다고 소개했다. 그리고 구직자의 취업에 실질적 도움을 주는 자신의 직업에 대해 매우 만족한다고 알려주었다. 고용서비스센터에서는 구직자와 실업자들의 취업을 돕기 위해 일자리 소개 알선, 구직 활동을 돕는 활동, 구직자 교육, 실업자 취업능력을 높이기 위한 직업훈련 프로그램 연계 활동, 고용주와 실업자를 직접 연계시키는 일자리 박람회 개최 등 다양한 활동을 펼치고 있었다. 내가 방문한 스톡홀름 고용센터에서는 11개에 달하는 다양한 프로그램을 통해 구직자와 실업자의 형편에 맞는 맞춤형 사업을 진행하고 있었다. 흥미롭게도 여가와 휴일을 중시하는 스웨덴에서 고용서비스센터는 구직자의 접근성을 높이기 위해 휴일에도 당직자가 구직 문의에 전화로 답하고, 평일에도 저녁 8시까지

연장 근무를 한다는 것이다. 보편적 복지국가가 원활하게 작동할 수 있었던 이유가 완전고용을 추구한 정부정책에 있었다는 것을 다시 확인하였다.

3) 소득비례형 사회보험의 발전

사민당은 자신의 정치적 기반이 노동조합이었지만, 계급정치 노선에 대비되는 국민정치 노선을 채택했고, '국민의 집(folkhemmet)'으로 대표되는 사회통합 복지국가의 건설을 추진해왔다. 사민당은 누진적 조세재원 우선 원칙, 균등급여 원칙 등 고전적 사회민주주의 원칙들을 사회보장제도의 수립과정에서 교조적으로 적용하려고 고집하지 않았다. 사민당은 광범위한 복지동맹을 유지하기 위해 중간계층의 이해를 적극적으로 수용했다. 이러한 노력은 소득에 비례하여 사회보장 급여를 제공하는 소득비례형 사회보험 도입에서 확인할 수 있다. 1953년에 건강보험을 도입하면서 사회보험 방식을 취했지만 납입한 보험료에 비례하여 급여를 제공하는 소득비례형 질병급여를 제공하였다. 그리고 1959년에는 기초연금에 추가되는 2층 공적 연금으로 일반보충연금(ATP)을 도입하면서 소득비례형 사회보험 연금으로 정착하였다. 일반보충연금의 도입은 사무직 노동자들의 기득권을 인정하려는 성격을 띠었는데, 이를 통해 사민당은 육체노동자의 이익만을 대표하는 정당이 아닌 사무직 근로자를 포함한 중간계급의 이익을 실현하는 국민 정당으로 자리 잡을 수 있었다. 스웨덴에서 보편주의 복지는 누구에게나 동일한 수준의 균등 급여를 의미하지 않으며,

실업급여, 상병급여, 연금, 부모 육아휴직 급여 등에서 볼 수 있듯이 소득에 비례해 서로 다른 금액의 급여가 제공되는 것으로 이해된다.

그런데 최근 한국 사회에서 벌어지는 사회복지 논쟁을 보면, 보편주의가 무상 복지와 같은 의미로 사용되거나 보편주의는 진보이고 선별주의는 보수라는 이분법적 견해까지 등장하는데, 이는 크게 잘못되었다. 스웨덴의 사례처럼 보편적 복지가 모든 사람에게 균등한 급여를 제공하거나 무상복지를 의미하진 않는다. 사회복지를 위한 재원은 직접세와 간접세의 조세 수입과 사회보험료 수입에 의존한다고 할 때, 저소득 빈곤층의 경우 간접세를 납부하기 때문에 엄격한 의미에서 무상복지는 성립하지 않는다. 더욱이 무상복지는 복지 수급자가 시민의 권리만을 강조하고 시민의 의무를 소홀히 할 수 있다는 점에서도 바람직한 용어가 아니라는 것은 스웨덴 복지국가 발전의 역사가 보여준다.

사민당의 장기집권 기간 동안 스웨덴은 보편적·제도적 복지국가를 발전시키고 모든 국민을 대상으로 매우 관대한 복지급여와 서비스를 제공했다. 국가복지가 충분하게 제공되는 상황에서 중간계급은 시장에서 제공하는 민간복지라는 보완책을 찾아야 할 필요성이 줄었고, 노동자 계급과 함께 보편주의 복지국가를 지지하는 후원자로 자리매김했다. 스웨덴의 보편적·제도적 복지국가는 노동자와 중간계층 그리고 여성들을 포함하는 광범위한 국민들로부터 지지를 얻을 수 있었다. 인간적 자본주의와 생산적 복지를 결합한 스웨덴 복지국가는 고복지를 위해 높은 세금을 부과하지만 경제성장을 지속해 왔다. 그 결과 스웨덴은 성장과 복지가 선순환 하는 복지국가 모델로 자리 잡았다.

4. 스웨덴 복지모델의 개혁

1970년대 말에 노동조합이 추진하였던 공동결정법과 임노동자기금 설치는 기업의 노조에 대한 불신을 심화시키는 결정적인 계기가 되었고, 더 나아가 스웨덴 복지국가 모델에 대한 불만이 증가하는 계기가 되었다. 이러한 불만들은 거시경제 여건의 악화와 맞물리면서 1980년대 초반 스웨덴 복지국가 모델의 위기를 가져왔다. 우선 스웨덴 복지국가 모델을 뒷받침하는 연대임금정책에서 가장 강력한 힘을 지닌 산별 노동조합인 금속노조의 이탈로 이상이 생겼다. 이를 계기로 노사 간의 중앙 단체 교섭이 와해되어 조합주의 체계가 크게 약화되었다. 1976년 우파 연합에게 정권을 넘겼다가 1982년 총선에서 정권을 되찾은 사민당은 전통적인 사회민주주의 정책에서 벗어난 조치들을 단행하였다. 크로나 평가절하와 금융시장의 개방화를 추진했고, 조세개혁을 통해 세율을 조정했으며, 경제와 복지제도를 탈규제화 하는 등의 제3의 길 정책을 추진했다. 그리고 사회복지지출 확대를 통한 경기부양에서 탈피해서 사회복지지출 증가속도를 낮추고, 사회서비스분야의 지방 분권화를 강화했다. 스웨덴 복지국가 모델의 설계자였던 사민당이 복지국가를 개혁하는 제3의 길을 열었던 것이다.

1991년 스웨덴의 금융위기를 맞이하여 집권한 우파 연합정부는 스웨덴 복지국가 모델의 전환을 시도했다. 고소득층 조세 부담을 축소시켰으며,[2] 법인세율을 인하했고,[3] 공적 연금의 개혁을 추진했고, 사회서비스 부문의 민영화를 허용하는 조치를 단행했다. 1994년에 집권한 사민당 정부는 재정 적자와 국가 채무 해소를 위해 소득세 최고세율을 소폭 인상했다(51%에서 56.5%). 그러나 영국과 독일의 사회민주주의 세력들의 제3의 길 정책 추진을 보면서 사민당 정부는 우파연합이 추진했던 긴축적 거시경제 운용과 자유주의적 성향이 강한 경제·사회정책을 추진했다. 비정규직의 사용제한을 완화하여 노동시장 유연화를 도모하였고, 사회서비스 재정을 정부가 조달하지만 공급은 민간부문에 맡기는 방식을 통해 부분적 민영화를 꾀하였고, 사회서비스 지방 분권화를 강화하였다. 또한 사회복지지출의 삭감, 공공부문 고용감축, 상속세 폐지, 의료 및 사회서비스 부문의 사용자 부담금 도입과 증액, 공적연금의 시장화·개인화·금융화를 내용으로 하는 연금제도 개혁 등을 단행했다. 과거 사민당이 추진하던 전통적

2 1990년과 1991년 사이 스웨덴은 4개 소득구간에 걸쳐 34%, 41%, 55%, 66%의 세율을 23.25%, 31%, 34.1%, 51%로 낮추었다. 1991년 세제개편으로 스웨덴의 소득세 실효세율은 어떻게 변화했을까? OECD에 따르면 1990년과 1992년 사이 스웨덴의 국내총생산(GDP) 대비 소득세 부담액 비율(=실효세율 대용[代用] 지표)은 20.1%에서 16.7%로 낮아졌다. 2007년 우리나라의 GDP 대비 소득세 부담액 비율은 고작 4.4%다.

3 1991년 세제개편으로 법인세율이 52%에서 30%로 인하되었고, 현재 28%로 축소되었다. 대신 기업에 대한 과세베이스를 대폭 넓히고, 각종 세제감면제도를 대폭 축소하여, 오히려 법인에 대한 실효세율이 엄청나게 높아지게 되었다. 1990년과 2000년 사이 스웨덴의 GDP 대비 법인세 부담률은 1.6%에서 3.9%로 2.4배나 증가했다.

재분배 정책에 비춰보면 사민당이 전혀 추진할 것 같지 않은 일련의 정책들로 사민당과 노동조합의 갈등이 심화되어 갔다.

사민당의 제3의 길 정책에 실망한 국민들은 2006년 선거에서 온건당(Moderate Party)이 주도하는 보수 연립정권을 탄생시켰다. 온건당의 당수 라인펠트(Fredrick Reinfeldt)는 노동자들을 위한 일자리 만들기와 복지 확대 추진을 약속했다. 보수 연립정권 기간 동안 추진된 사회보장제도의 개혁을 살펴보면, 의료 영역에서 1차 의료기관의 민영화를 허용해 경쟁 체계를 수립하고 환자의 주치의 선택권을 강화하였고, 약국의 민영화를 진행하였다. 근로능력이 있는 사람이 공공부조에 의존하지 않고 일을 하면서 살도록 유인하기 위하여 미국과 영국 등 자유주의 복지국가들에서 활용하는 근로장려세제(EITC)가 도입되었고, 실업급여의 소득대체율을 낮추었다. 그리고 질병급여를 축소하고 질병급여 수급기준을 강화하였으며, 병가 후 최장 3개월 이내에 직장 복귀를 의무화하여 질병급여 수급과 관련한 모럴 헤저드를 차단했다.

온건당을 포함한 4개 정당으로 구성된 우파 연합은 2010년 총선에서 사민당 중심의 좌파연합에게 또다시 패배를 안겼다. 우파연합 승리의 중심에는 온건당 당수인 라인펠트 수상의 리더십이 주효했다는 것이 일반적 평가이다. 라인펠트가 이끄는 보수 연합정권은 집권기간 동안 건강보험을 개혁해 질병급여 수급과 관련한 모럴 헤저드의 문제에 대응했고, 2008년 세계 경제 위기 속에서도 취업자 수의 증가와 양호한 경제성과를 보이며 건전재정을 유지해 왔다는 점에서 국민들로부터 긍정적 평가를 받았다. 또한 선거 기간 동안 라인펠트는 비효율적인 복지제도를 개혁하고 일자리를 창출하는 온건당이 오히려 노동자를 위한 정당이라고 선전하였다. 온건당이 사민당보다 복지정책에서 앞서 가겠다고 공언하며 중산층뿐만 아니라 노동자 계급의 표를 효과적으로 공략했다. 반면에 사민당은 제 3의 길에 의한 우경화가 선거의 패배를 가져왔다는 판단으로 부유세 및 주택세의 부활, 유류세 인상, 공공부조 급여 인상 등을 주장했다. 그러나 사민당은 선거에서 중간계급으로부터 지지를 얻지 못하였을 뿐만 아니라 사민당의 전통적 지지 기반인 노동자 계급으로부터의 지지도 얻지 못했다. 그 결과 사민당은 1920년 보통선거가 실시된 이래 사상 최저 득표율인 30.1%의 지지를 얻으며, 제1당의 지위를 걱정하는 처지에 놓이게 되었다.

5. 스웨덴 복지국가모델은 사라지고 있는가?

스웨덴 복지국가 모델의 설계자였던 사민당이 제3의 길을 추진해 진행했던 사회경제정책의 변화, 그리고 연이은 사민당의 선거 패배와 보수연합 정권의 집권과 재집권을 목도한 외부인들은 스웨덴 복지국가가 사라진다고 평가한다. 우리나라에서도 스웨덴의 복지국가 모델에 대한 관심이 제고되면서, 스웨덴 모델이 사라진다거나 세계화 시대에 용도 폐기되어야 할 낡은 유물이라는 지적들이 있다. 과연 스웨덴 복지국가는 사라지는가? 스웨덴을 대표하는 사회정책학자 중 한 명인 스벤 호트 교수를 만나 이 문제에 대해 이야기했다.

Q. 최근 각종 개혁으로 스웨덴 복지국가 모델이 사회민주주의 모델에서 벗어나 자유주의 모델로 변화하고 있다는 얘기가 있습니다.

A. 우린 경계가 없는 세계에서 살고 있습니다. 당연히 스웨덴도 외부로부터 영향을 받습니다. 1990년대 경제위기는 많은 사람들로 하여금 세계적인 관점에서 생각하게 했습니다. 소비라든가 사회서비스 말입니다. 그 당시에는 재정문제 해결이 급선무였습니다. 오늘날의 미국처럼 부채를 계속 늘릴 순 없었습니다. 대외 신용도가 떨어지고, 국가 시스템 전반에 혼란을 불러올 수 있었습니다. 그러나 기본적으로 우리는 노르웨이, 핀란드, 덴마크와 비슷한 노르딕(Nordic) 사회민주주의 복지국가 모델을 따르고 있으며, 그 점은 변함이 없습니다.

Q. 복지국가의 재원이 되는 세금 제도의 변화가 있었는데요.

A. 국가 재정위기를 벗어나기 위한 방법으로 세금을 올렸습니다. 특히 소득상위 계층의 소득세를 올렸습니다. 미국의 '부자감세'와 대조되는 부분입니다. 평균적으로는 소득의 30%를 세금으로 내는데, 나는 소득의 55-60%를 세금으로 냅니다. 기업 수익에 대해서는 법인세의 세율 인하를 단행했습니다. 하지만 고용주가 부담하는 사회보험료(payroll tax : 2012년 31.42%)는 줄이지 않았습니다. 고용 안정화와 구직 지원에 초점을 맞췄습니다.

Q. 복지정책 추진에서 지방자치단체의 역할이 크다고 들었습니다.

A. 복지 지방자치는 교육과 의료 분야에 공공기관의 독점이 있어야 한다는 생각으로 출발했습니다. 모든 사람들에게 교육이나 의료 접근에 동등한 기회를 준다는 생각이었습니다. 중앙정부와 지자체의 타협으로 시작했습니다. 중앙정부

와 지자체에서 반반씩 냈습니다. 예를 들어 학교 선생들의 임금을 반반씩 부담했습니다. 하지만 1991년에 사정이 바뀌었습니다. 모든 것이 중앙정부에서 지자체로 옮겨 갔습니다. 중앙 정부는 '지자체는 이젠 지자체에서 알아서 운영해야 한다. 대신 우린 어떤 방해도 하지 않겠다'는 방침이었습니다. 지금 내가 내는 소득세(55-60%)에서 30% 세율은 지자체 수입으로 들어갑니다. 스웨덴의 소득세는 국세와 지방세로 나눠서 부과됩니다. 국세를 납입하는 경우 20, 25% 세율을 적용받으며, 지방세는 지역마다 서로 다른 세율을 적용하는데, 2012년 평균 31.6%이었습니다. 스웨덴 복지국가는 지역 민주주의를 기반으로 만들어졌고, 대신 국가는 보험, 연금, 부모보험을 맡았습니다. 복지 지방자치체(welfare municipality)는 '복지 시장'을 지탱합니다.

Q. **'복지시장'이란 무엇입니까?**

A. 진짜 시장이 아니라 세금으로 운영되는 '복지 시장'이 형성되어 있습니다. '복지시장'은 복지 제공자들의 경쟁에 관한 문제입니다. 중앙정부는 지자체가 공공기관에서 자신들이 아닌 다른 서비스 제공자들과 함께 손잡고 일하도록 장려했습니다. 예를 들어 보육시설을 들 수 있습니다. 노인요양시설은 이제까지 공공기관이 독점해서 운영했던 적이 없었습니다. 항상 민간 사업자도 일할 수 있는 기회가 있었습니다. 또 다른 중요한 것은 장애인 시설입니다. 1970년대부터 장애인들은 사회와 정치에 적극적으로 참여하기 시작했다. 장애인 단체에서는 '우린 당신들이 제공하는 서비스가 마음에 들지 않아 우리가 관리하기 원한다'고 했습니다. 일종의 '아방가르드'로 볼 수 있겠지요. 정신 지체 장애인과 지체 장애인은 완전히 다릅니다. 그들은 개별 서비스를 제공 받길 원했습니다. 자원을 제공받고 분배하는 것을 스스로 하길 원했습니다. 다시 말

해 공공기관의 독점을 원하지 않았습니다. 현재 보수연합 정권은 이런 움직임을 지지했습니다.

Q. **스웨덴 복지정책이 성공할 수 있었던 가장 큰 이유는 무엇일까요?**

A. 사회적 신뢰 때문입니다. 국민들은 세금을 내면 그만큼 돌아오는 것이 많다는 것을 잘 압니다. 이익이 어디로 갈 지 모르는 곳에 누가 세금을 내고 싶겠습니까? 우리나라 세금 관리자(정부)들은 매우 큰 신뢰를 얻고 있습니다. 세금을 매우 잘 걷어 지금까지 잘 관리해 왔습니다. 그 때문에 사람들은 내가 낸 세금이 필요할 때 돌아온다고 믿습니다. 스웨덴의 미래는 젊은이들에게 희망을 줄 수 있는 정당에게 달려있습니다. 오늘날 정치인들에게 중요한 것은 가정 안에서의 성의 역할입니다. 아직 학교에 가지 않는 어린 자녀를 둔 가정 안의 양성평등(gender equality)이 정치인들이 직면한 큰 사회적 문제입니다. 중산층 가정에서 여성이 직장과 보육을 병행할 수 있는 아이디어에 대해 다양한 논의가 있었습니다. 젊은 부부가 아이들을 많이 낳기를 우리 사회도 원하고 있습니다.

Q. **최근 한국 정치인들에게 가장 큰 화두는 복지입니다. 무상급식과 무상의료 등을 두고 대립하고 있습니다. 정치 포퓰리즘과 제대로 된 복지정책을 어떻게 구별할 수 있을까요?**

A. 복지 혜택을 주기 위해 어떤 준비를 하는지 꼼꼼하게 봐야 합니다. 단순한 '크리스마스 선물'인지 아닌지 구별해야 합니다. '우리가 함께 복지국가를 만들기 위해 재정 부담을 하고, (세금 등을) 더 낼 능력이 있는 사람은 더 내야한다'는 말을 할 준비가 되었는지 살펴야 합니다. 정말 중요한 문제입니다. 소득상위계

층이 더 많은 책임을 부담하는 방식에 동의하지 않는다면 결코 정책을 달성할 수 없을 것입니다.

인터뷰를 마치며 한 가지는 분명해졌다. 복지국가는 변화하고 있고, 복지국가의 원할한 작동을 위해서 변화해야 한다는 것이다. 스웨덴 복지국가는 변화해왔고, 우리가 스웨덴 복지국가 모델이라고 말한다면 현재 변화하는 복지국가 그 자체가 스웨덴 복지국가 모델이라는 것이다. 물론 정도의 차이는 있겠지만 좌·우파 구분 없이 스웨덴 정당들은 원활한 보편주의 복지국가 작동을 위해서 끊임없는 제도 변화의 필요성에 동의한다. 스웨덴 복지국가를 설계했던 사민당은 1980년대 집권 이후 제3의 길의 정책을 내세우며 스웨덴식 복지국가 모델을 앞장서서 변화시켜 왔다. 그리고 보수 정당인 온건당을 이끈 레인펠트는 온건당이 오히려 노동자 정당이라고 외치며 사민당보다 복지 정책에서 앞서 가겠다고 공언한다. 이와 같이 스웨덴에서 좌파와 우파의 구분 없이 복지국가에 대한 합의가 존재하는 것은 복지국가에 대한 국민의 강력한 지지와 신뢰에서 비롯된 것이다.

1980년대 이후 복지개혁에도 불구하고 스웨덴은 지금도 여전히 보편주의 복지국가의 특징을 유지하고 있다. 조세수입을 재원으로 전체 국민을 대상으로 보편적 사회서비스를 제공하고 있으며, 국내총생산 대비 사회복지지출의 비중이 30% 정도로 OECD 국가들 중에서 가장 높다. 스웨덴의 조세율을 보면, 소득세, 소비세, 사회보장세에서는 EU 평균 보다 높고, 조세를 재원으로 하는 사회복지 비중이 높다. 단, 법인세는 최고세율이 26.3%로 유럽평균 보다 낮은 수준이다. 그 결과 스웨덴에서 조세 총액은 GDP의 50%를 넘는다. 따라서 1990년대 경제위기 이후 스웨덴 복지모델이 더 이상 작동하지 않고 스웨덴이 영미식의 자유주의 복지국가로 갈 것이라는 판단은 지나친 과장이라고 할 수 있다. 스웨덴은 보편주의 복지국가의 골격을 그대로 유지하면서 사회경제적 변화에 대응해 사회보장제도를 개혁하며 스웨덴 모델을 발전시켜 왔다고 할 수 있다. 최근 스웨덴은 세계경제의 침체 과정에서 지속적 성장에 어려움이 있고, 세계화 위협 속에 기업의 경쟁력을 유지하는 것이 쉽지 않다. 또한 노령화의 진행에 따른 생산성 저하와 여성 출산율의 저하, 이민자 증가와 높은 실업률에 따른 노동시장 문제 등을 안고 있다. 스웨덴 보편적 복지국가는 이러한 국내외 환경변화에 직면하여 사회보장제도의 개혁과 새로운 정책수단을 통해 대응할 것이다. 이 과정에서 스웨덴 보편적 복지국가의 큰 틀이 바뀌지 않겠지만, 사회보장제도의 세부 내용인 수급조건, 급여액 등은 집권 정당과 국민의 지지 여부에 따라 지속적으로 변화할 것이다.

6. 사회복지의 공공성 개념의 이해

스웨덴 복지국가 여행을 마치면서 사회복지의 공공성의 의미를 되새겨 본다. 사회복지의 공공성은 사회복지 전달체계와 직접적으로 연결된 문제이다. 즉 사회복지 전달체계를 크게 공공부문과 민간부문으로 구분할 때, 사회복지의 공공성 강화는 공공부문인 국가 역할을 확대하는 것을 의미한다. 그런데 서구 복지국가의 발달과정을 살펴보면, 사회복지를 위한 국가 역할의 확대는 정부 서비스의 확대를 요구하는 수요적 측면, 재분배를 지향하는 정치적 측면, 예산의 확대를 추구하는 정부조직의 제도적 측면 등에서 비롯되었다. 이러한 사실을 고려한다면 사회복지를 위한 국가 역할의 확대가 반드시 공익(public interest)에 부합하지 않을 수 있다. 예를 들어 사회복지 관련부처 공무원과 정책결정자가 자신과 조직의 영향력을 확대하기 위해 예산 극대화 전략을 추구하고, 그 결과 사회복지를 위한 예산이 증가하고 산하기관이 신설·확대될 수 있다. 공무원이 자기이익을 극대화하기 위한 행동에서 비롯된 사회복지 예산의 증가와 조직의 확대는 오히려 공익에 위배된다.

또한 최근 들어 서구 복지국가에서는 사회복지를 위한 국가의 역할을 축소하며, 개인의 책임과 근로를 강조하는 방향으로 사회보장제도의 개혁을 시도하고 있다. 사회복지를 위한 정부 기관을 위탁받은 민간부문에서 운영하는 외부계약은 일반적인 서비스 제공방식으로 자리 잡았다. 지역사회복지에서 공공과 민간의 동반 관계가 강조되고, 정부가 직접 서비스를 제공하는 것이 아니라 민간 사회복지시설에 지원금을 제공하는 방식이 널리 활용된다. 사회복지 서비스를 제공하는 공공기관들은 시장원리를 적극적으르 도입하여 보다 효율적인 조직운영을 모색한다. 이러한 경향은 앞서 살펴본 바와 같이 스웨덴 보편적 복지국가에서도 정도의 차이는 있지만 예외가 아니다. 사회복지 공공성이 사회발전의 역사성과 정치성을 토대로 형성되는 추상적 개념이라면, 서구 복지국가들에서 관찰되는 이러한 변화는 사회복지의 공공성에 대한 이해를 바꿀 수밖에 없다.

이러한 맥락에서 이 글에서는 사회복지의 공공성을 형식적 측면과 실질적 측면으로 구분해 살펴볼 것을 제안한다. 전자는 사회복지 공급과정에서 국가, 시장, 가족, 비영리조직, 기업 간에 복지가 생산 배분되는 양식을 나타내는 복지혼합(welfare mix)에서 국가가 차지하는 역할을 통해서 파악할 수 있다. 후자는 복지혼합이 초래하는 복지결과(welfare outcomes)라고 할 수 있는 사회권(social right)을 통해 파악할 수 있다. 인간다운 삶을 영위할 권리를 지칭하는 사회권의 추상성을 구체적 수준으로 낮춰 실질적 측면에서 사회복지의 공공성을 파악할 수 있다. 사회권의 영역을 소득보장권, 건강권, 주거권, 노동권, 교육권의 5대 영역으로 구분하고, 각각의 영역에서 전 국민이 향유하는 권리의 내용을 규명하고, 각 권리의 실현 정도를 나타낼 수 있는 지표를 제시할 수 있다(신동면 2009). 국가는 사회권 실현에 대한 의무를 지니기 때문에 각 영역의 세부적 권리를 실현하기 위한 사회정책과 프로그램을 발전시켜 나가야 한다.

사회복지의 공공성을 형식적 측면과 실질적 측면으로 나누어 이해하는 것은 최근의 복지국가 변화를 고려할 때 이론적 측면뿐 아니라 실천적 측면에서도 의의가 있다. 사회복지를 위한 국가의 역할이 축소되며, 복지에 대한 개인의 책임과 근로의 의무가 강조되는 현실에서 복지혼합에 대한 분석은 국가, 시장, 가족, 기업, 비영리조직 간의 복지공급 구조의 변화를 실증적으로 보여주면서 사회복지를 위한 국가의 역할을 제시한다. 그리고 실질적 측면에서 사회복지의 공공성을 사회권을 중심으로 이해하면서 모든 사회구성원들이 인간다운 삶을 영위하기 위해 국가가 '즉각적으로 이행해야 할 의무'와 '점진적으로 이행할 의무'가 무엇인지 밝히고, 이를 위한 국가의 전략적 접근이 가능하도록 한다.

참고문헌

신동면. 2007.「스웨덴 사회 협의체제의 변화」.『스칸디나비아 연구』 8권. 한국스칸디나비아학회.

______. 2010.「사회복지의 공공성 측정에 관한 연구」.『한국사회정책』 17(1).

4

기업과 공공성:
일본 중소기업의 사회적 책임

김 운 호

1. 들어가며

기업의 사회적 책임(corporate social responsibility)이라는 말은 이미 특별한 용어가 아니다. 시민이라면 누구나 인식하고 있는 일반적인 말이다. 현대를 살아가는 사람들 중에서 기업과 관련이 없거나 그 영향을 받지 않는 사람이 얼마나 될까? 문명과 담을 쌓고 살아가는 원시부족을 제외하고는 사실상 한 사람도 없을 것이다. 오늘날 사회와 시민에 대한 기업의 영향력은 막강하다. 법인으로서의 기업은 사회의 구성원으로서 관련법 준수를 넘어 선량한 시민으로 행동에 책임을 져야 하는 것은 당연한 것이다.

이러한 시민의 기대는 기업의 다양한 사회공헌활동을 통해 우리에게 친숙하게 느껴지고 있으며, 또한 매스컴의 보도를 통해 자주 접할 수 있어 매우 보편화되는 것처럼 보이기도 한다. 그러나 제품과 서비스의 생산과 판매를 통해 이윤추구를 목적으로 하는 기업이 우리사회의 발전에 크게 기여해 왔지만 그 활동과정에서 많은 문제들을 발생시켰던 것도 사실이다. 이러한 측면에서 다양한 이해관계자들에게 영향을 미치는 기업의 역할과 존재적 의미를 고려할 때, 기업의 사회적 책임을 공공성의 측면에서 살펴보는 것은 매우 의미 있는 일이라 생각된다. 그런 점에서 법인으로서의 기업이 단순히 관련법을 지키는 것을 넘어 선량한 시민으로 살아야 하는 기업시민정신(corporate citizenship)의 발휘가 당연히 기대되는 행동이 되었다.

이 글의 출발점은 기업의 사회적 책임의 의미나 현황이 아니라 사회와 함께, 사람과 함께 성장하려는 진정한 기업인을 찾아보고, 이를 소개함으로써 기업시민으로서의 기업의 공공성의 의미를 찾아보려는 것이다.

2. 기업과 사회

경영학의 거장 피터 드러커는 '근대사회에 존재하는 가장 대표적인 조직 중 하나가 기업'이라고 설파한 바 있다. 그는 기업이 영리를 극대화하기 위해 생존을 걸고 경쟁하지만 고객 창출이야말로 기업의 본질적인 역할이라고 설명하기도 했다(피터 드러커, 2002).

논의의 출발을 위해 기업을 무엇으로 이해하는지는 의미가 있다. 기업이란 개념적 또는 물리적으로 재화와 서비스를 생산, 판매함으로써 이윤을 추구하는 집단이며, 다양한 이해관계자(stakeholders)를 지닌 제도화된 조직을 말한다. 그러므로 기업은 국가와 사회의 하위제도로 권리와 의무의 주체인 법인(法人)의 성격을 지니고 있는 복합체로 이해된다.

또한 소유와 경영의 문제나 경영활동의 책임소재를 명확히 할 경우 기업을 인적주체로서 최고경영자와 동일시하는 경우도 있다.[1] 나아가 기업은 그 기능과 과정으로서의 경영을 의미하기도 한다.

조직적 성격의 측면에서 기업은 다양한 이해관계자를 포괄하는 사회적 조직으로 사회구성요소이며, 개별조직으로서의 독자성이 있음과 동시에 사회와 밀접한 관계성을 갖고 활동하고 있다. 또한 기업은 이윤이라는 합리적 목적을 추구하는 기관으로서의 실체(entity)이며, 법인으로서의 권리와 의무의 주체가 된다.

그러나 기업의 일차적인 목표는 인간의 다양한 필요와 욕구를 파악해 이를 영리추구의 대상으로 삼고, 제품과 서비스를 생산해 제공하는 활동을 통해 이윤을 창출하는 것이다. 동시에 기업은 우리 사회에서 매우 다양한 역할을 담당하고 있다. 잘 알고 있듯이 기업은

1 일반인이 기업이라 할 때 시장영역의 활동 주체로 혹은 산업별, 기업규모별, 때로는 지역별로 구분하기도 하며, 그룹, 개별 기업, 나아가 사업부나 각 단위부서, 혹은 기업의 구성원인 개인까지 다양한 차원으로 인식하며, 복합적 시각을 가지고 있는 경향이 있다.

대표적인 고용 주체로 많은 사람들에게 일자리를 제공하고, 이 과정을 통해 인재를 육성한다. 또한 가계의 주요소득원이면서 사회 안정에 기여할 뿐만 아니라 국가재정(세금) 수입의 주요 원천이 된다. 나아가 국가와 사회의 부를 창출하고, 혁신을 통해 시장경제와 경제발전의 주도적 역할을 하며, 국제화에 기여하고, 국민생활의 질 향상에도 기여하고 있다.

좀 더 넓혀 생각하면 오늘날 세계는 환경과 재난, 질병과 민주주의 등 다양한 뉴스들이 등장하지만 가장 중요한 것은 역시 경제라 할 수 있을 것이다. 이념과 체제를 넘어 모든 국가들이 경제력 강화에 노력을 집중하고, 그 경제력의 중심에서 활동하는 행위자가 기업이라는 점이다. 또한 기업의 활동 과정과 결과는 그대로 사회와 인간의 삶에 직간접적 영향을 미치며, 생존을 넘어 지속적인 발전을 추구하는 기업(going concern)은 우리 사회에서 가장 효율성을 추구하는 운영조직이라 할 수 있다.

기업은 결과적으로 오늘날 인간이 풍요한 삶을 누리는데 크게 기여했고, 자유주의적인 정글의 법칙이 지배하는 시장이 생존의 터전이라는 점에서 효율성을 중심으로 치열한 노력을 기울이고 있다. 그러나 기업은 본질적인 존재조건인 이윤 추구 과정에서 이해관계자들(stakeholders)[2]과 관련해 수많은 문제점을 발생시켜 왔다.

기업에 대한 비판이 대두된 배경은 다양하다. 대규모 기업 출현

---

2 여기서 기업의 이해관계자는 기업의 활동에 따라 직, 간접적인 영향을 받으며 상호작용하는 개인 또는 집단을 의미한다(신유근, 2001 참조).

으로 기업의 사회적 영향력이 증대하고 공급과잉 시대를 초래하면서 치열한 경쟁 속에서 기업행동의 변화,[3] 무분별한 개발과 생산에 따른 환경문제 발생, 이해관계자들의 다양한 요구의 수용 문제, 시장의 실패로 인한 정부 개입 및 시민단체 활성화 등의 문제를 들 수 있다 (Carroll & Buchholltz, 2003).

사회 전반에 걸쳐 진행된 민주화 과정에서 다양성과 다원성이 증대되면서 사회의 환경요소도 급속도로 변했다. 재화와 서비스를 제공하는 기업 활동을 통해 물질적으로 풍요로운 사회가 이루어졌고, 소득의 증대는 일반 시민의 교육기회를 확대하는 계기가 되어 시민들의 사회 환경에 대한 인식이 제고되었다. 기업의 사회에 대한 영향력이 증커지면서 이에 상응하는 책임을 요구받았는데, 이 과정에는 매스컴의 감시 및 비판적 보도가 큰 역할을 했다. 이를 통해 시민들의 기업에 대한 관심과 인식이 제고되면서 소비자로서, 이해관계자로서의 자격의식(entitlement mentality) 제고와 권리운동(rights movement)이 활성화되었다(Joseph Nolan, 1981; John Leo, 1997).

결국 기업에 대한 사회적 기대는 증대되었으나 실제 현장에서 기업에 대한 사회적 기대를 충족시킬만한 실천이 수반되지 못하면서 시민들의 피해의식도 증가했다. 이러한 과정에서 시민사회가 기업의 영향력 확대에 따른 권력남용, 비윤리적인 행위에 대한 비판 수위를

---

3 이윤을 확보하기 위한 제품 생산원가절감 노력과 제품 가치를 높이기 위한 연구개발 및 품질향상, 판매 및 유통 과정에서의 과장허위 광고 등 각종 이해관계자들과의 관계에서 발생할 수 있다.

높이면서 규제의 필요성이 제기되었고, 공론화 과정을 거쳐 법과 제도를 통한 정부의 개입이 이루어졌다. 이러한 총체적인 결과로 기업이 사회적 책임을 수행해야 하는 입장에 놓이게 된 것이다.

기업은 다양한 내외적 환경에 영향을 받을 수밖에 없는 존재이다. 경제·기술 환경, 정치·법률 환경, 사회·문화 환경, 자연·생태 환경은 기업에게는 통제 불가능한 일반 환경으로, 기업 활동을 제한하거나 규정짓는 여건이 된다. 이에 반해 과업환경을 구성하는 주주, 노동조합, 소비자, 협력기업, 지역사회, 금융기관, 미디어, 정부 등 이해관계자들은 기업과 특수한 상황에서 상대적인 관계를 갖는다는 점에서 공공성이 확대되고 있다(조대엽, 2007). 재화와 서비스를 기획하고, 생산하여 판매하는 과정에서 기업은 주어진 환경의 제약 내에서 외부의 과업환경과 내부 환경의 모든 요인들을 면밀하게 조사하고 분석함으로써 그 활동방향과 전략을 수립해야하는 동태적 존재가 된 것이다.

오늘날 기업에 대한 사회의 인식은 긍정적 측면과 부정적 측면이 공존한다. 긍정적 측면에서 보면 소비자가 필요로 하는 재화와 서비스를 제품화해서 제공함으로써 삶을 편리하고 풍요롭게 하는데 기여했다. 그러나 기업의 영향력이 증대되면서 나타나는 사회적 책임문제, 이해관계자들과의 관계 수립 및 문제해결 방식과 과정, 자원소모와 변형을 통한 환경오염을 비롯한 다양한 문제들은 후자에 속한다.[4]

4 그동안 기업의 부당내부거래, 불공정거래행위, 정치권과의 결탁, 뇌물수수 및 탈세/회계 부정, 자금의 해외도피, 독단적인 경영, 노동착취, 소비자권리 침해,

그러므로 기업에 대한 시민의 기대 변화는 기업의 미래 행동방향을 예측할 수 있는 지표일 수 있다.

따라서 기업 차원에서는 이러한 사회적, 윤리적 문제의 본질을 파악하여 합리적이고 윤리적으로 대응해야 한다. 단순히 수동적 입장에서 발생되는 문제를 파악하고, 해결을 위한 대안 모색이라는 경영 의사결정의 틀에 국한해서는 안 될 것이다(경실련 경제정의연구소, 2001). 기업의 활동과정과 결과가 사회에 지대한 영향을 주고, 기업의 공공적 성격이 확대되었다는 점에서 적극적으로 문제를 파악해서 대처해야 한다. 즉, 기업의 사회적 책임에 대해 경영 전략적 차원에서 효과적으로 대처해감으로써 소극적인 법 준수를 넘어 윤리적 차원에서 접근할 필요가 있다(전국경제인연합회, 2002, 2003). 이러한 기업의 대응이야 말로 기업의 이해관계자인 시민들의 기대에 부응하는 행위이고, 결과적으로 기업의 이미지 제고에 기여할 것이기 때문이다.

오늘과 같이 기업의 영향력이 큰 사회에서는 기업의 공공성이 특히 강조되고 있다. 이러한 상황에서 기업 시민(corporate citizen)으로서 응당 할 일, 즉, 윤리경영과 적극적인 사회공헌활동, 건전한 직업윤리와 사회풍토 조성을 위한 노력이 요구되고 있다(주성수, 2003). 나아가 공동체적 가치를 바탕으로 한 협력적 노사관계를 구축하고, 좋

환경오염 등 부정적인 측면이 언론에 주로 부각되었기 때문에 시민의 기업에 대한 부정적인 시각이 강하다고 생각된다. 특히 우리나라에서는 반기업정서가 강하므로 기업의 윤리경영이나 사회공헌활동의 동기도 이윤을 추구하기 위한 기업의 경영활동의 일부로 인식할 가능성이 있으므로 부정적 시각의 일소는 어려워 보인다.

은 제품을 적정한 가격으로 생산/제공함으로써 소비자 만족을 극대화해서 풍요한 삶을 누리도록 하는 것뿐만 아니라 중소기업과의 협력적 관계구축, 지역사회 및 투자자의 보호, 환경중시 경영, 지속적인 경영합리화와 경영혁신, 사회복지 및 사회문화 개발에 관심을 가지고 활동하지 않으면 지속적으로 존속하고 발전해갈 수 없는 상황이 되는 것이다(다니모토 간지, 2011 ; 김성호, 2007).

기업이라면 당연히 재화와 서비스를 생산하고 판매하는 경제적 책임(economic responsibility)과 함께 기업 관련 법을 준수하는 법적 책임(legal responsibility)을 당연히 요구받는다. 그러나 오늘날 기업의 사회적 책임(corporate social responsibility)은 범위가 확장되어 윤리적 책임(ethical responsibility)에 자선적 책임(philanthropic responsibility)까지 요구받게 되었다. 따라서 과거 주주와 투자자의 이익을 중심으로 경영해오던 기업은 다양한 이해관계자들과 바람직한 관계를 맺고, 사회에 기여하는 활동을 하도록 외부로부터 근본적인 변화를 요구받고 있다(Carroll, 1979; Carroll, 1998).

3. 기업의 사회적 책임의 국제적 흐름

UN을 비롯한 국제기구들은 이러한 환경변화를 바탕으로 기업에게 사회가 요구하는 선량한 시민으로서 행동하도록 규범을 제정하고, 이를 준수하도록 요구하고 있다.

기업의 사회적 책임과 관련된 국제적 흐름은 일반적으로 다음

세 가지로 살펴볼 수 있다. 1999년 당시 코피 아난 유엔사무총장이 세계경제포럼에서 발의하면서 시작된 글로벌 콤팩트(Global Compact)에는 인권, 노동, 환경, 반부패 등 4개 영역에서 10개 원칙을 제시한다. 현재 130여 개국의 8,000여개 기업과 기관들이 가입했는데 우리나라도 224개 기관이 참여하고 있다.[5] 가입기관은 Global Compact의 모든 원칙을 조직의 전략, 문화 및 일상 업무에 적용하기 위해 변화를 시도하고, 10개 원칙에 지지를 표명하는 연례보고서나 지속가능보고서를 발간해야 한다.

기업의 사회적 책임에 대한 성과 보고서 기준으로 인정되는 것은 1997년에 시작된 지속가능개발 추진기구인 Global Reporting Initiative(GRI)가 대표적이다. 이는 주로 기업의 지속가능성(sustainability)에 초점을 맞춰 기업의 경제적 가치, 사회적 가치, 환경적 가치를 중심으로 보고한다. GRI 보고서의 기준은 글로벌 콤팩트의 10개 원칙을 확인하고 이를 세분화하여 실행기준을 제시하고 있으며, 글로벌 콤팩트가 요구하는 보고절차(communication on progress)를 반영해서 많은 기업들이 지속가능경영보고서를 발간하고 있다(노한균, 2007 ; www.globalreporting.org).

기업만을 대상으로 하진 않지만 국제표준화기구(ISO)가 5년여의 논의를 거쳐 2010년 11월 1일 발표한 사회적 책임(SR : social responsibility)에 대한 국제표준인 ISO26000도 매우 중요한 고려 사항이다

5 유엔 글로벌 컴팩트와 한국협회 홈페이지www.unglbalcompact.org, www.unglobalcompact.kr 참조.

(www.iso.org). 여기에는 사회의 모든 조직이나 기업이 의사결정 및 활동을 할 때 소속된 사회에 이익이 되도록 책임을 규정한 것이다. 산업계, 정부, 소비자, 노동계, 비정부기구(NGO) 등 경제주체를 대상으로 지배구조, 인권, 노동관행, 환경, 공정거래, 소비자 이슈, 공동체 참여 및 개발 등 7대 의제를 사회적 책임 이슈로 규정해서 이에 대한 실행지침과 권고사항 등을 담고 있다.

이러한 세계적인 추세에서 기업이 선량한 시민의 일원이 되기 위해서는 그 활동을 통해 우리 사회 구성원 모두의 공익을 추구해서 속성인 공공성을 담보하는 주체가 되어야 한다. 기업이 사회적 책임을 수행할 때 글로벌 콤팩트와 GRI, 그리고 ISO 26000의 유기적인 연계를 파악한 후, 이를 반영해 사회적 책임을 행동에 옮길 필요가 있다. 이러한 의미에서 기업은 본질적으로 경제활동만이 아니라 이해관계자의 이해를 합리적으로 조정하면서 사회적 공익(public benefit)을 증대시켜야 한다. 그러므로 그 운영과정에서 투명성과 공정성, 근로자와 소비자의 권리가 보장되어야 할 뿐만 아니라 환경보호, 윤리경영 및 사회공헌활동이 같이 이루어져야 한다.

우리나라 기업의 사회적 책임활동은 주로 대기업을 중심으로 전개되고, 특히 사회공헌활동은 그 성과도 크고 비교적 잘 알려져 있는 편이라 할 수 있다. 아름다운재단이 조사한 바에 의하면 2010년 기준으로 사회공헌에 사용한 비용(기부금)은 기업 당 18억 8천 여 만원이나 된다. 그러나 중소기업들의 경우에는 실제로 거의 사회공헌활동에 재정을 투입하지 못하는 것으로 나타난다(한동우, 2011). 기업을 둘러싼 어려운 환경과 치열한 생존경쟁으로 인하여 중소기업의 경우 적극적으로 사회공헌활동을 수행하기는 사실상 현실적으로 어렵다. 특히 기업의 공공성, 즉 사회의 공익을 위한 활동들을 단순히 비용 측면에서 인식할 때는 중소기업일수록 사회공헌활동에 더욱 소극적일 수밖에 없다.

4. 알프스키겐의 사회적 책임활동

일본의 기업 사회공헌활동도 경제규모에 비교해 한국보다 더 잘하고 있다고 확언할 수는 없지만[6] 대기업을 중심으로 활발하게 진행되는 것은 사실이다. 1995년 일본 고베 대지진 이후의 시민단체활동이 활성화되면서 시민단체와 협력을 통한 기업의 사회공헌활동도 확대되었다. 또한 2011년 일본 동북지역 쓰나미 사태 이후에 중소기업들까지도 사회공헌활동에 참여하는 기업들이 늘어나는 계기가 되었다는 사실을 확인하고 일본 기업 중에서 바람직한 사례를 찾아보고자 하였다.

객관성을 담보하기 위해서는 기업과 협력사업을 수행한 경험이 있는 비영리단체를 통해 대상기업을 찾기로 했다. 다양한 기업을 조사하던 중 친지의 소개로 일본 동경에 있는 일본희망제작소 준코 사

---

6 일본의 대기업 기업별 사회공헌활동 지출액은 2010년 기준으로 4억 8,200만 엔으로 절대금액으로 볼 때에는 한국보다 높게 나타났다(일본경제단체연합회 2011).

무국장을 알게 되었다.[7] 기업의 비전과 사명이 분명하고 기업인의 의식이 실천을 통해 나타나고 있는 기업을 찾는다는 취지를 자세하게 설명한 후, 몇 개의 대상기업을 소개받았다. 직접 혹은 간접적으로 접촉하였으나 대부분 면담을 사양하거나 일정이 맞지 않아 어려움을 겪었다. 우여곡절 끝에 최종적으로 면담을 하게 된 기업이 요코하마에 본사가 있는 알프스키겐(Alps技研)이라는 회사였다.[8]

1) 알프스키겐 창업자와의 인터뷰 내용

토시오 마쓰이(松井利夫) 창업자와의 면담은 요코하마의 유명한 랜드마크 타워 바로 옆에 있는 퀸즈타워 18층 알프스기켄 본사 접견실에서 2011년 11월 4일 오후 2시에 이루어졌다. 중소기업의 본사가 매우 현대적인 빌딩의 사무실에 있다는 사실이 색다르게 보였다. 아래 내용은 알프스키겐 창업자이며 현재 최고고문을 맡고 있는 토시오 마쓰이씨와 진행한 인터뷰 내용을 정리한 것이다.[9]

---

7 필자가 직접적으로 기업과 접촉하여 인터뷰를 잡는 일은 참으로 어려웠다. 준코 국장이 소개한 기업들도 마찬가지였으나 최종적으로 알프스키겐에서 취지를 이해하고 인터뷰에 응해 방문하게 되었다. 이 과정에서 여러 기업과 접촉하면서 면담을 잡기 위해 많은 수고를 해준 준코 국장에게 감사를 표한다.

8 이 글의 내용은 마쓰이 회장과의 인터뷰 내용을 바탕으로 하고 있지만 그 후에 다른 임원진과의 대화, 자료집, 홈페이지 등을 참고해 정리한 것임을 밝힌다.

9 2011년 11월 4일 오후 2시부터 진행된 면담내용이다. 본문에서 필자가 조사한 내용과 면담에서 받은 인상을 바탕으로 소개했지만 이 면담내용은 알프스키겐이라는 기업과 창업자의 철학을 신념을 잘 나타내고 있으므로 그대로 옮기는

Q. **기업시민(corporate citizen)으로 알프스키겐의 사회적 책임이 무엇이라 생각하시는지요? 기업의 공공성(公共性 혹은 公益性)과 관련하여 기업윤리강령와 행동강령이 마련되어 있지만 어떤 부분이 강조되고, 실제로는 이와 관련해 어떻게 실천되고 있나요?**

A. 우선 제시한 질문은 기업의 존재이유나 목적, 사풍 등 기업에 있어서는 영원한 주제이자 매우 어려운 질문입니다. 지금부터 30년 전 창업할 때부터 내가 계속 생각하고 고민해온 주제이지만 지금도 어렵기는 마찬가지입니다. 다만 계속 고민하면서 실천하려고 노력한 결과 알프스키겐의 현재 모습으로 확립되었습니다. 마쓰시다전기의 기업이념은 마쓰시다 고노스케씨에 물어보는 것이 가장 좋은 것처럼 우리 회사에 대한 것은 나만 대답할 수 있는 내용들입니다.

기업이 해야 할 많은 일 중에서 내부의 의식개혁, 교육이 가장 중요하다고 생각합니다. 의식개혁이나 교육은 경영이념과 윤리에 관한 것으로 기업시민으로서 알프스키겐은 기업의 책임을 매우 중시하고 있습니다. 기업의 책임에는 여러 가지가 있지만 일차적으로 가장 특별한 것은 고객이나 소비자에 대한 약속이나 판매 후 서비스를 제대로 수행하는지 여부입니다. 그 다음으로 임원과 직원, 사회, 주주 등 4요소가 있습니다. 임원의 정직하고 윤리적인 경영, 직원에 대한 지속적인 교육, 사회에 대한 기업이익의 환원, 올바른 세금납부, 그리고 주주에 대한 적절한 배당과 끊임없는 혁신(이노베이션)이 있습니다. 선량한 시민으로서의 기업은 공공성을 지켜야 합니다. 이 점에서 알프스키겐이 표방한 7가지 강령은 모두 나름대로 의미가 있습니다. 이 4가지 요소 중 어느 한

것이 의미가 있다고 생각된다.

쪽으로 치우치면 안 되고 균형을 잡는 것이 중요합니다.

Q. 왜 기업이 사회공헌활동을 할까요(목적)? 사회적 압력이나 기업의 책임이라 자발적으로 하는 것일까요? 그리고 어떤 세상을 위해 그런 활동을 할까요? 환경관련 활동을 포함해 기업의 특성이 어떻게 사회공헌활동과 연결되어 있나요?

A. 기업의 사회공헌활동은 당연하지만 기업의 책임에 속하는 부분입니다. 일반적으로 기업의 창업자, 사장이나 최고경영층에는 두 가지 유형이 있습니다. 첫 번째는 자기가 좋으면 되고, 이윤을 많이 내고 회사가 성장해서 자신이 유명해지는 것에만 관심을 가진 유형입니다. 이는 매우 편협하고 단기적인 시각이라고 생각합니다. 두 번째는 회사의 성장을 지향하지만 회사가 좋아져 사회발전에 기여할 수 있을까에 관심을 가진 유형으로, 이는 장기적인 개념입니다. 최고경영자가 어떤 사고를 가지는가에 따라 기업의 문화가 달라집니다. 알프스키겐은 창업자 이념이 기업의 이념이 되고, 다시 기업문화가 되고 있습니다. 그 기초는 윤리로, 내 인생철학이며 동시에 기업 철학입니다.

전 세계 많은 사람들이 1달러 이내에서 생활하는 것을 생각할 때, 이 문제를 유네스코나 UN에만 맡기면 될까요? 기업이 나서서 재정적으로 지원하여 그들의 생활이 개선될 수 있도록 돕는 것이 중요합니다. 물론 이는 기업이 궁극적으로 어떤 사회를 목표로 하는가와 관련이 있습니다. 간단히 생각해서 가정에 문제가 있거나 병자가 생기면 자기 혼자만 행복할 수 있을까요? 자기 마을에 질병이나 사고가 발생하면 마을이 행복할 수 있을까요? 이런 논리를 확장해 국가나 지구 차원에서 문제를 고려한다면 기업 경영층에서 심각하게 생각해야 할 문제라고 봅니다. 언급한 환경은 자연환경을 의미하는 것 같은데,

내가 말하는 환경은 인간이나 기술까지 포함한 총체적 환경을 의미합니다.

Q. **지난 10여 년 동안 동아시아 국가 기업들을 대상으로 한 사회책임경영(CSR, Corporate Social Responsibility) 실태 조사를 보면, 일본 기업들이 CSR의 역사나 규모, 질적인 측면에서 다른 국가들보다 크게 앞선 것으로 나타납니다. 일본 기업들 사이에서 이런 문화가 자리 잡은 이유는 무엇입니까?**

A. 일본은 역사적으로 농공민족이었습니다. 마을이나 집단이 항상 삶의 터전이 되어 서로 도우며 살아야만 하는 민족성이 자리 잡고 있었습니다. 수렵이나 말을 타는 민족과는 다릅니다. 그래서 일본에서는 먹고, 자고, 입는 욕구가 충족되면 예법이나 윤리, 도덕에 대해 생각하게 된다는 중국의 고사성어가 있는데, 이런 현상은 한국도 같지 않을까 생각합니다.

그러나 질문에서 언급한 현상은 아시아에서 일본이 먼저 선진국이 되었기 때문이 아닐까 합니다. 아무리 좋은 뜻을 가지고 있다 해도 생활이 어렵고 궁핍하면 사회나 세상을 위해 돈을 내거나 자원봉사를 통해 땀을 흘리기는 어렵습니다. 사회공헌이나 자원봉사 등의 이야기는 일본 사회에서 자주 언급되지만 제대로 실천하는 것은 1/10에 불과하다고 생각합니다. 그런 의미에서 기업의 사회공헌활동을 위해서는 철학도 필요하지만 재원이 필수적입니다. 경제력 없이 그런 일을 할 수 있다면 그리스도나 부처에게 해당되는 이야기가 아닐까요?

Q. **알프스키겐의 기업윤리강령(Credo for Corporate Ethics)이 매우 인상적이었습니다. 기업들이 이윤의 극대화를 추구하다 보면 기업윤리라는 측면을 간과하기 쉽습니다. 기업윤리를 철저히 지키고 사회적 기업으로서 역할을 다 하는**

것이 기업의 궁극적 목표인 이윤 극대화에 어떤 도움이 된다고 보십니까?

A. 기업윤리강령은 기업의 궁극적 목적인 이윤과 관련되고 기업은 최고경영자의 조직의식에 따라 달라집니다. 최고경영자가 이윤은 80%면 됐으니, 나머지 20%는 교육에 투자하겠다고 하면 그렇게 됩니다. 마쓰시타전기도 창업자인 마쓰시타 고노스케에 따라 90%가 정해졌다고 합니다.

기업윤리가 기업에 어떤 식으로 도움이 되는지 언급하겠습니다. 나는 이 현상을 부메랑 현상이라고 부르고 있습니다. 부메랑은 던지면 자기에게 돌아옵니다. 그런데 중요한 것은 던지면 원래모습대로 오지 않고 변형되어 돌아온다는 사실입니다. 어떻게 바뀔까요? 세 가지가 있습니다.

첫째, 사원의 의식이 변합니다. 사회공헌활동을 하는 회사에서 일하는 직원은 좋은 회사에서 근무한다는 자부심을 가지며, 이것을 통해 보람을 느낍니다. 둘째, 세상과 사회의 평가입니다. 거래처에서는 이런 활동을 하는 회사에 대해 긍정적으로 인식해 수주가 확대됩니다. 또한 사원교육을 통해 종업원들의 역할을 인정함으로써 존재감을 높이고, 상호신뢰로 연결되어 기업 이미지 향상으로 이어집니다. 이 경우 신입사원 모집에서도 우리 회사의 가치를 인정하거나 동감하는 우수한 사람들이 응모하겠다는 반응이 나옵니다. 마지막으로 회사 전반의 사풍이 변합니다. 단순한 이윤을 추구하기 위해 노력하는 것이 아니라 사회에 의미 있게 공헌함으로써 기업 전체의 수준과 질이 향상될 수 있습니다.

Q. **기업윤리강령과 함께 직원들이 지켜야 할 행동강령(Code of Conduct Outline) 역시 지나칠 정도로 상세히 규정하고 있던데요. 직원들 사이에 거부감은 없었습니까? 그리고 기업 활동과 직접 관련이 없을 수 있는 환경이나 인권 문제까**

지 언급하고 있는 이유는 무엇입니까?

A. 물론 종업원 중 일부는 거부감이 있는 것이 사실입니다. 3,000명의 직원이 있기 때문에 어떤 정책을 채택하거나 일을 하든지 분명 반대가 있습니다. 이들 중 일부는 회사를 그만 두기도 합니다. 그러나 길게 보면 우리 회사 이념에 동의하거나 적합한 사람들이 남아, 그들의 자발적인 노력으로 회사가 발전합니다. 꽃을 기를 때 꽃이 잘 자라고 아름답게 하려면 가끔 잡초를 뽑아줘야 하는 것과 같은 이치입니다. 일본에서는 '풀 뽑기'라고 하지만 아내에게도 가끔씩 풀을 뽑으라고 합니다.(웃음)

기업 활동이 무엇입니까? 내가 기업을 창업하고 10년 뒤 고민했던 최고경영자의 임무와 비슷한 질문입니다. 기업의 가장 기본적인 활동은 사회에 재화와 서비스를 생산하고 제공해야 하므로 처음 질문에서 대답한 것과 같습니다. 자연, 사회, 과학, 환경을 통합적으로 생각하는 것이 기업 활동의 기본입니다.

Q. **창립자께서 사회적 기업(social enterprise, 혹은 community business)에 관심을 갖고 재단을 설립하고, 지원한 계기는 무엇인가요? 왜 우리 사회에 사회적 기업이 필요하고 사회적 기업이 잘 운영되기 위해서는 어떤 여건을 마련해야 할까요? 그리고 일반 기업이 사회적 기업에 관심을 가져야 하는 이유는 무엇인가요?**

A. 사회적 기업이 필요한 이유는 최고경영자의 가치나 사고방식에 따라서 다릅니다. 마쓰시타(松下), 혼다(本田), 교세라(京セラ)의 이나모리(稲盛)씨가 공통으로 이야기하는 것은 교양과 관련이 있지만, 학력과는 관련 없습니다. 말하자면 윤리와 관계된 것입니다. 우리 경영자가 이렇게 해 온 것은 사회로부터 돈과 사람을 빌렸으므로 앞으로 경제를 맡을 사람을 키우고, 경제를 유지시키

고 발전시킬 수 있는 사람을 길러내는 순환기능이라고 할 수 있다.

만약 사회기업이 불필요하면 이 지구와 인류는 멸망할지도 모릅니다. 기업의 최고경영자는 장기적인 관점에서 바로 이 부분까지 생각해야 합니다. 경제를 지고 가는 것은 기업입니다. 장기적으로 해야 할 일을 단기적인 상황 때문에 실천하지 않으면 인류는 멸망합니다. 이러한 사실을 최고경영층을 비롯해서 기업의 모든 구성원들이 공유하고 있어야 합니다. 사회적 기업이 필요하다는 공유의식을 지속시키기 위해서는 적자는 안 됩니다. 적자가 지속되면 기업은 존재할 수 없으니까요.

Q. **한국 기업들도 최근 사회책임 경영, 사회적 기업에 대한 관심이 높고 가시적인 성과를 이루고 있습니다. 그럼에도 기업과 기업인에 대한 국민적 존경심은 다른 나라에 비해 낮은 수준이라고 봅니다. 존경받는 기업, 기업인, 기업시민이 되기 위해서는 어떤 것이 최우선 과제라고 생각하십니까?**

A. 기업의 모든 구성원들이 보람이나 긍지를 느끼도록 해야 합니다. 기업인으로서 책임감, 윤리의식을 가져야 합니다. 한국에서도 지식인 중심으로 국가차원의 교육을 시행해야 합니다. 옛날에 일본도 종신고용이라는 것이 있었습니다. 이것은 기업과 사회의 관계에 매우 좋은 영향을 주었습니다. 근래 종신고용이 폐지된 후 부작용이 지적되면서 다시 도입하자는 의견도 나오고 있습니다.

한국에 대한 내 개인적인 생각은, 나만 좋으면 된다는 자기중심적 생각을 버리는 것이 가장 중요합니다. 나아가 모든 국민들이 지금 우리만 좋고 잘 살면 된다는 편협하고 단기적인 생각을 버리고 넓고 장기적인 생각을 가져야 합니다. 이 모든 시작은 교육에 있다고 확신합니다. 교육과 사회공헌활동은 왜 하는지 질문을 자주 받지만 이는 이미 설명한 부메랑 현상과 관련이 있습니다.

어떤 식으로 돌아오는가 알기 때문입니다. 주는 마음을 가진 사람은 풍요롭습니다.

Q. **기업과 시민사회(비영리단체)와 협력이 가능한 분야는 무엇이고, 어떻게 협력해야 바람직하다고 생각하시는지요?**

A. 기업이 성장해서 산업을 진흥시켜야 모든 경제가 삽니다. 기업의 활동을 바탕으로 경제가 발전하고 활성화되면 기업은 비영리단처(NPO)나 공익재단에 기부하고 봉사활동을 지원합니다. 돈 없는 사람에게 돈 내라고 한다고 돈이 나오지 않는다는 속담처럼 말입니다. 기업은 업종별로 다양하며, 사고방식도 다르지만 사회 각 분야에 전문성을 가진 NPO와 파트너십을 바탕으로 협력을 통해 이루는 것이 바람직합니다.

2) 알프스기켄의 특성과 사회적 책임활동

중소기업의 기업철학과 사회공헌활동이란 측면에서 일본의 알프스기겐은 매우 특별하다 할 수 있다. 요코하마에 본사를 두고 기술자 파견 및 기술프로젝트 수탁사업(개발, 설계, 시제품 제작, 제조, 평가)을 주 업종으로 하고 있는 회사는 창업자 토시오 마쓰이(松井利夫)씨가 1968년에 창업했다. 창업자가 산을 좋아해서 알프스산맥과 같은 장대한 기업이 되려는 바램으로 '알프스키겐(Alps技研)'으로 사명을 지었다고 한다.

창업 10년째 '기업이라는 그릇은 결국 최고경영자의 그릇'이라한 마쓰시다 고노스케의 말에 깊은 감동을 받아 자기수양과 자아확립을 도모했고, "경영과 인간의 마음"에 대한 교육과 연수를 시작했다고 한다. 마음에서 마음으로(Heart to Heart), 엄격한 의미에서 인간을 존중하고, 인간의 성숙에 기초한 인간관계를 중심으로 기업과 인간의 동반성장을 경영이념으로 하고 있다. 따라서 사람이 기업의 제일 중요한 자산이고, 사람만이 희망이라는 신념에서 창업 초기부터 인재교육에 온 힘을 쏟으며 기업과 구성원이 동반성장을 이뤄온 기업이다. 그래서 회사의 역사는 인간교육의 역사라고까지 말하고 있다.

최근에는 기존의 제조업 중심 사고로부터 혁신성을 강조하고, 새로운 환경과 시대조류에 부응해 구성원의 의식개혁에 초점을 부여했다. 2011년 알프스키겐의 캐치 프레이즈는 '기술력과 하트(Heart)로 새로운 성장을'이고, 기술 서비스업 확대, 새로운 수익체제 확립, 기술력·인간력 향상, 사람 만들기, 친구 만들기를 5대 목표로 제시했다는 사실은 이러한 관심을 잘 반영해 주고 있다.

창업자 마쓰이씨는 2006년부터 경영일선에서 물러나 기업의 사회적 책임을 실천하는 차원에서 후진 양성과 공익 활동에 힘을 쏟고 있다. 그 해 노인홈 알프스모리를 설립했고, 2007년에는 자신의 개인재산을 출연해 기업가(起業家 혹은 창업가)를 돕기 위하여 장학기금을 지급하는 기업가지원재단(起業家支援財團)을 설립해 이사장으로 취임하였다. 이는 창업가나 벤처를 목적으로 하는 경영자의 경영상담창구로 노하우를 전할 뿐만 아니라 기업가육성숙소제공, 창업교육, 벤처기업가 표창 등 다양한 사업을 전개하고 있다.

창업자는 기업으로 인해 발생되는 다양한 문제를 보면서 '기업은 사회의 공기(公器)'라는 신념으로 '내 회사'에서 '우리 회사, 너의 회사, 퍼블릭 컴퍼니(public company), 소시오 컴퍼니(socio company)'로 인식을 바꾸면서 기업의 사회성, 기업의 거버넌스, 기업윤리, 기업의 사회공헌에 대해 인식을 넓혔다. 나아가 경영자의 책임은 업무 수행뿐 아니라 보수를 통해 임직원의 생활을 보장하고, 경영혁신을 통해 주주에게 이익을 환원하는 것은 물론 공정한 납세를 통해 사회에 봉사하고, 지구환경 보전을 위해 노력하며, 재단이나 NPO지원 등의 활동을 해야 한다고 강조했다.

본사에서 만났던 창업자 토시오 마쓰이씨는 중소기업이 사회공헌활동을 해야 하는 이유에 대해 물으니 '일본의 기업인 중에 이러한 문제에 대한 답은 본인이 가장 자신 있게 대답할 수 있다'며 자신감을 피력했다. '기업의 윤리경영이나 적극적인 사회공헌활동의 결과는 시간이 많이 걸릴지는 모르나 결국은 다양한 형태로 부메랑처럼 돌아와 기업에 득이 된다'고 하면서 기업 활동과 사회공헌활동이 별개가 아님을 강조했다.

사회공헌활동으로 임직원들이 지역사회에서 봉사활동도 하지만 기업가로 본인이 창업 초기에 겪을 수밖에 없었던 수많은 고난을 오늘날 창업하는 젊은 사람들이 되풀이하지 않도록 도와야 한다는 사명감을 가지고 있었다.[10] 그는 근래에 기업의 폐업률이 창업률

10 마쓰이씨는 40여년 경영자로서의 인생과정에서 수많은 역경을 겪으며 왜 나만 이런 일을 겪어야 하나 생각하기도 했지만 그런 어려움을 극복하는 과정에서 문제는 불행만을 가져다진 않는다고 생각하게 되었다. 그 어려움을 겪고, 극복

을 웃돌고 있는 상황에서 경제재생, 신산업 창출의 원동력은 기업인으로부터 벤처, 벤처기업으로부터 벤처사회로 변화하고 있음을 지적했다. 마쓰이씨는 2006년 사장에서 물러나 제2의 경영자 삶을 시작했다. 사회적 후원을 받았기 때문에 사업을 할 수 있었으며, 세상 사람과 재원을 빌려 사업을 일으켰으므로 성공한 경영자는 차세대 기업가(entrepreneur)를 길러야 한다고 생각했다. 즉 경제가 지속되고 살아남으려면 새로운 기업이 지속적으로 생겨야 하는데 이를 돕는 것이 바로 기업의 사회적 책임의 하나라고 믿었다. 경영을 가르칠 수 있는 사람은 경영을 경험한 사람만이 가능하다고 생각한 창업자는 이것이야 말로 자신의 새로운 사명이요, 삶의 보람이고, 사업을 키우는 것은 사람을 육성하는 것과 동일하고, 자신이 기른 사람과 기업이 성

하면서 등산가가 왜 더 높은 산에 도전하는지 알게 되었다. 자연으로부터 높은 목표를 자신에게 부여할 수 있었다고 하며 젊은이들에게 다음과 같은 말을 했다고 한다.

'문제를 피하지 말라. 오히려 기쁨으로 받아들이라!' Welcome trouble, welcome problem! 질투와 시샘을 버리고 '지금 보고 있어, 내게는 기대해주는 사람도 있고, 세상이란 옳은 것'이라고 하는 긍정적인 에너지를 지속적으로 내보내야 한다. 자신의 이상, 뜻, 꿈, 이념, 비전이라고 하는 높은 뜻을 지속적으로 추구하고, 결코 포기하지 말아야 한다. 위기나 풀기 어려운 난제야 말로 자신을 성장시키고, 궁극적으로 인생을 즐겁게 해준다. 위험에 부딪치면 회피하고 곤란이 발생하면 곧 포기해버리면 인생이 너무 허무하지 않겠는가? 단 한 번의 인생, 헝그리 정신으로 실패를 두려워말고 단호하게 살아보자. 내 인생경험으로부터 얻은 이런 사고를 지금 열심히 살아가는 젊은이들, 경영이나 인생의 어느 지점에서 역경의 한가운데 있는 사람들에게 용기의 원천으로 주고 싶은 말'이라 했다.

장할 때 보람을 느낀다고 했다.

그러나 마쓰이 창업자의 경우 창업해서 그 기업을 지속적으로 발전시키는 것은 창업 전에 했던 예상보다 훨씬 어려웠다. 창업 당시에는 기술력이나 재력도 없고, 신용이나 사람도 없어 결과적으로 주문이 없어 차입도 불가능한 악순환이 계속되었다. 그런 어려운 순간, 마쓰이씨에게 가장 절실하게 필요했던 것은 재정 여건과 상황을 이해하고 동감해주는 마음을 가진 멘토의 존재였다. 이러한 경험을 바탕으로 이론만으로는 사업도 사람도 기를 수 없으므로 현장에서 정말 필요한 인재와 경영노하우를 제공해야 함을 깨달았다. '생선을 원하는 자에게 생선을 주지 말고 생선 잡는 방법을 가르쳐야 한다'는 것이다. 또한 회사가 성장하지 못하는 것은 최고경영자의 그릇의 크기 문제라고 생각하고 인덕을 높이기 위해 자기를 객관화하는 엄격함이 요구됨도 뼈저리게 느꼈다. 그런 과정을 거쳐 시대와 환경변화에 맞설 수 있는 생명력(vitality)과 혁신(innovation) 의식을 갖추고, 높은 뜻을 가진 젊은 기업가를 길러야 한다고 생각했다.

이런 관점에서 마쓰이 창업자는 지금까지 엔젤투자도 하고, 비영리 창업센터(incubation center) 대표를 역임도 하고, 국내외대학에 장학금을 지급하는 마쓰이장학기금도 설립했다. 이런 노력을 집대성해 2007년 3월에 벤처지원을 위해 '기업가지원재단'을 설립하고 이사장에 취임했으며 약 20개의 벤처를 지원하고 있다. 이 재단은 창업가나 벤처나 제2창업을 목적으로 하는 경영자에게 경영상담창구가 되어 노하우 전수 외에 장학금제도, 기업가육성숙소, 기업가정신(entrepreneurship) 교육, 벤처기업가 표창 등의 사업을 하고 있다. 즉 폐업하는 기업보다 창업하는 기업이 더 많아야 지속적 성장을 이룰 수 있는 순환경제가 되고, 그렇게 되어야 국가와 사회가 안정되고 기업 제품에 대한 구매력을 가진 소비자들이 늘기 때문이다.

그는 기업은 단순히 제품과 서비스의 고객 제공에 그치지 않고 하나뿐인 지구와 함께 공존하며 지속가능한 경영을 해야 한다고 주장했다. 특히 오늘날 가족을 비롯해 사람과 사람의 만남, 사람과 자연간의 만남의 기회를 잃으면서 도덕이 땅에 떨어져 사회적 범죄가 증가하고 있는 상황을 직시하고, 2006년 특정비영리법인(NPO) '후레아이 자연'을 설립했다. 자연과 인간의 공생, 사람과 사람의 만남으로 인간 본연의 모습을 되찾자는 취지의 단체로 청소년과 가족에게 자연체험 기회를 주면서 자연과 사회의 은혜를 느끼고, 협조성과 자립정신을 고양해, 삶의 중요성을 체험하는 기회를 제공하고 있다. "풍요해서 주는 것은 아니다. 주고자 하는 마음이 있으므로 풍요로워진다"고 힘주어 말하는 것이 매우 인상적이었다.

최근에는 이러한 활동이 더욱 늘어 자신이 관여하는 비영리단체의 직함을 표기한 명함 대여섯 개를 자랑스럽게 보여주며 환하게 웃었다. 기업을 창업해 성공적인 기업인이 된 사람이 이런 활동을 하는 것은 일본에서도 흔한 예는 아니다. 그러나 알프스키겐에서는 UN을 비롯한 국제기구의 요구나 국제적인 추세에 의한 수동적 반응, 혹은 다른 기업들이 하기 때문에 마지못해 사회공헌활동을 하는 것이 아니라 기업은 사회, 인간(다양한 이해관계자들)과 함께 성장해야 한다는 창업자의 기업이념을 바탕으로 자발성과 진정성을 통해 이루어지고 있었다. 이렇게 될 때 기업의 공공성이 바르게 확립되고,

기업의 사회적 책임도 더 효과적으로 실현될 수 있지 않을까 생각해 본다.

〈알프스키켄 회사 개요〉

* 창업 : 1968년 7월, 설립 : 1971년 1월
* 자본금 : 2347백만 엔, 매출액 163억 원
* 종업원 2,722명
* 사업내용 : 기술자 파견사업, 기술프로젝트 수탁사업(개발, 설계, 시제품제작, 제조, 평가), 일반노동자파견
* 본사 : 요코하마시 서구 미나토미라이 2-3-5 와인즈타워C 18층
* 전화 : 045-640-3700

〈경영이념〉

Heart to Heart, 엄격한 의미에서 인간을 존중하고, 인간의 성숙을 바탕으로 하는 인간관계를 중심으로 기업과 인간의 동반 성장

〈기업윤리헌장 : 7개의 선언〉 2003년 8월 제정

1. 마음에서 마음으로(Heart to Heart) 실천으로 확고한 신뢰 확보
2. 스스로 절제된 행동으로 법령 및 회사규범 준수
3. 인간이 미래라는 이념에 입각한 인간 존중
4. 환경보전과 지구사회를 위한 공헌
5. 감사의 마음을 바탕으로 이해관계자 존중
6. 스스로 타협을 불허하는 건전하고 공정한 기업활동

7. 반사회적 노력에 대한 결연한 대응

〈행동규범〉

1. 변함없는 신뢰 확보

(1) 사회인으로서의 마음가짐 (2) 규칙에 입각한 업무처리
(3) 이익 상반 행위 금지 (4) 회사소유물의 사적사용 금지
(5) 건전한 관리 및 직장환경 유지 (6) 견실하게 계획된 생활설계

2. 법령 및 사회규범의 준수

(7) 이중파견 금지 (8) 노동시간 엄수
(9) 제조물책임(PL)법 준수 (10) 헌금 및 기부
(11) 과대광고 금지

3. 사람 존중

(12) 인권침해행위 금지 (13) 성차별 금지
(14) 권력남용 금지 (15) 프라이버시 보호

4. 환경보전과 지역사회에의 공헌

(16) 환경문제에 대한 관심 (17) 안전운전 이행

5. 이해관계자(stakeholders) 존중

(18) 양질의 기술, 제품, 서비스의 제공 (19) 내부거래 금지

6. 건전하고 공정한 기업활동

(19) 비밀준수의무

(21) 저작권침해 금지

(22) 적정한 정보공개

7. 반사회세력에 대한 대응

(23) 반사회적 세력과의 절연

참고문헌

경실련 경제정의연구소 편. 2002. 『윤리경영이 경쟁력이다』. 서울 : 예영 커뮤니케이션.

김성호. 2007. 『사회공헌은 아름다운 동행』. 서울 : 삼영사.

노한균. 2007. 「기업의 사회적 책임에 관한 국제적 동향」. 한국비영리학회, 한국 NGO학회 공동주최 학술대회 발표논문.

다니모토 간지. 2011. 『기업의 사회적 책임, CSR 경영』. 서울 : 시대의 창.

드러커, 피터. 2002. 『미래경영』. 서울 : 청림출판사.

신유근. 2001. 『사회중시경영 : 기업과 사회』. 서울 : 경문사.

위평량. 2004. 「기업의 사회공헌과 시민사회」. 한국NGO학회, 한국비영리학회 공동주최 학술대회 발표된 논문.

일본경제단체연합회. 2011. 2010년도 사회공헌활동실적 조사결과.

전국경제인연합회. 2001, 2003. 사회공헌백서.

조대엽, 2007. 『21세기 한국의 기업과 시민사회』. 서울 : 굿인포메이션.

주성수. 2003. 『기업시민정신과 NGO』. 서울 : 아르케.

한동우. 2011. 「2010년도 한국의 기업기부실태」. 아름다운재단 주최 '기빙 코리아 2011'에 발표된 조사보고.

Carroll, Archie B. and Buchholtz, Ann K. 2003. *Business & Society : Ethics and Stakeholder Management* (5th ed.). Thomson.

Carroll, Archie B. 1979. "A Three-Dimensional Conceptual Model of Corporate Social Performance." *Academy of Management Review* Vol. 4, No. 4.

_____, 1998. "The Pyramid of Corporate Social Responsibility : Toward the Model management of Organizational Stakeholders." *Business and Society Review* Vol. 100-101.

Leo, John. 1997. "A Man's Got a Right to Rights." *U. S. News & World*

Report, August 4.

Nolan, Joseph. 1981. "Business Beware : Early Warning Signs for the Eighties." *Public Opinion* April/May.

www.unglbalcompact.org

www.unglobalcompact.kt

www.iso.org

www.globalreporting.org

5

에너지와 공공성 : 미국의 원자력정책

남 순 건

1. 미국의 원자력 공공성을 찾아 떠난 여행

2011년은 원자력 에너지와 관련해 매우 큰 사건이 있었던 해였다. 일본에서 해일로 인해 파괴된 원전이 폭발하고 뒤이어 심각한 방사능 누출이 있었다. 바로 후쿠시마 원전 사고이다. 이를 계기로 많은 사람들이 원자력 에너지의 안정성을 다시 언급하게 되었다. 대표적인 대규모 원자력 발전 국가는 미국으로 가장 오랫동안 사용해왔다. 따라서 여러 가지 연구와 규제 그리고 공공성에 대해 많이 고민해보았다. 평화적 원자력에너지 폐기물은 물론 폐기 핵탄두 저장까지 고민하는 나라이다. 따라서 미국의 원자력에너지의 공공성과 연관해 가장 먼저 논의된 것은 방사능 폐기물 처리시설과 연관된 블루 리본 위원회(Blue Ribbon Commission)였다. 오바마 정부에서 핵폐기물의 처리와 장기적 저장소에 대한 태스크포스로 한시적으로 구성된 관련 분야 전문가들의 위원회였다(2012년 1월 최종보고서를 제출했다). 수 차례 연락을 했으나 별다른 답이 없었고, 결국 방문하게 된 곳은 아이다호주 아이다호 국립공학 환경연구소(Idaho National Lab)와 워싱턴 DC에 위치한 원자력 규제위원회(Nuclear Regulatory Commission)였다. 아이다호 국립연구소와 연결을 시켜준 사람은 미국연구재단에서 핵물리분야를 담당하는 코네티컷 주립대학교 주경선 교수였다. 2011년 8월말 인천공항을 출발해 LA를 거쳐 솔트 레이크 시티(Salt Lake City)로 간 후 아주 작은 비행기를 타고 아이다호 휠스(Idaho Falls)라는 작은 도시로 갔다. 중앙일보 과학부 박방주 기자와 동행했다. 박 기자는 과학기자협회 회장을 역임했고, 한국과 프랑스의 원자력에 대해 이미 많은 취재를 한 국내 최고 베테랑이었다.

아이다호 휠스는 매우 조용한 도시였다. 연구소는 그곳에서 자동차로 1시간 정도 떨어져 있고, 다른 쪽으로 3시간 정도 가면 들소들과 간헐천으로 유명한 옐로스톤 공원에 갈수 있어 관광객이 들리는 도시라 들었다. 아이다호 국립연구소는 미국 최초의 원자로가 만들어진 곳으로 규모가 엄청났다. 2011년 8월 29일 호텔로 마중 나온 연구소 연구원들과 연구소 시설을 3시간에 걸쳐서 시찰하였다. 시찰한 시설은 신형 시험로(Advanced Test Reactor : ATR)라는 실험용 원자로와 핵연료 재처리 연구시설이었다. ATR은 외부 용역연구를 많이 했는데, 미국 해군이 가장 큰 사용자였다. 원자력 잠수함 때문이다. 그러나 평화적인 원자로 개발에도 많은 연구를 하고 있다. 한 시설에서 다른 시설로 가는 데만 거의 1시간 거리였다. 물론 만약의 사고를 대비해 그렇게 멀리 지었다. 시설 시찰 후에 존 그로센바허(John Grossenbacher) 연구소장을 만나고, 미리 준비한 질문서를 토대로 인터뷰를 했다. 연구소장은 미국 해군 제독 원자력 잠수함 함장 출신인데 잠수함으로 한국에 온 적도 있다고 했다. 그는 매우 확신에 차서 원자력에너지의 중요성을 피력하였다. 연구소장과의 인터뷰 내용은 뒤에 정리했다.

바로 다음날 아침 일찍 비행기로 다시 솔트레이크시티를 경유해 워싱턴 DC로 향했다. 워싱턴 DC에서는 여러 사람을 만날 수 있었다. 우선 미국 핵시설 안전을 관장하는 핵규제위원회(Nuclear Regulatory Commission)의 장관급 위원장 그레고리 잭코(Gregory Jaczko)를 만났고, 또한 후쿠시마 원전사고의 보고서(Recommendations for Enhancing Nuclear Safety in the 21st Century)를 쓴 위원 중 한 명인 잭 그로브(Jack

Grobe)를 만났다. 이 보고서에는 원자력 안전을 위한 12가지 제안을 하는데, 그 내용은 인터넷에 있다(http://pbadupws.nrc.gov/docs/ML1118/ML111861807.pdf). 핵 규제위원회는 워싱턴 DC 근교에 위치했는데, 교통 체증이 만만치 않아 면담시간에 늦을 뻔 했으나, 가까스로 약속 시간에 맞출 수 있었다. 이 글의 후반 젝코 위원장과의 인터뷰 내용이 있다. 정치인 출신인 그는 심도 있는 대답보다는 조심스럽고 정형화된 대답을 주로 했다. 워싱턴 DC는 미국 정치의 중심지로서 다른 사람들을 만나기 용이했다. 한국원자력 연구원에서 미국에 파견 나와 있는 황용수 박사를 만나 많은 조언을 들을 수 있었고, 그를 통해 미국정계에 영향을 가지고 있는 미국과학학술원(National Academy of Sciences) 연구원으로 재직하는 미카 로웬탈(Micah Rowenthal) 박사를 만났다. 원자력공학박사 출신인 로웬탈 박사는 매우 친절한 대답을 하였으나, 민감한 사안에 대해서는 비공개를 요구하는 정치적 감각이 있었다. 과학자들이 미국 정부에 대해 그들의 의견을 제시하는 채널로 과학학술원이 역할을 하는 것이다. 여기에서 공공성에 대한 생각이 들었다. 과학학술원은 특별히 자신의 이익을 추구하기 보다는 당대 최고 지성인들이 사회의 양심으로서 이야기 한다고 볼 수 있었다. 과학학술원 건물 로비에는 바닥에 여러 수식들이 적혀 있었는데, 대부분 물리학 공식이어서 필자는 매우 기분이 좋았다.

2, 원자력 에너지의 필요성

2011년 여름에는 유난히 100년만의 기상이변이라는 말을 많이 들었다. 우리나라에 유난히 비가 많이 왔고, 미국동부에는 100년 만에 뉴저지에 상륙한 허리케인 이렌이 있었다. 아프리카에서 유일하게 만년설이 쌓여있는 킬리만자로 산의 눈은 지난 100년 동안 85퍼센트가 사라졌다는 연구결과도 있다. 많은 사람들이 직·간접으로 기후변화를 느끼고, 세계의 석학들도 경종을 울리고 있다. 현재 미국 에너지성 장관인 스티븐 추(Steven Chu)는 1997년 노벨 물리학상을 받은 사람이다. 필자가 MIT방문 중 직접 들은 그의 강연에서 시베리아의 영구동토가 한번 녹기 시작하면 얼은 땅 속에 있던 메탄가스등이 방출되어 돌이킬 수 없는 기후변화를 가져온다는 충격적인 말을 들은 적이 있다. 당장 온실가스의 배출을 줄여야 하는 이유가 여기 있다. 선진국들에서는 앞으로 40년간 80%를 줄인다는 목표를 세우고 있다. 에너지 소비를 줄이고, 가스배출이 적은 에너지원을 적극적으로 개발할 필요가 있는 것이다.

얼마 전 국내에서 대규모 정전사태가 벌어졌다. 갑작스런 가을 더위에 많아진 전력소비에 대비하지 못했기 때문이다. 전력생산량을 약간 줄였는데도 큰 일이 벌어졌다. 전력이란 전체 생산량도 중요하지만, 가장 필요할 때 제대로 공급해야 한다. 가스 배출이 적은 에너지원 중 일반인들이 좋아하는 것은 재생가능에너지인데, 태양에너지, 풍력, 수력, 지열 등으로부터 전력을 얻는 것이다. 안전하고, 깨끗하다는 이미지를 갖고 있기 때문이다. 또한 새로운 물질과 기술을 통한 신에너지, 즉 수소나 연료전지, 핵융합 등으로 거의 무제한의 에너지를 얻을 수 있지 않을까 기대하기도 한다. 그런데 현재의 기술로는 재생가능 에너지를 안정적으로 얻기 어렵다. 밤에 태양에너지를 생산하기 힘들고, 바람이 불지 않으면 풍력발전소는 멈춰야 한다. 돛단배를 더 이상 타지 않는 이유와 같은 것이다. 이러한 재생가능에너지를 수천만, 수억 명의 인구에 안정적으로 공급하는 기술은 현재 존재하지 않으며, 저장장치도 개발이 요원하다. 신에너지의 개발에서 수십억 명의 인구에 에너지를 공급하려면 얼마나 걸릴지 예측하기도 어렵다. 또한 이러한 시설을 건설하면서 많은 사상자가 나오고 있다.

대부분의 사람들은 편하게 살기를 원한다. 편하게 살려면 더 많은 에너지를 사용해야한다. 아직 선진국 문턱에 머물고 있는 우리나라에서는 앞으로 분명 더 많은 에너지를 사용할 것이다. 그렇다고 대부분을 수입하는 석유, 천연가스, 석탄 등의 화석연료를 계속 태워 없앨 수도 없다. 이런 현실에서 반드시 논의해야 하는 것이 원자력 에너지라는 사실에는 이견이 없다. 원자력은 우주에 있는 모든 에너지의 근원이다. 사실 재생가능에너지도 결국 태양의 내부에서의 핵

반응으로부터 나오고, 화석연료 또한 과거의 태양에너지를 받은 생물체로부터 얻어지기 때문이다. 바로 궁극적인 에너지원이라 할 수 있다.

현재 전 세계에서 가장 적극적으로 원자력 에너지를 사용하는 나라는 프랑스 전체 전력생산량의 70% 정도를 얻는다. 그 외에도 유럽의 벨기에, 스위스 등이 40%를 상회하고 있다. 과거 동구권의 나라들을 제외하면 우리나라가 그 뒤로 40% 정도를 생산하는 원자력 '선진국'이다. 그리고 핀란드, 일본, 독일 등이 전체 전력의 20-30 %를 생산하고 있으며, 미국은 20%가 조금 안 되는 양을 생산하고 있다. 스페인, 영국, 캐나다, 러시아 등도 15%-20%정도를 생산하는 주요 원자력 국가들이다. 반면 몇몇 나라는 원자력 발전소가 하나도 없다. 이스라엘은 높은 원자력 기술을 가지고 있지만, 주위국가로부터의 공습 등에 취약하다는 이유로 원자력 발전을 하지 않고 있다.

원자력 에너지는 20세기 초에 물리 실험실에서 발견된 핵분열을 이용해 많은 양의 열을 얻을 수 있다는 점에 착안해 등장했다. 당시 제2차 세계대전에서 원자력을 무기화 하는 과정이 먼저 있었다. 1945년 종전 이후에는 미국, 영국, 캐나다, 러시아 등에서 정부주도로 평화적 이용을 위한 개발이 시작되었다. 첫 번째로 전기를 생산한 원자력 발전기는 현재 아이다호 국립 연구소 내에 있는 EBR-1으로 1951년 12월 20일 그 건물의 전구를 켤 수 있었고, 100 킬로와트 정도의 전력을 생산할 수 있었다. 이번에 방문한 아이다호 국립연구소는 미국 에너지성 산하의 연구소로서 그 면적이 2,300km^{2}으로, 면적이 1,846km^{2}인 제주도보다 훨씬 넓다. 연구소 건물 사이에 이동할 때 약 70km를 달려야 했다. 미국 본토 내의 가장 작은 주인 로드아일랜드주(보스턴 남부로 1시간 정도 위치) 면적의 80% 정도라는 것이 그곳 연구원의 설명이었다. 대략 제주도 면적의 절반이 된다고 할 수 있다. 미국의 아이젠하워 대통령은 1953년 유엔에서 '평화를 위한 원자(력)Atoms for Peace' 라는 연설에서 원자력에너지의 평화적 이용을 역설하면서 미국의 원자력 에너지의 리더십이 시작되었다. 비록 최초의 상업 원자력 발전소는 1956년 영국에 건설되었지만, 미국의 원자력 에너지 리더십은 한동안 유지되었다. 원자력 발전기는 미국 해군의 잠수함과 항공모함의 중요한 동력원으로 개발되었다.

1979년 쓰리마일 아일랜드에 있던 원자력 발전소에서의 사고는 미국 원자력 에너지 정책에 큰 변화를 가져왔고, 원자력 규제가 강화되었다. 그리고 실제로 새로운 원자력 발전소의 허가는 그 이후 없었다. 당시 미국의 원자력 에너지의 안전을 담당하는 기관은 원자력 규제 위원회(Nuclear Regulatory Commission)였다.

그리고 1986년 당시 소련(현 우크라이나)에서의 체르노빌 원전 사고는 매우 큰 충격을 주었다. 원자로에서의 폭발이 일어났고 주위에 있던 흑연에 불이 나서 많은 양의 방사능 연기가 넓은 지역으로 확산되었다. 이 사고로 수백 명이 많은 양의 방사능에 피폭되어 그 이유로 수십 명이 사망했다. 인근지역에서도 수십만 명이 대피해야 했다.

원자력 발전소 하나를 건설하려면 많은 비용과 시간이 든다. 그리고 원자력 발전소에서 사용하고 난 연료를 안전하게 저장할 필요가 있다. 최근 들어 우리에게 더 직접 영향을 미친 원전사고가 있다.

이전까지는 이름도 잘 들어보지 못하던 후쿠시마에서 원전 사고가 난 것이다. 이 원전 사고는 잘 알려진 바와 같이 사상초유의 쓰나미와 지진으로 인한 것으로 원자력 발전소의 안전성에 대해 다시 한 번 경각을 준 사건이었다. 물론 예상하기 어려울 만큼 대규모 자연재해였음에도 실시간 보도되는 사고는 많은 사람들에게 큰 충격을 주었다. 또한 원자력 발전소 사고의 직접 피해가 아닌 쓰나미 피해가 중첩된 이미지를 제공해서 충격이 더했다. 후쿠시마 원전 사고를 더 살펴보자. 2011년 3월 11일 오후 2시 46분 일본 동북부 해저에서 진도 9짜리 지진이 발생했다. 즉시 후쿠시마 원전이 멈추고 6분 후에 자동으로 응급냉각장치가 작동하기 시작하였다. 오후 3시 27분 첫 쓰나미가 원전에 도착했고, 오후 3시 46분 5.7미터의 쓰나미를 막도록 설계된 방파제를 14미터짜리 쓰나미가 넘어왔다. 디젤 발전기들이 멈췄고 연료통이 소실되었으며, 오후 6시 연료봉 노출이 시작되었다. 12일 오후 3시 36분 1호기 외벽이 폭발했다. 원자로 격납고 속에서 발생한 수소가 점화되었던 것이다. 14일 오전 11시 1분 3호기 폭발이 일어났다. 방사능이 누출되고 인근지역 주민들이 대피했으며, 동경 시내에도 방사능 농도가 증가했다는 보도가 있었다. 한국에서 방사능 물질이 검출되어 일부 학교는 휴교까지 하였다. 놀라운 사실은 수많은 사람이 쓰나미로 죽었지만 원전사고로 인한 사망자는 없었다는 점이다.

쓰나미와 연관되어 일반인들에게 매우 강한 인상을 준 원전사고에서 아무런 사망자가 없었다는 것은 많은 것을 시사한다. 실제로 필자는 일본 동경에 2011년 4월초에 머물면서 세미나 등의 정상적인 학술활동에 아무런 문제가 없었으며, 특히 건강에도 아무런 문제가 없다. 오히려 건강검진을 위해 그 이후에 찍은 CT가 더 많은 방사능을 필자에게 주었을 것이다.

3. 미국의 원자력 에너지에서의 리더십

미국에서는 2002년경부터 소위 말하는 원자력 르네상스가 시작되었다. 미국의 원자력 에너지의 리더십은 기초 연구에 많은 기반을 두고 있다. 기초 연구는 미국 에너지성 산하의 여러 연구소에서 진행하고 있으며, 특히 아이다호 국립연구소에서 많이 하고 있다. 그리고 산·학·연 공동 연구가 잘 이루어지고 있다. 또 하나의 리더십은 정부주도의 원자력 안전성을 위한 여러 제도와 이를 공정하게 집행하는 원자력 규제위원회의 활동이라고 할 수 있다. 원자력에너지는 아무리 강력한 정부가 있어도 공공성에서 매우 중요하다. 원자력 시설이 들어서는 곳에서는 주민들의 의견 수렴이 반드시 필요하다. 그리고 원자력 관련 이해 당사자가 아닌 중립적인 사회 각 분야 지도자와 전문가들의 의견을 수렴할 수 있는 창구가 필요하다. 미국 원자력 에너지의 리더십은 이러한 면에 가깝다고 할 수 있다.

최근 들어 미국의 유카 마운틴에 건설하려던 핵폐기물 저장소가 여러 정치적 이유로 취소되었다. 미국에너지성에서는 새로운 핵폐기물 저장소 선정과 관련해 블루리본 위원회를 구성했고 2011년 여름에 위원회의 중간보고서가 나왔다. 그리고 2011년 연말에 최종보고서가 나왔다. 이 보고서에서는 지질학적인 구조물에 장기간(수백 년 이상) 폐기물을 보관할 수 있는 새로운 시설이 필요하고, 이를 정하는 과정에서 충분한 여론 수렴이 필요하다고 주장한다.

그럼 미국이 원자력 에너지의 모든 분야에서 리더십을 유지하는가? 사실 그렇지는 않다. 오랫동안 새로운 원자력 발전소를 건설하지 못했기 때문에 원자력 발전소를 건설할 엔지니어들이 부족했고, 기술력도 저하되었다. 오히려 우리나라가 기술력에서는 우위를 점하고 있다고 미국 원자력 담당자들이 입을 모아 말하고 있다.

따라서 우리나라의 원자력 에너지 분야는 미국의 리더십이 있는 기초 과학 연구 분야와 공동으로 부족한 과학적 데이터를 조속히 축적하고, 미국과 협력해 원자력발전소 건설 분야에서 국제적 우위를 갖는 것이 좋다는 의견이 있었다.

그렇지만 미국이 국제 사회에서 리더십을 잃지 않는 비결은 여기에 있다. 미국은 1970년대까지 원자력 에너지에 있어서 절대적인 영향력을 발휘했다. 물론 제2차 세계대전이라는 상황에서 원자력의 무기화 과정이 먼저 있었지만, 1945년 종전 이후 정부 주도로 원자력의 평화적 이용을 위한 개발이 시작되었다. 첫 번째로 전기를 생산한 원전은 현재 아이다호 국립연구소(INL) 내에 있는 EBR-1로 1951년 12월 20일 건물의 전구를 켤 수 있었다. 원전기술 개발을 독자적으로 한 것이다. 그 이후 가장 많은 원전을 건설해 리더십은 한동안 세계최고였다. 또한 1953년 아이젠하워 대통령의 유엔 연설인 '평화를 위한 원자(력)' 이후 미국 주도로 IAEA가 창설되었고, 미국 에너지의 국제 리더십은 시작되었다. 미국은 국제적으로 원자력에너지의 평화적 이용에 필요한 장비와 정보를 제공하기 시작하였다. 놀랍게도 이란과 파키스탄의 첫 원전들은 당시 미국의 지원으로 건설된 것이다.

그러나 1979년의 쓰리마일 아일랜드 원전사고로 미국 원자력 에너지 산업에 치명적인 원전 건설 전면 중단이라는 조치를 할 수밖에 없었다. 그럼에도 과학적 데이터에 근거한 안전한 원전 디자인, 연료연구 등은 계속되고 있다. 이는 미국이 놓친 리더십을 복구하려는 노력이라고 볼 수 있다. 특히 과학적 연구를 위해서 무료로 사용할 수 있는 ATR은 노심이 매우 독특한 클로버 모양이라 다양한 형태의 원자로와 연료에 대한 연구를 가능하게 한다. 차세대 원전(NGNP)과 핵연료 주기(AFCI), 그리고 4세대 국제 포럼(Gen IV International Forum) 등을 통해 국제적 공동연구와 개발에 주도적 역할을 하고 있다. 즉 향후 10년 내지 20년 뒤에는 표준이 될 수 있는 안정적이면서 핵무기 재료를 생산하지 않는 원자력 발전소 개발에 가장 적극적인 자세를 취하고 있다.

미국은 또한 다양한 국제 협약을 통해 막강한 영향력을 행사하고 있다. 이러한 미국의 국제적 리더십이 우리나라 원자력 산업에 긍정적이지만은 않다. 1974년 체결되어 2014년까지 효력이 있는 한미 원자력 협정은 우라늄 농축 및 재처리를 할 수 없도록 제한하고 있다. 미국 스스로도 재처리를 하지 않고 있지만, 일본과의 협정에서는 보다 자유로운 실험과 연구를 할 수 있도록 허용된다. 또한 인도 등의 핵무기 보유국과는 또 다른 형태의 핵 협정을 체결하는 등 매우 적극적인 자세를 취하고 있다. 한국은 좁은 국토라는 여건 때문에 재처리가 매우 중요하다. 물론 핵연료의 특성상 농축우라늄은 매우 손

쉽게 무기로 만들 수 있다는 점과 북한과의 문제 때문에 신중하면서도 효율적으로 접근할 필요가 있다. 이에 대한 해결책으로 최근 미국과 한국의 공동연구로 파이로 프로세싱이 개발되고 있다. 이것은 플루토늄을 단독으로 분리할 수 없어 21세기의 평화적 원자력 에너지 기술로 여겨진다. 미국은 핵무기 확산은 방지하면서 원자력 에너지를 진흥하는 정책에 맞으면 매우 적극적인 자세를 취하고 있다. 국제적 리더십을 전 방위로 유지하고 복구하려는 미국의 일면을 볼 수 있다.

4. 미국 원자력 에너지 현황과 전망 (황용수 박사 도움말)

1) 미국 원자력 발전소의 수명연장에 대한 설명

미국에서 1,000 메가와트 급 원자력 발전소를 1기 건설하는데 약 80억 달러가 소요되기 때문에 신규 원전건설은 경제성이 없으나, 기존 원전은 발전 단가가 석탄 화력발전에 경쟁력이 있기 때문에 발전회사에서는 수명연장이 매우 중요한 이슈가 되고 있다.

2) 미국 원자력 발전의 단가에 대한 설명

신규 원자력 발전의 단가는 사실 많은 논란이 있다. 예를 들어 2003년도 발간된 MIT 보고서인 'The Future of Nuclear Power'에서는 신규 원전 발전단가를 kw/h 당 6.7센트로 예측한 반면, 2006년도 미 정부는 5.93센트로 예측했고, 2009년 수정된 MIT 보고서에서는 물가 상승 등을 감안해 kw/h 당 8.4센트로 예측했다. 이러한 단가는 경쟁력이 없다. 참고로 신규 발전소를 기준으로 kW-hr 당 풍력은 5.58, 석탄은 5.31, 천연가스는 5.25센트로 신규원전 경제성이 상대적으로 낮게 평가된다. 그러나 2008년도 미의회예산실(Congressional Budget Office)에 따르면 만일 이산화탄소 톤당 45달러씩 탄소세를 부과하면 원전의 경제적 경쟁력이 있다고 보고 있다.

INL 연구소장과의 인터뷰

Q. 아이다호 국립연구소를 오전에 둘러보았는데, 놀라운 연구시설을 많이 보유하고 있는데 놀랐습니다. 아이다호 국립연구소의 지난 10년간의 최대 성과는 무엇이라고 생각하십니까?

A. 미국에너지성의 여러 연구소는 연구 역량 유지가 매우 중요합니다. 원자력 에너지의 개발을 위해서는 정부가 장기적이고 위험성을 높은 연구를 수행할 역

량이 있어야 합니다. 우선 새로운 원자로로서 가스 원자로를 들 수 있습니다. 그 외에도 경수로의 개발과 그 상업적 이용, 핵연료 사이클(주기)에 대한 연구개발 등 다양한 역량이 필요하다고 할 수 있습니다. 연구역량을 제대로 유지하면 이러한 성과를 얻을 수 있습니다.

Q. **미국이 어떠한 미래 원자력 에너지 기술에서 리더십을 갖는다고 보십니까?**

A. 각 나라별로 정부 구조의 차이 문화의 차이에 따라 원자력 에너지에 대한 접근 방법이 다릅니다. 미국 에너지성은 원자력에너지를 개발해 사용할 수 있음을 보여주고, 국민에게 홍보하는 역할을 담당하고 있다. 아이다호 국립연구소는 에너지성 산하로서 이러한 역할을 하고 있습니다. 그리고 또 다른 정부기관으로는 NRC(원자력 규제위원회)가 있습니다. 여기서는 원자력에너지 안정성에 대한 규제를 하고 있습니다. 그리고 민간 부문에서는 원자력 기술을 생산·소유·운영합니다. 이러한 여러 부문의 유기적 협력이 중요합니다. 예를 들어 규제위원회는 독립적이면서 능력이 필요합니다. 차세대 원자력에너지 부문에서는 고온 가스 원자로의 가능성, 연료주기에 연관된 전기 금속 방법, 파이로 프로세싱(사용 연료 재처리 신기술) 등이 있습니다. 이것을 연구하는데 전통적인 경험 기반의 연구에서 과학 기반의 연구로의 전환이 우리의 장점이라 할 수 있습니다. 현상을 원자 수준에서부터 과학적으로 이해해야 합니다. 또한 산·학·연 협동이 중요합니다. 예를 들어 대학은 매우 창의적 연구를 수행하지만 학제 간 연구가 어렵습니다. 한 연구기관이 모든 연구소 시설을 다 보유하지 못하기 때문에 서로 협력이 필요합니다. 그리고 실제 현장에 적용할 기술에 가까울수록 산업체와의 협력은 중요합니다. 저희 연구소의 리더십은 이러한 산·학·연 연구팀 구성에 있다고 볼 수 있습니다. 이러한 설비를 산·

학·연에 제공하는 것이 이 연구소의 중요한 성과입니다. 그리고 다른 곳에서는 고가의 장비와 재료들을 들 수 있습니다. 이러한 재료를 안전하게 다룰 수 있어야 하는데 대학은 그럴 수 없습니다. 산업체에서는 고비용 때문에 그렇게 하지 않으려고 합니다.

Q. 산업체로의 기술이전이 있습니까? 산업체는 항상 비용에 신경을 씁니다. 그럼 산업체는 연구소에 비용을 지불합니까?

A. 기술이전 방법은 여러 가지가 있습니다. 그리고 그 비용을 댈 수 있습니다. 산업체에서는 저희 연구원의 인건비를 제공할 수 있습니다. 물론 그 경우 정부는 연구소가 수행하려는 것과 상충되지 않아야 하고 연구에 의미가 있어야 합니다. 또한 협력을 할 수 있습니다. 지적재산을 공유할 수 있습니다. 이렇듯 여러 방법으로 산업체와 협력할 수 있습니다. 지나치게 장기적이거나 고비용인 연구 외에는 산업체와의 협력이 용이합니다. 물론 원자력에너지의 특성상 장기 연구가 필요한 것이 많기 때문에 정부가 주도해야 합니다. 원자력에너지는 최소한 1,000년은 사용할 수 있는 에너지입니다. 그리고 새로운 경수로를 짓는다면 최소한 100년은 사용해야 합니다. 이러한 초장기적인 투자는 정부와 산업체의 협력으로만 가능합니다.

Q. 원자력에너지는 가장 저렴한 에너지라고 말합니다. 반면에 일부 사람들은 원자력에너지에 수반되는 모든 비용을 모두 고려하면 그 비용이 훨씬 더 많다고 합니다. 연구개발, 연료처리문제, 사고 비용 등을 고려하면 납세자들에게 원자력에너지의 필요성을 어떻게 설득하면 될까요?

A. 대규모로 사용되는 에너지는 환경 부담이 항상 있습니다. 흔히 그린에너지라

는 말은 마치 에너지가 공짜인 것처럼 들립니다. 그리고 재활용 에너지에 대한 환상이 있습니다. 이것도 공짜라고 생각하기 쉽습니다. 그러나 이런 에너지들은 공짜가 아니다. 이 에너지들은 연속적이지 않기 때문에 대규모 저장시설이 필요합니다. 고도로 산업화된 사회에서 이러한 에너지를 에너지 그리드(grid)에 어떻게 포함할 수 있는지 잘 모릅니다. 따라서 흔히 말하는 재활용에너지 활용에는 한계가 있습니다. 원자력에너지의 장점은 안정적 비용으로 운영할 수 있다는 점입니다. 반면에 단점은 막대한 초기투자와 폐쇄 시의 고비용입니다. 원자력에너지의 또 다른 장점은 수명이 길고, 안정적인 우라늄 가격입니다. 그리고 환경에 끼치는 영향도 잘 알려져 있습니다. 모든 사회는 여러 에너지원을 섞어서 사용해야 합니다. 안정적 기반을 제공해주는 원자력에너지는 모든 사회에서 상당부분을 차지할 수밖에 없을 것입니다. 안정성, 환경에 끼치는 영향 등을 모두 고려해 화석연료나 재활용에너지와 비교하면 원자력에너지의 우위가 보일 것입니다. 일부 사람들은 후쿠시마 사고 등을 보면서 원자력에너지에 대해 부정적 결론을 이미 내리고 있습니다. 그렇다면 그들에게 대안이 무엇인가라는 질문을 하고 싶습니다. 재활용에너지가 전혀 위험이 없고 비용이 들지 않는다는 말은 하고 싶지 않습니다. 산업화된 국가에서는 안정적 기반을 제공하는 에너지가 반드시 필요합니다. 원자력에너지 없이 과연 어디에서 에너지를 제공받을지 생각할 필요가 있습니다.

Q. **그래도 일반인들은 원자력에 대한 막연한 두려움이 있습니다. 후쿠시마 원전 사고 이후에 실제로 안전에 아무런 위험이 없는 한국에서도 비 오는 날에는 학교가 휴교를 했습니다. 그렇다면 일반인들을 교육하기 위해서는 무엇이 필요할까요?**

A. 두 가지가 필요합니다. 첫 번째는 기술 교육입니다. 기술은 우리가 만들어낸 것으로 원하는 것을 성취하기 위한 도구입니다. 과학이라는 도구로 생활을 윤택하게 만들었습니다. 이러한 기술에 대해 올바른 정보를 가져야 합니다. 원자력에너지를 차치하고 원자력 기술은 치과를 포함한 의료기술에 많이 사용되고 있고, 일반인도 이를 제대로 이해해야 합니다. 단층촬영, 치과 X-선 촬영 등은 자연에서 이미 항상 존재하는 방사능에 추가로 우리 몸에 방사능을 줍니다. 따라서 이러한 의료기술에서 오는 방사능과 비교해서 어떠한 선택을 할 수 있는지 알아야 합니다. 원자력 발전소에서 나오는 방사능과 자연적으로 나오는 방사능을 비교할 때 수치가 얼마인지 알아야 합니다. 원자력 발전소 근처의 방사능보다 훨씬 센 방사능을 쬐는 의료 처치를 왜 할까요? 그 이유는 그럴 만한 가치가 있기 때문입니다. 이러한 선택을 할 때 방사능 때문에 생기는 위험성은 거의 무시해도 될 만큼 낮습니다. 이러한 선택의 논리를 원자력에너지에 동일하게 적용한다면 원자력에너지의 가치를 쉽게 이해할 것입니다. 일반인들에게 강조되어야 할 사실은 안정성은 상대적이고 위험성은 절대로 영은 아니라는 점입니다. 완벽하게 안전한 비행기는 없습니다. 비행기를 탈 때에는 항상 사고의 가능성이 있고, 기계 고장이나 인간이 실수할 확률도 있습니다. 그러나 그 확률은 너무 낮아서 우리는 그 확률을 받아들이고 비행기를 탑니다. 즉 안정성은 상대적입니다. 지구에 사는 자체가 완벽히 안전하지 않습니다. 지구상의 생명의 역사를 보면 위험한 환경에서 어떤 생명체라도 살아났다는 것이 기적 같습니다. 대규모 산업을 운영할 때는 항상 위험이 따릅니다. 원자력 기술을 다른 기술과 비교해봅니다. 대규모 원자력 사고가 난 체르노빌만 해도 인도 보팔의 사고(비료공장의 사고로 인근 주민이 많이 사망한 사고)에 비하면 인명피해가 훨씬 적습니다. 보팔에서는 수천 명이 사망했습니

다. 반면 체르노빌에서는 사고 당시 사망자 수는 50명 정도였습니다. 물론 대형 사고였지만 전체적으로 보면 위험 확률을 알 수 있을 것입니다. 몇 년 전 미국의 한 설탕공장에서 일어난 사고에서는 대여섯 명이 사망했습니다. 반면 미국의 상용원자로에서는 단 한 명의 사망사고도 없었습니다. 결코 위험성을 무시해서는 안 되지만, 위험성을 감당할 가치가 있는지 판단해야 합니다. 간혹 일반인들 중에는 원자력에너지를 규제하고 관리하는 정부를 믿지 않는 사람들도 있습니다. 그래서 이 연구소에서 하는 일 중 하나는 일반인들에게 우리가 무엇을 하는 지 보여줍니다.

Q. **정부가 바뀌면 원자력 정책이 바뀔 수 있습니다. 독일의 경우 녹색당과 연립정권인 정부에서는 원전을 완전히 없애기로 결정했습니다. 반면에 미국에서는 부시에서 오바마로 정권이 교체되었지만 원자력에 대한 적극적인 지원은 변하지 않았습니다. 이러한 연속성이 어디에서 나왔다고 할 수 있을까요?**

A. 원자력은 장기적인 계획이 필요합니다. 그래서 국가에 따라서는 정치적 이해득실을 위해 결정을 할 수 있을 것입니다. 원자력에너지를 전혀 사용하지 않는다고 할 때 나는 매우 회의적입니다. 그렇다면 에너지를 상식적인 비용으로 제공할 수 있냐고 다시 질문하고 싶습니다. 그린에너지라고 말할 때는 간헐적인 에너지원들을 다 합쳐서 단기, 장기적으로 이를 저장할 배터리를 사용해서 완벽하게 분산해서 사용하겠다는 것입니다. 내가 볼 때는 이것은 비현실적입니다. 미국처럼 복잡하고, 산업화된 사회에 적용될 수 있는 안정적 에너지원일 수 없기 때문입니다. 전혀 현실성이 없습니다. 이러한 주장을 하는 사람이 있다면 문제 전체에 대한 대답을 요구할 필요가 있습니다. 부시, 오바마 두 정부 모두 이러한 장기적 문제를 놓고 고려했을 때 원자력 에너지의 장점을 보

았다고 할 수 있습니다. 오바마 정부가 환경적인 면을 더 강조하는 이유는 원자력에너지의 이산화탄소 절감효과를 보았기 때문입니다. 정치적 환경이 다른 곳은 단기적·정치적 이해관계로 다른 결정을 할 수도 있지만, 장기적으로 현실에 부딪히면 어떤 문제가 있는지 알게 될 것입니다.

Q. **후쿠시마 사고가 원자력 산업에 큰 영향을 미친 것은 사실입니다. 그러면 이 사고 이후 아이다호 국립연구소에서는 어떤 새로운 조치들을 취했습니까?**

A. 우리는 사용 후 연료저장소가 2개, 원자로가 3개 있습니다. 우리 시스템을 재점검하고 고려할 필요가 있었습니다. 백업(backup) 냉각장치에 대해서 철저하게 재조사했습니다. 우리의 원자로는 상업원자로에 비하면 훨씬 소규모이지만 조사했습니다. 복합적인 자연재해 문제도 다시 생각했습니다. 그리고 일반 대중과 만나 소통할 필요가 있었습니다. 그들에게 연구소 시설에 대해 질문할 기회를 제공했으며, 이 지역 사람들이 원자력에너지에 대해 관심을 갖도록 했습니다. 일본은 지진과 해일에 이은 원전 사고에 대해 열심히 대처했다고 생각합니다. 비록 소규모지만 미국 동부에는 최근 지진과 허리케인이 잇달아 발생했었는데, 그 결과 원전 테스트의 기회가 주어졌습니다. 결과적으로 모든 안정장치들이 제대로 작동했습니다.

Q. **최근 한국을 방문한 것으로 압니다. 한국의 원자력 산업에 대해 어떻게 생각하십니까? 미국의 제도와 비교해 이야기를 해주십시오.**

A. 원자력연구소, KINS(한국원자력안전기술원), KAIST를 방문했고 상용 원자력발전소에도 가보았습니다. 한국 원자력 산업은 매우 성숙했고 높은 수준이라고 봅니다. 원자력발전소 안은 돌아보지 못했고 언어와 문화의 차이로 잘

알 수는 없어 잘못되었을 때 어떻게 대처하는지는 정확하게 파악할 수 없었습니다. 미국의 시스템은 예측이 어려운 문제가 발생하면 비교적 잘 대처하는 시스템을 갖추고 있습니다. 이렇게 복잡한 시스템을 장기간 운영해보면 문제점은 반드시 발생하기 마련입니다. 이 문제에 어떻게 대처할 시스템을 갖추는가가 중요합니다. 문제가 발생할 때 얼마나 빨리 대처할 수 있는지 등의 활성화된 시스템도 필요합니다. 항상 건강한 긴장이 필요합니다. 미국과 같은 시스템은 아니지만 각자 적합한 시스템을 갖출 필요가 있다고 봅니다. 한국에 대한 전체적인 인상은 매우 좋습니다.

Q. **소장님께서는 원자력잠수함 함장의 경력이 있으신 것으로 알고 있습니다. 다양한 여러 구성원들과 같이 일할 수 있는 능력이 있는 것으로 압니다. 원자력에너지에서 이런 능력이 어떻게 나타나고 있나요?**

A. 여러 가지 다른 기술들을 같이 하는 것은 장기적인 어려운 문제를 위해 열린 생각으로 사람들이 공동으로 작업하는 것입니다. 복합 에너지 시스템, 다목적 설비의 활용 등이 있다. 연료 재활용 연구는 핵확산 방지와 관계가 있습니다. 사람들의 의견을 더 듣고 열린 생각을 하는 것이 중요합니다.

Q. **쓰리마일 아일랜드 사고 이후에 새로운 원전건설이 없어서 인력공급이 원활하지 않았을 것입니다. 그래서 현재는 원자력 산업관련 인력이 부족한 것은 아닐까요?**

A. 그렇습니다. 한 세대가 없어졌습니다. 그래서 보다 창의적인 일들을 해야 하고, 기존의 인력들이 더 오래 일할 수 있는 환경도 만들어야 합니다. 한국은 원자력 발전소 건설에 매우 앞섰지만 미국은 원자력 발전소의 운영과 유지에

앞서 있습니다. 이제는 원자력에너지는 글로벌화 되었습니다. 비용과 위험이 있기 때문에 국제적 신뢰와 확신이 필요합니다. 다른 어떤 기술보다도 국제적으로 강하게 연관되어 있습니다. 그래서 미국은 한국으로부터도 원자력발전소 건설에 도움을 받고 싶습니다. 반면 한국은 미국의 오랜 운영, 유지기술로부터 도움을 받을 수 있습니다.

Q. **미국에서는 원자력관련 신진 인력을 위한 프로그램들이 있나요?**

A. 인턴십 등 많은 프로그램이 있습니다. 특히 최근에 원자력 관련 업체와 원자력규제 위원회 등에서 신규 채용하고 있습니다. 많은 사람들이 은퇴를 하고 있습니다. 아이다호 연구소는 인턴 수 상위 10위 연구소입니다. 그리고 세계의 젊은이들이 원자력을 에너지문제의 해결책으로 보고 있습니다.

Q. **신규 원전 건설이 없는 이유가 회사가 하지 않는 것인지, 정부의 규제 때문인지 알고 싶습니다.**

A. 현재는 2개의 원전 건설이 진행되고 있습니다. 원전건설이 활발하지 않은 이유는 경제성 때문입니다. 전력회사는 단기적으로는 천연가스 발전소 공사가 수지타산이 가장 맞습니다. 6조 내지 8조원이 드는 원자력 발전소 공사는 회사에 매우 큰 부담을 줍니다. 정부에서는 이러한 부담을 경감시키려는 제도들이 있습니다. 경제적인 면이 가장 중요한데, 이것을 단기적 경제성과 대비되는 장기적 경제성이라고 할 수 있습니다. 단기적으로는 천연가스가 훨씬 쉽지만 그렇게만 할 수는 없습니다. 에너지원의 다양화가 필요합니다. 이러한 다양성에 원자력에너지는 꼭 필요한 요소입니다.

NRC 위원장과의 인터뷰

Q. **미국의 원자력 산업에서 단기적인 현안은 기존 원전의 수명을 20년 또는 40년 늘리는 것입니다. 그런데 최근 후쿠시마의 원전사고 이후에 이에 대한 재고가 있었을 것 같은데 구체적인 예가 있나요?**

A. NRC의 가장 큰 현안은 기존 원전의 안전입니다. 그 다음이 새로운 원전 허가입니다. 물론 후쿠시마 사고 이후에는 새로운 허가나 기한연장에 대해 제고가 있고 지연될 수도 있습니다. 그러나 가장 중요한 점은 기존 원전의 안전입니다.

Q. **원자력 발전소의 20년, 또는 40년의 기한연장이 주민들의 반발을 사지는 않을까요?**

A. 현재는 20년만 기간 연장을 해주었습니다.

Q. 테네시의 한 원전은 수 십 년 간 공사가 중단되었다 최근 재개되어 내년이나 후년에 완공된다고 들었습니다. 이러한 공사 재개 과정에서 새로운 규정이나 새로운 원전 디자인이 적용되지 않았나요? 구체적인 예는 어떤 것이 있나요?

A. 원래는 70년대에 완공될 예정이었지만 최근 공사를 재개한 원전이 있습니다. 새로운 규정을 적용하지는 않았습니다. 그러나 모든 원전이 그렇듯 항상 원전 관리 규정을 정비하고 있고, 보완을 강화하고 있기 대문에 정비된 규정에 따르도록 건설되고 있습니다. 물론 쓰리마일 아일랜드 사건 이후에는 많은 시스템 변화가 있었고, 이 원전도 여기에 따르도록 했습니다. 구체적인 내용은 추가로 드릴 수 있습니다.

Q. **미국의 원전 핵폐기물 장기 보관 정책을 한마디로 요약하면 무엇인가요?**

A. 사용된 핵연료의 단기간(10년-100년) 보관 조사는 잘 이루어졌고, 안전하다고 판단하고 있습니다. 이러한 연료의 장기 보존(예를 들어 300-400년 간)에 대한 연구도 하고 있습니다. 아마 2-3년 후에는 연구 결과가 나올 것이라 생각합니다. 아직 시간이 있습니다. 그리고 미국 에너지성에서는 더 장기적이고 영구적인 보관방법에 대한 정책연구를 블루리본 위원회에 의뢰했고 몇 주 전에 중간보고서가 나왔습니다. 그 위원회에서는 지질학적으로 보관하는 방법에 대한 추천이 있었는데, 어떠한 과정을 통해 이러한 브관소를 결정하고 어떻게 보관해야 하는 가에 대해 추천하고 있습니다.

Q. **새로운 원전 디자인에 대한 국제 협력에 대해서 이야기를 해주십시오.**

A. 국제적으로 3세대 원전에 대한 국제적 협력이 있습니다. IAEA 등을 통해 국제적으로 최소한의 안전성을 위한 규정을 마련하고 있습니다.

Q. **쓰리마일 아일랜드 사건 이후, 미국에 새로 원전을 짓지 않은 이유가 무엇인가요? 강력한 규제 때문인지, 아니면 시공사들의 경제성에 따른 판단의 결과**

인지 말씀해주십시오.

A. 그 사건 이후에도 지어진 원전이 있었습니다. 물론 그 사건 이후 원전 공사 취소도 있었습니다. 그리고 대부분 원전 공사의 최종 결정 요인처럼 경제성을 고려한 결정들이었다고 볼 수 있습니다.

Q. **미국과 국제사회에서의 원자력 에너지의 장래에 대한 질문을 드리겠습니다. 미국에서는 새로운 정책, 즉 시공사에 대한 장기대출 보장과 탄소세 등이 있을 수 있는데, 이것이 미국 원자력 에너지에 대해 어떤 영향을 미쳤나요?**

A. NRC는 원자력 에너지의 안정성에 많은 관심이 있습니다. 이 문제는 미국에너지성에서 질문해야 할 것 같습니다.

Q. **미국은 원전 기술과 기초연구에 많은 투자를 하고 있다고 들었습니다.**

A. 원자력 안전에 대해서도 장기적으로 연구해야 합니다. 그 책임은 원자력 산업에서 많이 부담해야 합니다. 물론 많은 투자가 필요합니다. 원자력 에너지는 국제적 협력이 필요하며, 한국도 국민들이 지원할 생각이라면 장기 연구에 투자해야 합니다.

Q. **9/11 테러나 후쿠시마 사고 이후에 NRC가 취한 구체적인 해결책들은 무엇인가요?**

A. 이 사건들은 안전에 대한 새로운 도전입니다. 그리고 자연재해도 우리가 지금까지 생각할 수 있는 것보다 훨씬 엄청날 수 있다고 가르쳐주었습니다. 더 이상 기존 생각에 안주하지 않고, 항상 능동적으로 어떤 문제가 있는지 알아야 합니다. 미국은 물론 모든 나라에서 이런 노력을 하고 있습니다.

Q. 최근 동부에 지진이 있었고, 허리케인이 지나갔습니다. 그 결과 이 지역 원전에 대해 어떤 조치를 취하셨나요?

A. 허리케인은 매년 지나갑니다. 그 대비는 항상 하고 있습니다. 지진은 흔하지 않아 진원지 인근의 원전은 가동을 중단했습니다. 어떤 영향이 있었는지 자세히 조사했습니다.

Q. 후쿠시마 원전사고 이후 최우선 조치는 무엇인가요?

A. 미국과 일본정부에서 원전 안전에 대해 모든 지원을 했습니다. 그리고 미국 서부에 있는 원전들은 해일에 대비했고 지진과 해일 등이 있을 때 필요한 새로운 장치 등을 고려했습니다. 또한 위원회를 구성해 어떤 제도와 디자인 변경이 필요한 지 추천을 받았습니다.

미국 학술원 연구원 미카 로웬탈과의 인터뷰

Q. 미국의 핵에너지의 리더십은 기초 연구와 개발에 있다고 생각하는데 어떻게 생각하시나요?

A. 미국의 리더십은 원자력 에너지의 연구와 개발에 있다고 할 수 있습니다. 다른 부문에서는 리더십이 있다고 보기 어렵습니다. 왜냐하면 최근에 새로운 원자력 발전소를 짓지 않았기 때문입니다. 미국정부는 기존 원자로의 성능개발을 지원했습니다. 재료 개발, 더 좋은 연료 개발과 제어 등의 전체 시스템 개선이 있었고, 동시에 차세대 원자로, 차세대 연료 개발에도 투자했습니다. 그러나 대규모 시험이 필요한 연구개발은 못하고 있습니다. 예를 들어 고속증식로 연

구는 더 이상 하지 않습니다. 이러한 시설은 미국에서의 수요가 없어서 폐쇄했습니다. 미국의 아이다호 연구소 등에서는 안전성 연구를 하던 시설이 있었지만 지금은 없습니다. 그래서 최근에는 국제 공동연구를 통해 이를 수행하고 있으며 이러한 시설을 다시 복원하려는 계획이 있습니다.

Q. **상용원전 시장에서는 미국이 리더십을 잃지 않았나요? 미국은 최근 새로 지은 원전이 없습니다. 반면 중국, 러시아 등이 원전시장에서 급부상하고 있습니다. 이러한 리더십 상실을 어떻게 극복하고 있나요?**

A. 한국도 원전수출시장에서 활발한 국가들 중 하나입니다. 미국에는 몇 가지 중요 부품 생산 시설이 없습니다. 반면 전체 시스템 디자인에는 우세한 상황입니다. 그리고 많은 나라에 핵연료를 공급하고 있습니다. 이러한 점들이 미국의 기여라고 봅니다. 만약 원자력에 대한 수요가 핵 르네상스를 통해 많아진다면 미국이 여기에 반응할 것입니다. 그러나 현재는 고압용기 등을 만드는 시설이 없습니다. 반면 러시아는 디자인뿐 아니라 핵연료 전체 주기에 대한 서비스를 제공합니다. 미국은 단기에 이러한 것을 제공하기 어려울 것입니다. 미국 자체의 문제도 많이 있습니다.

Q. **한국은 미국이 상용원전을 짓지 않던 지난 30년간 많은 원전을 지었습니다. 그래서 원전을 지을 수 있는 엔지니어들이 많습니다. 반면 미국은 원전 기술에 앞서 있습니다. 미국이 한국과 협력해 상용 원전시장의 리더십을 회복할 수는 없을까요?**

A. 분명히 세계 여러 나라는 한국으로부터 원전 건설과 운영에 대해 배울 점이 많다고 봅니다. 미국에서는 원전 하나 짓는데 매우 오랜 시간이 걸립니다. 반

면 한국은 매우 빠르게 끝냅니다. 미국 원전 산업은 이미 다른 나라와 협력을 하고 있습니다. 미국이 장래에 한국과 협력한다고 놀라운 일은 아닙니다. 한국은 어떤지 모르지만, 미국에서는 연구개발과 원자력 산업과는 분리되어 있습니다. 협력을 하려면 정부 간의 긴밀한 협력이 있어야 할 것입니다. 원자력에 관해 자유롭게 협력을 할 수 있는 분야도 있지만 제한이 있는 분야도 있기 때문입니다.

Q. **보다 구체적인 국제협력의 예를 들어줄 수 있나요?**

A. 일본 회사가 원래는 미국 회사의 일부를 소유하는 경우도 있고, 영국 회사도 사정은 비슷합니다. 또한 상호 공동연구를 하고 있습니다.

Q. **미국 상용원전 확대는 어려움이 있습니다. 고비용과 엔지니어 부재가 원인입니다. 미국에서 원전확대 방안은 무엇일까요?**

A. 미국에서의 원자력 엔지니어의 공급은 과거보다 많이 줄어들었으나 10년이나 7년 전부터는 다시 원자력공학 전공자들이 늘고 있습니다. 미국에서는 20여 기의 원전 건설 계획은 있지만 아직 본격적으로 짓지 않고 있습니다. 그래서 일정 기간 동안은 엔지니어의 부족이 있겠지만 건설이 재개되는 순간 엔지니어들은 늘어날 것입니다. 물론 그 사이의 공백은 한국, 일본, 프랑스 등의 해외인력으로 메울 수 있습니다. 미국 경제의 속성상 미리 계획하지 않고 수요에 따른 공급이 자연스럽게 있으리라 생각합니다.

Q. **원자력 르네상스를 위한 다른 조치들로 무엇이 있을까요?**

A. 원자력에너지 비용을 생각할 수 있습니다. 원전시설의 오랜 시공 기간, 핵연료

등의 규제를 위한 비용, 안전, 핵폐기물에 대한 조치 등이 원전시설의 건설 지연 비용으로 나타납니다. 다른 비용들은 단순히 산정할 수 있습니다. 연료비용, 운영비용 등은 산정하기 쉽습니다. 이런 비용은 자금조달에 따른 금융비용으로 나타납니다. 현재는 금리가 매우 낮지만 자금을 조달하기는 쉽지 않습니다. 90억 달러가 드는 원전건설 비용을 쉽게 조달한다는 것은 다른 문제입니다. 비슷한 문제가 부품공급자 산업에서도 나타납니다. 전력회사는 원전 건설회사와는 다릅니다. 원전건설회사는 건설 수요가 충분히 있다고 판단이 서기 전에는 부품 생산 설비에 투자하지 않을 것입니다. 그래서 초기에 시동을 걸기 위한 노력으로, 원전건설회사에 대한 연방정부로부터의 대출보장 등이 필요합니다. 그러나 부품설비에는 이런 경우가 아직 없습니다. 모든 회사들이 두 번째로 원전건설을 하는 회사가 되고 싶어 합니다. 첫 번째 회사가 불확실성이 많은 투자를 해서 설비회사를 갖추면, 두 번째 회사는 불확실성의 부담이 없어지기 때문입니다.

Q. **원전이 필요하다는 사람과 필요 없다는 사람이 있는데, 미국에 과연 원전이 필요한가요?**

A. 미국 학술원 보고서에서는 원자력이 꼭 필요한 몇 가지 다른 이유를 제시하고 있습니다. 학술원의 여러 보고서에는 인간에 의한 기후변화를 지적하고 있습니다. 현재 미국에서 원자력 에너지는 전기의 19퍼센트 정도를 차지합니다. 이를 단기간에 대체할 다른 에너지는 없습니다. 기후변화를 방지하는 방법 중 중요한 요소로 원자력에너지를 들고 있습니다. 독일에서는 17개의 원전 중 최근 8개를 폐쇄하고 나머지도 완전 폐쇄한다는 결정을 했으나, 그러면 과연 어떻게 에너지를 조달할까라는 의문이 듭니다. 수요가 많을 때는 프랑스 등의

인접국에서 전기를 사야 할 텐데 아이러니하게 그 전기의 상당부분은 원자력 에너지에서 제공됩니다. 그리고 부족한 전기를 위해서 더 많은 석탄과 가스를 사용할 텐데, 지구 기후변화에 미치는 영향이 있을 것입니다. 개인 의견을 피력하면 후쿠시마 사고의 모든 영향을 아직 다 파악하지는 못했습니다. 해일과 지진의 피해에 비해서는 훨씬 적은 피해로 보이지만, 장기적인 영향을 고려해야 합니다. 후쿠시마 사고를 통해 원자력에너지 전면 폐지로 가는 실수는 없어야지만, 원자력에너지가 안고 있는 여러 문제를 곰곰이 다시 생각해볼 기회를 마련해 준 것은 맞습니다.

Q. **독일처럼 원전을 완전히 없앤다면 일반인의 생활과 산업에는 어떤 영향이 있을까요?**

A. 이에 대해서는 미국학술원의 보고서가 없습니다. 그래서 신문 기사를 기초로 이야기해야 할 것 같습니다. 독일은 풍력발전소 등이 많지만, 신재생 에너지는 에너지 공급에 기복이 있다는 사실을 받아들이고 상당량의 에너지를 수입해야 합니다. 신재생 에너지를 저장할 장치 등을 개발해야 합니다. '필요는 발명의 어머니다'라는 속담처럼 새로운 발명이 나올 수는 있지만, 만일 새로운 발명이 없다면 원전을 모두 폐쇄한 후 아마도 많은 어려움을 겪을 것입니다. 독일과 같은 부자 나라에서는 어쩌면 갑작스런 정전 등의 심각한 문제가 많지 않겠지만 잘 살지 못하는 나라에서는 문제가 생길 수 있습니다.

Q. **미국의 많은 원전들이 낡았다고 생각되는데 후쿠시마와 같은 사고가 나지 않으려면 어떤 조치들을 취해야 할까요?**

A. 미국 원전들이 모두 오래되진 않았습니다. 미국 원자력 규제위원회에서 후쿠

시마와 같은 사고에 대한 꼼꼼한 보고서를 마련했습니다. 새로운 원전이라고 모든 문제를 해결하지는 못합니다.

Q. **오바마 정부에 들어서 일어난 유카 마운틴 백지화를 어떤 시각으로 봐야 할까요?**

A. 상당한 변화가 있었습니다. 현 정부에서는 유카 마운틴(Yucca Mountain)이 없어진 후에 할 수 있는 방법에 대해 블루리본 위원회를 구성하였습니다. 블루리본위원회에서는 아직도 장기 폐기물 저장소의 필요성을 이구동성으로 이야기 하고 있습니다(이후 비공개로 진행).

5. 한국의 원자력 에너지

한국은 국제 핵에너지 사회에서 급부상하는 나라이다. 2011년 12월 현재 21개의 원자로에서 우리나라 전체 전기생산량의 31%(18.7GWe)를 생산하고 있다. 앞으로 10년 내에 27.3GWe로 생산량을 56% 늘리고, 20년 내에는 40개의 원자로에서 전체 전기 생산량의 59%(43.0GWe)를 생산하려고 계획하고 있다. 가장 오래된 원전은 고리 1호로 1978년 4월 시작하였다. 30년 동안 사용 후 10년을 연장한 고리 1호기는 2017년에 닫는다. 두 번째 원전은 1983년 3월 문을 연 월성 1호인데, 2009년부터 2011년 동안 업그레이드해서 25년 수명연장을 해 2036년까지 사용하기로 했다.

현재 전기 1kw/h 생산에 수력 162원, LNG 143.6원, 석탄 53.7

원이 든다. 반면 원자력은 39원이 드는데, 전체 평균은 68.3원이다 (물론 이 비용이 원자력 발전소 건설비용이 제대로 포함되었는지는 재고해야 할 것이다. 우리나라도 탄소세 등을 도입할 필요가 있을지도 모른다). 원자력은 한국의 주요 수출품으로 대두되었고, UAE에 200억 달러의 원전을 수출했다. 반면 자동차 산업 총 수출액은 2011년 684억 달러였다. 이처럼 원자력은 산업화된 한국사회에서 현재는 필수 불가결인 에너지원이라 할 수 있고 국가에 막대한 경제적 이득을 가져다주고 있다.

6. 방사능에 대해서

방사능은 일반인이 제어할 수 없고 간혹 그 피해가 막대하다고 생각한다. 방사능은 20세기 들어와서 인류가 만나게 된 도깨비 같은 존재이다. 과거 자연에 대해 인간이 몽매할 때 도깨비, 혼령 등을 상상하며 막연한 두려움의 대상으로 삼았다. 융에 의하면 이런 것들은 인간이 진화하면서 주위의 포식자들에 대한 실제 두려움의 대상이 잠재의식 속에 들어가 만들어진 것들이라고 한다. 어릴 때 침대 밑에 있는 괴물을 두려워하는 문화가 서양에 있는 것도 같은 맥락에서 이해된다. 방사능은 실제 존재하지만, 그 공포심은 앞의 도깨비에 대한 공포심에 비견할 정도로 사실 과장되어 있다. 앞에서도 잠깐 언급했지만 지구라는 환경에서는 방사능이 전혀 없는 환경이란 존재하지 않는다. 일단 인간의 뼈 속에 들어있는 칼륨의 동위원소로부터 방사능이 나오기 때문에 방사능의 노출이란 피할 수 없다. 자연 상태에서 라돈에 의해 약 55%의 방사능(연간 200밀리렘)에 피폭되고 자신의 몸으로부터 그 1/5인 40밀리렘이 나온다. 1인 평균 병원 X−선, CT, 방사능 치료를 합하면 약 53밀리렘이 된다. 주위 바위에서 28 밀리렘, 우주공간에서 날아오는 우주선에서 27밀리렘 등이 있고, 나머지는 10밀리렘 정도이다. 비행기를 250시간 탑승하면 약 100 밀리 rem에 피폭된다. 반면 원자력 발전소 근처에는 1밀리렘도 안 되는 추가 방사능이 있다. 그리고 인체는 100렘(10만 밀리렘) 정도까지는 건강에 별 영향을 받지 않는다. 그 이유는 인류가 방사능이 있는 환경에서 진화되었기 때문에 약간의 방사능에는 '내성'이 있다는 이야기다. 설령 엄청난 방사능에 의해 암발생률이 1.5% 정도 증가해도 자연적 암발생률이 이미 20%이기 때문에 그 속에 묻혀있게 된다. 오히려 담배를 피면서 생기는 암발생률은 훨씬 더 높고 간접흡연 역시 엄청난 건강의 위해 요소이므로 대학캠퍼스 전체를 금연지역으로 설정하는 것이 훨씬 더 시급한 문제다. 따라서 일부 국가에서는 원자력에너지에 대한 반감이 매우 커서 원자력을 개발하는 것을 꺼리고 있으며, 독일에서는 원자력발전을 완전히 없애려는 계획을 가지고 있다. 그런데 당장 대체에너지가 없고 현재 신재생에너지(풍력, 태양광 등)를 안정적으로 공급할 기술도 아직은 없다. 따라서 당장은 석탄을 사용하여 발전량을 늘리고, 인접국들(원전으로 전기를 생산하는 국가들)로부터 전기를 수입해야 한다. 문제 해결을 위해 더 나쁜 방법을 택한 결과가 되었다. 즉 아직 존재하지도 않는 신재생에너지로 완전 전환한다는 미명 아래 석탄을 마구 태우는 우를 범하고 있다. 물론 이러한 결정은 정치인들이 인기를 얻는 데는 훨씬 더 유리할 것이다. 독일과 일본이 이런 과정으로 원전을 줄이고 폐지하는 방향으로 가고 있다. 반면 스웨덴에서는 1980년 원전을 장기적으로 폐지하기로 결정하였으나 2010년에 결정을 번복해 원전을 유지하기로 하였다. 2008년 현재 스웨덴은 42%의 원자력 에너지, 46.9%의 수력, 1.4%의 풍력, 9.7%의 화석연료에 의존하고 있다.

빌게이츠는 최근에 원자력 에너지의 옹호자로서 매우 활발하게 일하고 있다. 그는 우선 원자력 발전소가 화석연료를 태우는 발전소에 비해 얼마나 안전한가 피력하고 있다. 특히 주민들의 건강에 미치는 영향이 화력발전소가 원자력 발전소에 비해서 훨씬 더 나쁘다는 것을 지적하고 있다. 수백, 수천 배에 달한다는 것이다. 물론 방사능이 주는 이미지는 탄소배출가스에 비해 훨씬 더 위험해 보이지만 실제 냉정하게 숫자를 놓고 보면 그렇지 않으며 정반대이다. 또한 빌게이츠는 소규모로 지을 수 있고 훨씬 더 안전한 차세대 원자로 개발에 투자를 하면서 중국과의 협력관계에 들어갔다.

7. 맺으며

우리는 원자력에너지라는 매우 비중 있는 주제를 다루었다. 원자력에너지에 대해서는 매우 강하게 필요성을 주장하는 그룹이 있는 반면 위험성을 들어가며 완전 철폐까지 주장하는 시민단체가 있는 것이 사실이다. 그럼 이러한 문제를 해결하기 위해 어떻게 공공성으로 판단할 수 있을까? 여기서 우리는 몇 가지를 생각해볼 필요가 있다. 원자력 에너지의 이해에 많은 정보와 복잡한 분석이 필요하다. 단기보다는 장기적으로 사고할 수 있는 능력이 필요하다. 이러한 정보를 제대로 분석하고 냉정하게 공공의 이익이 무엇인가를 판단할 수 있는 능력이 수반된다. 미국과학학술원의 몇 십 명의 과학자 의견이 수십만 명의 주민들 의견보다 더 비중이 있는지 아니면 1인 1표라는 민주주의적인 사고가 지배해야 하는지 따져볼 필요가 있다. 결국은 정치적인 결정이 필요한데, 정치인들은 과학자의 1표보다는 주민의 1만 표가 훨씬 더 중요하고, 대부분의 정치인들은 복잡하고 장기적인 사고할 능력이 없는 사람들이다. 이런 상황에서 과연 어떻게 이 사회에 공공성이 있을 수 있는지 고민해야 한다고 생각한다. 원자력 산업에서 많은 교육도 하고 데이터를 제시하는데, 경우에 따라서는 원자력 관련 기업의 이윤을 위해 과장하는 경우도 생길 수 있다. 원자력 에너지 생산비용 산출이 그 예라 할 수 있다. 이러한 문제 또한 공공적인 접근방법과 공개적 방법으로 해결해야 한다고 생각한다. 공공성이라는 중요한 문제에 대해 문외한인 필자가 이번 조사연구과정에서 배운 교훈은 사안에 따라서 공공성이 무엇인가 재고할 필요가 있다. 참여, 소통, 민주적 절차와 '전문성이 가미된' 공공성이 우선 필요하다고 생각한다.

참고문헌

남순건, 박방주. 2011.「2012 대한민국 리더십을 찾아서 ④원전정책, 자율·규제의 균형」.『중앙일보』 11월 17일.

한국원자력안전기술원. 2006. 한권으로 풀어보는 원자력 안전규제.

Blue Ribbon Commission. 2012. "Report to the Secretary of Energy." http://brc.gov/sites/default/files/documents/brc_finalreport_jan2012.pdf

Murray, Raymond L.. 2009. *Nuclear Energy.* Burlington : Butterworth-Heinemann.

Nuclear Regulatory Commission. "Recommendations for Enhancing Nuclear Safety in the 21st Century." The Near-Term Tast Force Report Review of Insights from the Fukushima Dai-Ichi Accident. http://pbadupws.nrc.gov/docs/ML1118/ML111861807.pdf

Staedter, Tracy. 2010. "Bill Gates Invest Millions in Nuclear Power." *Discovery News.* 17 Feb.

Ted Video. 2010. "Bill Gates on Energy : Innovating to Zero!" http://www.ted.com/talks.bill_gates.html

World Nuclear Association. "Nuclear Power in South Korea." http://www.world-nuclear.org/info/inf81.html

_____. "US Nuclear Power Policy." http//www.world-nuclear.org/info/inf41_US_nuclear_power-policy.html

6

환경과 공공성: 독일의 열린 환경정책

이 영 식

1. 들어가는 말

고등학교 독일어 수업에 대한 기억이라고 일주일에 한 시간 관사 변화를 독특한 방식으로 외우게 하던 철학전공 선생님의 수업 방식과 교과서와 관계없는 철학적인 교훈들만 아련히 남아 있는 나에게 독일여행은 조금 무모한 것이었을지 모른다. 독일에서 베를린 자유대학의 환경정책연구센터를 찾아가는 길은 에니그마로 만들어진 암호를 콜로서스로 풀어야 하는 것과도 같은 상황이었다. 티엘플라츠(thielplatz)역에서 내려 이네스트라세(Ihnestraße) 22번지를 찾아가는 길은 생각보다 힘들었다. 베를린 자유대학 수위실에 가서 연구소 이름을 대면 금방 찾으리라 기대했던 것이 무리였다고나 할까? 방학 중이라 사람도 없는 거리에서 주소 하나만으로 낯선 거리 이름표를 읽어가다가 문득 역사 깊은 연구단지가 있는 곳으로 가고 있음을 직감적으로 느낄 수 있었다. 여러 도로표지판에서 낯익은 이름들을 만날 수 있었기 때문이다. 폰 라우에 길이 반 호프 길로 바뀌고, 패러데이 길을 지나 볼츠만 길을 따라 돌아간 나는 내 눈을 의심할 수밖에 없었다. 기대하지 않았던 프리츠 하버 연구소가 먼저 나타났기 때문이다. 공기 속 질소에서 암모니아를 만드는 연구를 성공시킨 업적으로 유명한 이 연구소 건물은 여느 건물과 다르지 않은 소박한 외관이었다. 두어 블록 옆에는 베를린 자유대학의 환경정책연구소가 입주한 흰색 건물을 찾을 수 있었다. 화려한 간판이나 요란한 로비도, 멋진 정책안내 포스터도 없었다. 그제야 나는 독일의 많은 연구소들이 으리으리한 현대식 건물이 아니고 대부분 오래된 유럽식 건물을 사용하고 있음을 깨달았다.

2. 독일의 환경정책

독일은 유럽연합(EU)에서 인구가 가장 많은 국가일 뿐 아니라, 생활수준이 높고 에너지 집약 산업이 차지하는 비중이 높아 에너지를 많이 소비하는 나라 중 하나이다. 그래서 독일의 에너지 정책은 산업구조와 경제지표, 심지어는 집권당을 바꿀 수 있을 만큼 국민들이 관심을 갖고 있는 부분이다. 하지만 1980년대 말 독일 기독교민주당(SPD, http://www.spd.de/aktuelles/)과 동맹90－녹색당(Bündnis 90/Die Grünen, http://www.gruene－bundestag.de/)에서 친환경 에너지 정책을 도입한 이후 지난 20년 동안 집권한 정부들은 일관된 환경 및 에너지 정책을 유지해왔다.

2011년 3월 일본 후쿠시마 원자력발전소 사고 후, 국가의 에너지 정책에 대해서 가장 치열한 사회적 논쟁과 토론을 벌이고 관심을 가진 나라는 뜻밖에도 독일이었다. 후쿠시마 원전 사고 이후 독일에선 25만 명의 군중이 촛불시위를 벌이며 원전폐쇄를 요구했다. 같은 달에 열린 바덴뷔르템베르크주 지방선거에서 집권 기민당은 참패했다. 메르켈 독일 총리가 집권한 후 전 정권(사민당－녹색당 연정)의 원전 폐기 검토 정책을 수정해 원전 수명연장을 주도했던 것이 패인 중 하나로 분석했다. 사면초가의 메르켈 총리가 꺼낸 카드는 '안전한 에너지 공급을 위한 윤리위원회' 설치였다. 전체 위원 수가 17명이라 '17인 위원회'라고도 불렸다. 클라우스 퇴퍼 전 환경부 장관, 울리히 벡 뮌헨대 교수, 미란다 슈로이어 베를린 자유대 교수 등 학계·관계 인사는 물론 시민단체·노조 관계자들이 참여해 독일의 에너지정책, 특히 원자력 에너지와 재생에너지에 대한 보고서를 작성하기 위한 작업을 시작했다. 그 과정을 온 국민이 지켜보았고 독일의 유력 언론들은 거의 매일 17인 위원회에 대한 기사를 썼다. 2011년 4월 18일 17인 위원회가 10시간 동안 '끝장토론'을 하는 장면은 TV와 인터넷으로 생중계했다. 원탁에 17명의 위원과 34명의 외부 전문가가 앉아 격론을 벌이는 모습을 150만 독일 시청자가 지켜본 것이다. 독일 국민은 e－메일과 편지, 전화, 문자메시지 등을 통해 17인 위원회에 의견을 제시하였고, 토론과 논의가 끝난 후 17인 위원회는 5월 29일 "2022년까지 모든 원전 가동을 중지한다"는 원칙을 재확인하는 보고서를 정부에 제출하였다. 메르켈 총리는 이 보고서를 받아들인다고 다음날 발표했다. 결국 에너지와 환경 정책은 장기간 동안 방향성을 가지고 진행되어야 하며, 이를 위해서는 충분한 논의를 통한 국민적 합의와 이를 존중하는 정책을 이끌어갈 정부가 필요하다는 것을 잘 보여주는 사례로 남게 되었다. 여기에는 정책과 제도를 뒷받침할 정보와 전문지식을 제공하는 전문가, NGO, 학계의 노력도 필요할 것이다.

현재 독일 내 원자력발전소는 17기다. 이 가운데 노후화한 8기는 이미 수명이 다해 가동 중단 상태이고, 나머지 9기는 2022년까지 순차적으로 없앨 방침이다. 독일 전력생산 중 원전이 차지하는 비중은 25%나 되지만, 없어지는 원전을 태양광·풍력 등 신재생 에너지로 대체할 계획이다. 당장 원전을 보유하고 있는 독일의 대형 전력회사들이 반발했다. 독일은 여러 전력회사들이 전기를 팔고 있고 원자력발전소도 전력 회사들이 소유하고 있으며, 대형 전력회사들은 기민당의 후원자이기도 하다. 전력회사인 RWE는 독일 정부를 상대로 원전중단 취소를 요구하는 소송까지 벌였다. 독일 산업계도 원전 폐기 시 전기요금 인상으로 경쟁력이 떨어진다고 우려했다. 신재생에너지로 전환할 경우 독일 가정은 매년 최소 35유로 이상의 전기료를 더 내는 것으로 추정된다. 그러나 정책에 대한 지지여론은 이런 반발을 상회했다. 2011년 8월 여론조사기관 TNS는 독일 국민의 94%가 정부의 정책에 찬성하고, 79%가 그 비용(35유로 이상의 전기료)을 부담할 용의가 있다고 밝혔다.

이번 여행에서 만난 베를린 자유대학의 미란다 슈로이어(Miranda Schreurs) 교수는 17인 위원회의 한 명으로서 베를린 자유대학 환경정책연구소장과 유럽연합 환경자문회의 의장을 맡고 있다. 미국에서 태어나 학위를 받고 일본에서 연구원 생활을 하며 환경과 정치에 대한 다양한 경력을 쌓았다. 2007년 그녀는 역사와 전통이 있는 베를린 자유대학 환경정책연구소장으로 영입되어 독일과 유럽 연합, 전 세계 환경문제에 대한 다양한 정책을 연구하고 있다. 17인 위원회의 활동과 보고서 내용, 그리고 독일의 환경정책이 외국인에게는 아주 인상적이라는 말에 슈로이어 교수는 외국인에게는 획기적으로 보일 수 있지만 독일의 환경정책은 한 두 달 만에 여론몰이 방식으로 결정되지 않으며 오히려 매우 느리게 결정된다고 강조한다. 17인 위원회에서 보여주었듯이 신문, 방송, 잡지 등의 전국적인 관심도 결국 독일 국민들이 환경 정책에 관심을 가지고 있기 때문에 가능한 것이며, 토론회를 통해 전문가 의견을 듣고 충분한 토론하면 국민의 공감대를 얻는 정책을 찾을 수 있다는 기본 전제를 받아들이고 기다리는 사회라는 것이다. 사회 각계각층의 이익집단을 대표할 수 있는 사람들이 모여 환경, 에너지 전문가의 다양한 주장을 충분히 설명하는 기회를 주고 이를 지켜본 국민들에게 의견을 묻는 방식으로 정책이 결정되었고, 결과적으로는 1980년대 말 결정된 정책을 다시 확인했기 때문이다. 슈로이어 교수는 "17인 위원회는 결과 못지않게 과정을 중요하게 생각했다. 기술적으로 원자력 발전을 대체할 수 있는지 논의하기까지 국민은 무엇을 원하는지, 독일의 비전은 무엇인지, 그 비전에 국민이 기꺼이 동참할 수 있는 지까지 심도 있게 토론했다"고 설명한다.

독일의 환경정책은 헤르만 쉬어 전 하원위원과 같은 환경문제에 관심이 많은 정치인과 환경관련 비정부기구(NGO), 대학과 민간 연구소 등이 꾸준히 토론하면서 점진적으로 발전시켜온 여러 대안이 근간을 이루고 있다. 그 결과 독일은 1980년대 말부터 탈 원자력 정책과 신재생 에너지 개발 및 보급, 전 세계적인 온실가스 배출 감축 협력에 맞추어 환경 정책을 세워왔다. 이에 따라 연방 정부는 에너지 소비 및 생산 제도를 개선하고, 보조금 지급과 에너지 가격을 이용하여 신재생 에너지 보급에 힘쓰고 있다. 게다가 독일은 재생에너지의 개발을 유도하는 정교한 전기요금 체계가 마련되어 있고, 풍력이나 태양광, 바이오매스 등을 활용해 전기를 생산할 경우 해당 지역 전력회사들이 이를 매입하도록 제도적 장치도 마련해 놓고 있다. 개인이나 마을이 여러 에너지 옵션을 선택할 수 있도록 기술, 산업, 제도적 준비를 오래전부터 시작해왔다. 예를 들어, 일반인들이 신재생 에너지 시설을 설치하면 낮은 이자로 설치비를 융자받을 수 있다. 정부건물이나 공공건물에서는 적극적으로 신재생에너지를 활용한다.

이런 노력에 힘입어 독일은 신재생에너지 분야에서 다른 나라보다 앞서 있다. 2010년 현재 독일은 전 세계 태양광 시장의 40%인 7.4GW를 차지하고 있다. 또 풍력 발전 누적 설치량도 2011년에 27GW에 이른다. 2020년까지 전체 전력 생산의 35%를 신재생 에너지로 충당하겠다는 목표도 세워놓고 있다. 이는 한국의 목표치 11%보다 약 3배 정도 높다(이우정, 중앙일보, 2011년 6월 17일자). 독일 신재생에너지 회사들은 가정용 발전기와 축전기 시장을 선점하고 있다. 신

사진 : 독일은 공공건물의 경우 전체 에너지 소비량의 15% 이상을 태양열·풍력 등 신재생에너지로 충당할 것을 의무화했다. 이에 따라 독일 베를린의 연방의회 의사당(Reichstag) 옥상 지붕엔 매일 최대 120㎾의 전기를 생산하는 태양집광판(유리 돔 주위 직사각형 모양)이 설치됐다(중앙 포토).

재생 에너지에 대한 정부 지원이 점점 커지자 독일에서는 화석연료를 사용하는 발전회사들이 어려움을 호소하고 있다. 향후 전력 생산을 예측하기 어렵고 기존 설비를 제거하는 비용도 만만치 않은데 신재생 에너지 설비 투자가 과다하다는 것이다. 또 정부 지원금이 독일 국내 기업들 보다 발 빠르게 움직이는 중국과 한국, 유럽의 재생에너지 관련 기업들로 흘러 들어가고 있다는 지적도 있다.

독일은 자국의 신재생에너지 환경정책을 '독일판 아폴로 계획'이라고 부르고 있다. 미국이 아폴로 계획을 처음 발표할 때 많은 사람들이 반신반의하며 이를 위한 많은 비용 투입에 회의적이었지만, 결국 아폴로 계획이 성공하고 나자 그 파급효과가 과학기술 분야뿐 아니라 미국 산업과 경제 전체에 오래도록 미쳤던 것을 알고 있기 때문이다. 같은 일이 신재생에너지 분야에서도 기대되기 때문이다. 그러나 독일의 친환경에너지 정책에 지지 입장을 보낸 국제에너지기구(IEA)도 "이 계획은 불가능하지는 않아도 지나치게 야심차다"고 평가할 정도이다. 그럼에도 불구하고 신재생 에너지에 대한 독일 정부와 국민들의 의지는 확실해 보인다. 물론 독일은 석탄 매장량이 많아 화력발전이 가능하며, 급하면 주변 유럽 국가들로부터 전기나 천연가스를 쉽게 사올 수 있는 상황이기는 하다. 하지만 다른 나라였다면 그렇게 쉽게 결정하지는 못했을 것이다.

3. 지속가능한 발전

선진국이 빠지기 쉬운 오류 중 하나는 내 눈앞에서 친환경적이면 전 지구적으로도 친환경적이라고 생각하는 점이다. 내 집과 집 앞 거리가 깨끗하고 친환경적인 것은 좋은 일이다. 그러나 그러기 위해서 더 많은 영역에서 환경파괴가 이루어지고 있다면 이를 어떻게 해석해야 할까? 현대인들은 경제발전이 좋다고 생각하고 그 경제적 풍요를 마음껏 누린다. 하지만 경제발전을 위해서 사용된 물질과 에너지가 어떤 경로를 거쳐서 여기까지 왔는지를 따져보면 거기서 발생하는 환경오염이나 훼손을 결코 무시할 수 없게 된다.

로마클럽에서 1972년 발간한 『성장의 한계』에서 예견했던 것처럼, 모든 성장에는 비용이 지불되므로 환경에 영향을 주지 않으면서 성장을 할 수 없다는 것을 우리는 체험하고 있다. 세계는 환경 처리 비용을 고려하지 않고(혹은 그 비용을 이웃이나 후손에게 넘기고) 경제성장을 이루려는 시도에 대한 반성을 하고 있다. 이제 환경문제는 수질이나 공기의 성분을 모니터링하고 훼손시키지 않는다는 개념에서 벗어나 보다 적극적으로 기후 변화, 도시화, 글로벌화를 어떻게 받아들이고 문제점을 해결할 지 고민하는 환경정책으로 변하고 있다. 1987년 유엔세계환경개발위원회(UN World Commission on Environment and Development)가 작성한 보고서 '우리가 공유하는 미래 *Our Common Future*'는 변화를 위한 전 지구적 노력이 필요하다고 지적했다. 위원회 의장이었던 그로 할렘 브룬틀란트(Gro Harlem Brundtland)의 이름을 따서 '브룬틀란트 보고'라고 불리는 이 문서의 선언적 의미는 인류가 단순히 성장만을 위해서 달려가서는 안된다는 선언적인 내용을 담고 있으며 지속가능성에 대한 기본적인 개념을 언급했다.

> "환경"은 인류 모두의 삶의 터전이고, "발전(혹은 개발)"은 환경에 주어진 영역을 개선하고자 하는 인류의 노력을 말한다. 이 두 가지는 서로 떼어낼 수 없다. 그뿐 아니라 후발 국가들이 모범으로 삼는 위치에 이르렀다고 생각되는 국가의 지도자들은 개발에 관한 사항들은 매우 심각하게 고민해야 한다. 산업화된 국가들의 발전 계획 상당수는 분명하게 지속가능하지 않기 때문이다. 이들 국가들이 내린 개발에 관한 결정은 미래 인류 수 세대에 걸쳐 큰 영향을 끼치게 될 것이다.

이를 계승하여 2005년 UN 세계정상회의(World Summit)에서 지속가능한 발전은 크게 '세 가지 최저선(triple bottom line)'-즉 경제발전, 사회발전, 환경보호에 대한 부분을 모두 고려해야 한다는 결론을 내렸다. 이를 이익, 사람, 지구환경(Profit, People, Planet)의 약자를 따서 3P라고 부르기도 한다. 회사는 경제적으로는 이익을 추구하지만, 구성원들과 공동체의 발전에 해가 되는 이익은 안 된다. 생태계나 환경을 고려하지 않은 경제적, 사회적으로 만족스러운 결과는 의미가 없다는 뜻이다. 이를 그림으로 표시하면 다음과 같다.

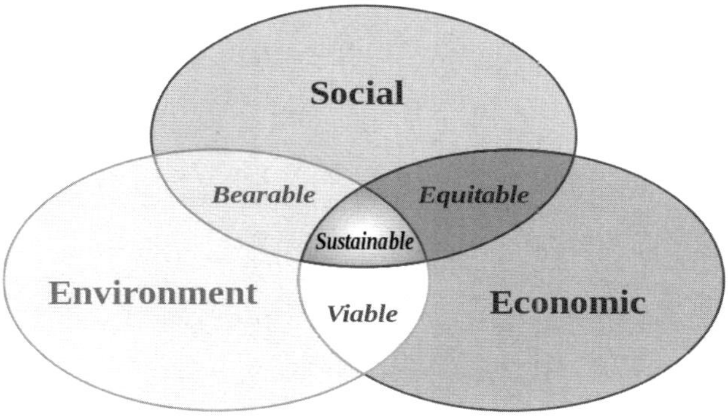

그림. 지속가능한 발전의 세 영역

2006년 UN 보고서에 나온 이 그림은 세 가지 최저선을 나타내는데 많이 사용된다. 지속가능한 발전의 영역이 어디 있는가 보면 세 개의 원이 모두 교차하는 가운데 지역임을 알 수 있다. 지속가능한 발전을 위해서 기업은 이익을 올리는 동시에 최소의 에너지와 더 적은 양의 자원을 사용하고 폐기물을 최소화해서 공동체에 도움을 줘야 한다.

경제활동을 환경과 사회 문제와 함께 고민하게 된 직접적인 이유는 경제활동에 필요한 땅과 자원이 모자라기 때문이다. 현재 모든 인류에게 대한민국 국민 한 명이 먹는 만큼의 식량과 물, 생활수준을 유지하기 위해서 얼마의 지구 자연자원이 필요할까? 인류에게 필요한 깨끗한 공기의 양에 대한 논의가 너무 이를지 모르지만 깨끗한 공기와 산소도 우주선 지구호에 무제한 공급되진 않는다. 지구의 공기 및 수자원 정화시스템도 무한 용량이 아니다. 이런 계산을 정확하게 하는 것이 쉽지 않지만 과학자와 경제학자가 함께 머리를 맞대면 어느 정도 가능할 수 있다. 지구 전체에서 우리가 사용할 수 있는 경작지, 광물의 양, 물의 양 등은 이미 잘 알려져 있고, 그 순환과정과 경제활동 활용도는 조사와 연구가 충분하기 때문이다.

그렇다면 지속가능한 발전을 모니터링 할 때 사용하기 적당한 정책지표는 무엇일까? 국민총생산이나 환율, 종합주가지수 등으로 경제활동을 가늠하고 이를 이용하여 경제정책을 만들 수 있는 것처럼, 환경에 관련된 지표를 만들어 정책에 활용할 수만 있다면 환경정책을 만드는 사람이나 실천하려는 사람 모두에게 좋은 소식이 될 것이다. 그러나 환경과 생태계는 매우 복잡하게 연관되어 있어 한두 가지 지표를 관리하여 효과적인 결과를 얻기 어렵다. 그럼에도 불구하고 생태발자국, 탄소발자국, 온실가스 배출량, 푸드 마일리지 등과 식량 생산량, 에너지 사용량과 에너지 생산 방식 등을 함께 사용하면 효과적인 환경 지표가 될 수 있을 것이다.

생태발자국(ecological footprint)은 한 사람이 자신의 생활수준을 지키면서 먹고, 입고, 살아가는데 필요한 식량과 물, 천연자원을 공급하는데 필요한 지구 면적을 말한다. 글로벌 생태발자국 네트워크(Global Footprint Network)의 2010년 보고서에 따르면 2007년 전세계의 생태발자국을 합하면 약 180억 환산헥타아르(gha)로 일인당 2.7gha이다. 실제 지구가 제공할 수 있는 생태발자국은 일인당 1.8gha이므로 지구 수용능력보다 50%가 넘는 셈이다. 갑자기 지구 인류가 2/3로 줄어들지 않는 한 우리는 생태학적으로 적자 상태이며, 이를 근본적으로 해결하지 못하면 최소한 반쪽자리 지구가 더 필요한 상황에 놓이게 된다. 그나마 현재 상황은 몇몇 나라에서만 경제발전이 이루어져서 그렇다. 2007년 통계로 생태발자국 2.21 gha인 중국이나 0.91gha인 인도가 우리나라(4.87gha)와 같은 생태발자국을 갖는 상황이 되면 과연 지구는 인류를 수용할 수 있을까?

최근에는 생태발자국 외에도 지구온난화의 원인이 되고 있는 온실가스(GHG, greenhouse gas) 배출량을 사용하기도 한다. 21세기 들어서면서 경제발전이 가속화되자 토머스 프리드먼(Thomas L. Friedman)의 말처럼 지구는 "뜨거워지고, 평평해지고, 붐비게" 되었다. 앨 고어(Al Gore)가 노벨 평화상을 받는데 일조한 다큐멘터리 영화 '불편한 진실(2006)'로 전 세계인의 관심을 자극한 지구온난화 문제는 모든 나라의 경제발전과 직접적으로 연결되는 환경 지표이기 때문이다. 1998년 유엔환경프로그램(UN Environment Programme)과 세계기상기구(World Meteorologial Organization)는 UN '기후변화를 위한 정부간 패널(IPCC, Intergovernmental Panel on Climate Change)'을 구성하였다. IPCC는 기후변화에 대한 과학적 자료와 경제활동 자료를 포괄적으로 모으고 분석하는 책임을 맡았다. 2007년에 발간된 제4차 IPCC 보고서는 지구가 더워지고 있으며, 인간활동(화석연료 사용과 벌목)이 온난화에 부분적인 책임이 있고, 온실가스 방출속도가 조속히 감축되어야 한다는 결론을 내리고 있다. 지구온난화를 일으키는 온실가스(주로 이산화탄소)는 우리가 전기자동차를 사용해도 배출될 수 있다. 전기에너지를 만들기 위해서 화력발전소가 사용되었다면, 화력발전소에서는 석탄을 태워 이산화탄소를 발생시키기 때문이다. 이제 화석연료나 천연자원의 고갈을 걱정할 것이 아니라, 내가 쓰는 에너지가 어떻게 만들어지는지도 꼭 함께 따져 온실가스 배출량을 줄이기 위해서 노력해야 하는 시대가 된 것이다.

온실가스 중 이산화탄소는 화석연료의 연소에서 발생한다. 똑같은 유기농 채소라 할지라도 먼 곳에서 온 것이라면 그 지역 산물보다 상대적으로 많은 양의 온실가스를 배출한 셈이다. 이를 비교하기 좋도록 개발된 푸드 마일리지 개념은 먹을거리가 재료에서 식탁에 오르기까지 생산, 운송, 소비되는 과정에서 발생하는 환경 부담의 정도를 나타내는 또 다른 환경지표이다. 같은 재료라도 비행기나 트럭과 철도를 통한 배송 사이에 이산화탄소 배출 정도가 다르므로 교통수단의 이용도 고려해 푸드 마일리지가 계산된다. 같은 조건이라면 당연히 푸드 마일리지가 적은 식단이 친환경적이다. 푸드 마일리지 뿐 아니라 다양한 환경지표가 개발되고, 필요에 따라 더 개발될 수 있다. 가정주부들에게 유기농, 국산과 수입산 여부, 푸드 마일리지의 길고 짧음을 함께 고려해 식단을 만들도록 할 수 있을까? 지속가능한 발전을 위한 작은 고민이 아닐 수 없다.

환경지표를 개발하여 모니터링하면서 지속가능한 발전을 이어

나가는 것은 개인이나 한 나라 안에서는 가능하다. 만약 산업이 발전한 나라와 그 산업에 필요한 원료와 에너지를 제공해주는 천연자원을 가지고 있는 나라가 다르다면? 국경선 하나로 땅 속의 천연자원이 우리 것도 되고, 인접국가의 것도 된다면 왜 환경 문제가 단순한 물자 절약보다 훨씬 복잡한 국제적인 이슈가 될 수밖에 없는 지 이해된다. 인접국가지만 역사적으로 프랑스와 독일은 자주 비교된다. 독일은 핵폭탄이 없고, 핵에너지와 원전에 대한 태도도 프랑스나 스웨덴과 많이 다르다. 그런가 하면 두 나라는 여느 유럽 국가처럼 자원과 에너지 절약에 익숙한 나라이기도 하다. 이런 차이와 유사성을 극복하여 전 지구적인 환경 문제를 해결하기 위해서 환경학과 정치학, 경제학이 함께 만날 필요가 있다. 환경 경제학자들은 환경의 여러 요소들을 경제적인 가치로 환산해서 경제활동의 비용 산출에 활용하고, 적절한 의사결정에 도움이 되도록 애쓰고 있다.

그러나 환경 정치경제학에서도 우리가 사용하는 자원과 환경이 우리 세대와 미래 세대가 함께 써야 하는 것이라는 개념에 대해서는 적절한 가치를 산정하지 못하고 있다. 아직 태어나지 않은 사람에게 그들의 삶에 영향을 줄 수 있는 오늘의 환경정책에 투표권을 줄 수 있는 방법이 없다는 것이 안타깝다고 해야 할까? 경제적 가치로 계산하기 힘든 우리의 생태계에 경제적 공리주의를 적용해서 환경 정책의 이유를 설명하는 것은 쉽지 않지만, 현대인들은 윤리성과 친밀함에 의존해서 환경과 생태계의 소중함을 깨닫고 있고 지속가능한 발전에 공감을 느끼고 있다. 윤리의식이나 문화적 배경이 다양한 사람들 사이에 존재하는 범인류적인 공통점이 있다. 모르는 사람보다는 가족이나 친구를 우선시 하거나, 극단적 이기주의에 대해서는 반감을 느끼고, 대가족 사회에서 내 것만을 챙기려 하지 않고 제한된 자원을 공유하려는 것 등을 예로 들 수 있다. 그런 점에서 인류가 하나의 가족이고, 최소한 내가 속한 지역 공동체의 자연이나 자원을 나 혼자 다 소진시킬 수는 없다는 인식이 가능하다는 것의 발견은 우리 세대의 또 다른 가능성이기도 한다.

> 우리는 아직 태어나지 않은 후대에게 이전 세대로부터 물려받은 자연자산이나 그것을 대신할 수 있는 것을 물려줘야 할 윤리적인 의무가 있다. 자연자산은 특별한 것이지만 절대 써버려서는 안 되는 것도 아니다. 우리는 자연자산을 쓸 자유가 있다. 하지만 그에 상당하는 가치가 있는 것을 남겨두지 않은 채 써버린다면 이는 결국 약탈을 저지르는 것이나 마찬가지다.
>
> (폴 콜리어, 약탈당하는 지구에서 인용)

4. 한국의 사례

최근 우리 정부는 지속가능한 발전의 개념을 발전시켜 녹색성장이라는 개념을 사용하고 있다. 경제성장을 하면서도 환경이나 생태계의 부담을 줄이고, 그와 관련된 기술이나 산업을 경쟁국보다 먼저 개발하고 확보하여 모범적인 경제성장을 하는 국가가 되겠다는 의지를 보이는 것이다. 국내 여러 관련부처들의 환경 정책과 의견을 조율하고 자문하는 녹색성장위원회(http://www.greengrowth.go.kr/)가 만들어져 사회 각계각층의 의견을 수렴하고 논의하고 있다. 녹색성장 관련 정책이 정부내에서 주로 논의되고 있던 2011년 한국 국민은 두 가지 큰 사건을 겪었다. 하나는 일본의 후쿠시마 원자력 발전소 멜트다운 사고이고 또 하나는 여름 정전 사태였다. 원전의 안전 문제나 차이나 신드롬은 먼 나라의 이야기로만 알았는데 바로 코앞에서 사고가 일어났고, 온 국민이 큐리나 시버트 같은 새로운 전문 용어를 듣게 되고, 해류와 바람의 방향에 귀를 기울여야 했다. 예고 없는 정전은 우리들이 얼마나 에너지에 종속된 삶을 살고 있는지를 생생하게 느끼게 해주는 사례였다. 고층 아파트에 승강기가 멈추고 양수 펌프가 작동을 중지한다는 것이 어떤 불편함을 줄 것인가? 위성도시에 거주하는 직장인들에게 출퇴근 전철이 멈춘다는 것은 무엇을 의미하는가? 원전을 포기할 경우 마땅한 대안도 없으면서도 대한민국은 값싸고 질 좋은 전기 에너지를 사용하는데 익숙해져 있었으니, 아무리 배짱 좋은 사람이라도 현기증을 느낄만한 일이었다. 그동안 전기 에너지나 에너지 정책에 관해서 정부나 학계, 국민들의 관심이 너무 없었던 것이 아닌가 하는 반성을 요구하게 된다. 전기를 집중적으로 사용해야 하는 글로벌 기업의 공장들은 값싸고 질 좋은 전기를 찾아 공장 부지를 선정한다. 청정산업처럼 보이는 IT 분야에서도 대형 포털이나 데이터 서비스 업체는 서버들을 24시간 운영하기에 적절한 전기 에너지가 경제적인 곳을 찾아 서버나 데이터 센터를 설치한다. 우리는 잘 몰랐지만 최근 이런 기업들이 우리나라를 찾고 있다. 우리의 전기에너지가 싸고 안정성이 높으며 질이 좋기 때문이지만, 국가

정전 직전까지 가는 에너지 사용패턴을 보면 아직 에너지 관련 정책이나 이에 관한 국민적 합의가 더 필요하다는 느낌을 받지 않을 수 없다.

한국이 제품 생산에 필요한 천연자원 없이 경제 성장을 이룩했다면 이제는 에너지 자원 없이 어떻게 경제성장을 유지하고 이룰 수 있을지를 고민해야 할 단계가 되었다. 이미 1970년대 오일 쇼크를 겪으며 석유나 가스 없는 에너지자원 수입국의 어려움을 알게된 우리나라는 원자력 발전소 건설이 대안으로 활용될 수 밖에 없었다. 독일이 국가 총발전량의 25% 정도를 원자력으로 충당한다면 우리나라는 총발전량의 31%를 원자력으로 충당하여 프랑스(77%) 등과 함께 원자력발전 의존도가 높은 나라에 속한다(World Nuclear Association 2010년 통계). 결국 우리의 에너지 정책은 원자력을 유지하면서 국내 화석연료 사용 기간을 늘리고, 해외 에너지 자원이나 우라늄 자원개발에 참여하여 에너지 자립도를 높이는 것으로 요약될 수 있다. 특히 원자력 발전은 우라늄의 추출과 농축, 원자로의 건설과 발전에 이르는 과정에서 화력발전에 비하면 이산화탄소 배출이 거의 없어 현 상황에서 가장 매력적인 대안이 되고 있다. 원자력 연료는 석탄이나 석유보다 막대한 양의 에너지가 발생하기 때문에 같은 양의 전력을 얻는 과정에서 필요한 핵연료의 양이 매우 적다. 이산화탄소 배출량이 적은 것도 매력적이다. 국제원자력기구 2006년 발표에 따르면 1kw/h의 전기에너지를 만드는 전체과정에서 화력발전이 950-1250g의 이산화탄소를 발생시키는데 반해서 원자력 발전은 2.8-24g의 이산화탄소를 발생시킨다. 탄소세와 탄소배출권까지 돈으로 환산되어 거래되는 경제상황에서 원자력 발전은 투자와 연구가 많이 필요한 신재생에너지보다 손이 쉽게 가는 정책적 선택지이다.

한국의 에너지 정책의 또 다른 축은 해외 에너지 자원개발이다. 이를 위해서 한국석유공사나 한국가스공사는 해외 자원개발 인력을 뽑고, 정부는 자원개발펀드를 조성하여 투자 재원으로 활용하고 있다. 하지만 지속가능한 발전을 생각한다면 이 정책은 몇 가지 문제점을 안고 있다. 근본적인 에너지 전환 정책이 아닌 국내 화석연료 사용 기간을 연장하는 정책이고, 국가의 에너지 포트폴리오를 신재생 에너지로 전환하는 것을 억제할 수 있기 때문이다. 해외투자를 포함한 화석연료의 공급원 다변화는 단기적인 도움은 되지만 장기적으로 에너지 자립을 달성하는 대안이 될 수 없다. 왜냐하면 화석연료는 머지않아 고갈될 에너지원이며, 해외 개발이 성공적이라고 해도 확보된 자원을 둘러싼 지정학적 불확실성으로 인해 필요한 에너지 자원으로 활용되지 못하는 경우도 있기 때문이다.

결국 장기적인 환경 정책은 신재생 에너지에 대한 기술 개발과 보급, 그리고 생활과 산업 곳곳에서 에너지 효율을 높이는 것으로 맞춰진다. 세계 각국의 에너지 정책도 공급을 늘리는 것에서 공급원을 다양화하고 효율을 높이는 방향으로 바뀌고 있는 추세이다. 전기 에너지를 예로 들면, 화석연료를 사용하는 기존의 발전방식에서 원자력발전을 중간 단계로 활용하고, 최종적으로는 신재생 에너지로 전환하는 정책을 채택하고 있다. 이에 따라 신재생 에너지 관련 기술에 대한 수요도 늘고 있다. 선진국들은 태양전지, 풍력발전기, 축전기 등에 기술 개발을 지원해 왔고, 지속적인 기술 발전, 치열한 경쟁을 통한 원가 절감으로 신재생 에너지 관련 기술들은 정부사업에서 정부 지원 기업으로, 기업에서 민간 소비시장까지 파고 든다. 에너지, 특히 전기 에너지를 소규모로 생산하고 저장하여 사용할 수 있는 시스템이 민간에 보급되고 나면 수퍼 컴퓨터에서 개인용 컴퓨터 혹은 스마트폰으로 컴퓨터 사용 패러다임이 바뀐 것과 같은 변화를 줄 수 있다. 중앙 집중식 에너지 생산 배급 시스템이 분산형으로 바뀌고, 이를 효율적으로 관리하는 스마트 그리드가 사용되어 에너지 사용이 개인에게 돌아가며 보다 민주적인 환경 정책이 가능해질 수 있다.

국가나 공동체의 환경 정책을 세우고 이를 실행하는 과정에서 민주적으로 시민과 전문가들이 참여하게 하는 것은 지속가능한 발전을 위한 또 다른 요소 중 하나이다. 과거 환경정책과 관리는 정부와 관련 부처에 맡겨졌고, 마구잡이식 개발을 막기 위한 중앙집권적 관리가 필요했다. 그러나 환경에 대한 인식이 바뀌고 이익집단의 이해가 엇갈리면서 신재생에너지 개발 지원, 방사능폐기물 처리장, 핵발전소, 고압 송전탑 등의 설치와 유지 사례처럼 환경 정책에 따른 여러 사업들이 지역 사회 혹은 국가적 이슈가 되고 있다. 독일의 경우에서 보듯이 사회적 공감대를 얻지 못한 환경 정책은 수용되기도 어렵지만 지속되기도 어렵기 때문이다. 독일에서 만난 풍력발전기 시공설치 회사 담당자에 따르면, 풍력발전기 설치를 위해서도 그 지역의 야생동물에게 피해를 주는지 짧게는 반 년, 길게는 1~2년까지도 조사하고 나서 전문가의 승인이 필요하다고 했다. 최근 발표된 우리나라의 국가에너지기본계획은 이런 합의와 절차의 중요성을 인식하고, 시민 단체의 참여와 다양한 의견수렴 절차를 제도적으로 명시하고 있다. 하지만 실질적 의견 수렴 과정을 돌아보면, 워크샵이나 공청회와 같은 시민참여 방법이 횟수나 내용에 있어서 충분하지 못하고 형식적인 절차에 머물고 있는 경우가 많다. 특히 잘못된 수요 예측, 왜곡된 환경 평가, 에너지 가격 구조, 너무 낮은 신재생에너지 목표치 등은 환경단체와 시민단체가 꾸준히 시정을 요구해온 문제점이다.

지속가능한 발전에 대한 시민들의 의식이나 관심을 높이기 위해서 가정과 학교에서 친환경적인 생활교육을 진행하는 것도 필요하다. 브룬틀란트 보고는 서문에서 지속가능한 발전을 위해서는 학생과 젊은이들이 예전과 다르게 생각해야 하고, 그를 위한 교사들의 역할이 커지고 있다고 강조하고 있다. 녹색성장교육은 교육과학기술부가 녹색성장 정책에 맞추어 2009년부터 집중적으로 진행해온 환경교육정책의 이름이다. 우리나라 초등학교부터 고등학교까지의 교육과정을 살펴보자. 환경과 성장의 조화에 대한 다양한 개념들이 여러 교과에서 나타나고 활용되고 있다. 교육과학기술부는 이들을 아울러 중학교와 고등학교에 있던 '환경' 교과의 제목을 '환경과 녹색성장'으로 바꾸고, 새로운 교육과정을 만들었다. 새로운 교육과정에 맞는 창의적 체험활동이나 방과 후 프로젝트로 진행할 수 있는 다양한 관련 주제와 소재를 발굴하여 일선 학교에 보급하고 있다. 또한 관련 교과 교사들을 국내외에서 연수시키고, 모델 교과서나 수업자료집을 내면서 미래 세대에게 지속가능한 환경교육의 새로운 전기를 마련하고 있다. 집중적인 노력으로 초중등 수준의 녹색성장 교육에 대한 관심이 국내외에서 높아지고, 모델 교과서나 프로젝트 자료, 교구 등을 영어나 자국어로 번역해달라는 외국의 요구도 생겨나고 있다.

특히 '환경과 녹색성장' 교육과정에서 주입식 교육이 아닌 프로젝트 교육방법을 도입하여, 학생 스스로 주변의 환경 관련 문제를 인식하고 자신만의 방법으로 그 해결책을 찾아나가게 한 것은 우리나라 초중등 교육의 새로운 방향을 제시한 것 뿐만 아니라 환경 교육의 패러다임을 잘 보여주고 있다. 세계 곳곳에서 또 우리 삶의 다양한 현장에서 생기는 환경 문제를 스스로 찾아 해결할 수 있는 교육을 받고 있다는 뜻이기 때문이다. 또 교육 내용에 경제, 기술, 산업, 국제기구와 국제협력, 문화적 다양성, 삶의 질, 녹색 디자인 등 다양한 교과를 융합하여 단일 교과를 구성한 것도 새로운 시도이다. 환경 문제는 어느 한 영역이나 분야에서만 해결할 수 있는 문제가 아니고 융합형 문제이며 관련 분야가 함께 해결해야 하기 때문이다. 이런 교육개혁을 통해서 보다 환경 친화적인 시민 의식을 가진 우리 미래세대가 교육되고 있다.

5. 불 꺼진 사무실

창이 넓은 사무실이기도 했고 점심시간 직후에 가서겠지만 슈로이어 교수는 사무실의 전등을 끄고 있었다. 문득 돌아가신 아버님이 생각났다. 집의 전등을 아껴서 켜시던 부모님 댁은 늘 어둡다는 느낌을 받고는 했다. 생각해보면 이것은 아버님뿐만 아니라 우리 부모님 세대의 몸에 밴 환경친화적 삶의 태도가 아니었을까 싶다. 슈로이어 교수도 독일에서 따로 환경 교육이나 절전 캠페인을 강조하는 것 같지는 않다고 했다. 그냥 이 정도 밝으면 되기 때문에 전등을 켜지 않은 것이라고 했지만, 필자라면 무의식적으로 사무실 전등을 켰을 것 같았다. 그러고 보니 사무실 내부를 흰색 페인트로 칠하고 창문을 넓게 내면서도 삼중창 등을 사용하여 단열에는 신경을 쓴 것 등 모두 예사로워 보이지는 않았다. 나중에 만난 KOTRA 독일 주재원의 말에 따르면 시민의 환경의식이 높기도 하지만 독일의 에너지와 전력 가격이 높아서 국민들이 자연스레 절약 행동을 하지 않을 수 없도록 돼 있다는 것이다. IMF 통계에 따르면 2011년 현재 독일은 우리보다 일인당 GDP가 1.8배 높지만(독일 \$44,558, 한국 \$23,749), 일인당 에너지 소비(독일 173 $x10^6$ BTU, 한국 198 $x10^6$ BTU)와 일인당 이산화탄소 배출량(독일 12.3 tCO2, 한국 12.5 tCO2) 등은 모두 우리보다 낮거나 비슷하다. 같은 통계를 미국과 비교해 보면 미국은 일인당 GDP가 \$48,147로 우리의 2.0배 높고 일인당 에너지 소비는 324 $x10^6$ BTU로 1.6배이다. 독일과 달리 미국과 한국은 국민소득과 에너지 소비가 함께 증가하는 추세이다. 나라마다 중공업이나 에너지 집약적 산업의 비율이 다르기는 하지만 이런 기본적인 통계를 보아도 유럽의 여러 나라들은 미국과는 다른 경향을 보인다. 절댓값만 본다면 우리나라는 1인당 환경 관련 통계에서 현재 독일 수준에 와 있는데 앞으로 독일 모델을 따라가게 될지 아니면 미국 모델을 따라가게 될지 모르는 갈림길에 서있는 것이다. 우리가 유럽형 환경정책을 따르려 한다면 이제 경제성장을 하면서도 생태발자국을 줄이고, 온실가스 배출을 줄이고, 신재생에너지를 활용하는 쪽으로 방향을 잡아야 한다. 미국식 모델을 따른다면 아직도 우리의 에너지 소비는 더 늘어날 여지가 있고, 여기에 따른 에너지 공급 계획이 세워져야 할 것이다. 1인당 에너지 소비량이 선진국보다 많은 상황에서 에너지 수요가 계속 늘어나면 대규모 발전소 건설 외에는 대안이 없을 것이다. 에너지 소비가 늘면 온실가스 배출도 더 늘고 이에 대한 국제적인 압력이나 탄소배출권 등에 대한 대책도 마련해야 한다. 우리의 선택은 어디인가? 국민들은 한번쯤 이 문제에 대해서 의사를 표현한 적이 있었는가?

인류의 환경 정책이나 에너지 정책에서, 특히 구체적인 부분에서 정답은 없다. 세대마다 다르고 나라마다 다를 수밖에 없는 것이기도 하다. 그러나 장기적으로 적용할 큰 원칙은 존재한다. 몇 십 년 전부터 UN을 통해 합의해온 지속가능한 발전, 최근에는 녹색성장이라고도 불리는 정책기조이다. 우리세대는 만족할만한 삶을 영위하되 다음 세대도 만족할 수 있는 지속가능한 발전을 해야 한다는 것이다. 그러나 이를 위해서 여러 정책 요소가 관련되어 있으면서 최소한 10년 후를 내다보는 장기적이고 통일된 정책이 일관되게 추진되어야 한다. 매년 혹은 정권이 바뀔 때마다 바뀌는 환경 정책은 아무런 의미가 없다. 정권이 바뀌어도 환경 정책이 유지되기 위해서는 정책에 대한 국민적 합의가 필요하고, 이를 위해서 국민적 이해와 설득 과정이 필수적이다.

21세기 환경 정책은 단순한 자연보호 운동이 아니고 지속가능한 발전을 이루기 위해 경제와 사회와 생태계가 함께 만족할 수 있는 영역에서 이루어져야 한다. 환경 정책은 당연히 에너지 정책이 중심이 되고, 에너지 문제는 경제 성장과 밀접하게 연결되고 있으며 국민 각자의 삶에 직접 영향을 주기 때문에 가장 환경 정책을 결정하는 행위는 매우 정치적인 행위가 되고 있다. 그런 점에서 2011년 독일의 17인 위원회와 독일 정부가 보여준 모습은 경제를 살려야 하면서도 환경문제를 결코 외면할 수 없는 모순적 상황에 처해 있으면서 환경 정책에 대한 근본적인 질문이 요구되는 우리들에게 좋은 참고가 될 것이다. 독일에 다녀온 후 나도 집이나 사무실을 잠깐 비울 때는 전등을 꼭 끄려고 애쓰고 있다. 복잡한 경제학이나 환경 이론을 모르셨던 부모님 세대의 지혜를 다음 세대에게도 실천으로 전해주고 싶어서이다.

참고문헌

래너드, 애니. 김승진 옮김. 2011. 『물건 이야기(The Story of Stuff)』. 서울 : 김영사.

이영식 외. 2010. 『고등학교 환경과 녹색성장』. 한국과학창의재단.

콜리어, 폴. 윤승용·윤세미 옮김. 2011. 『약탈당하는 지구』. 파주 : 21세기북스.

피셔, 제베린. 베트게, 잔드라. 2011. 「독일의 에너지 정책-친환경 산업정책과 실용주의 기후정책 사이에서」. *Friedrich Ebert Stiftung Inforation Series 2011-2*.

Adams, William M. et al. 2010. The Future of Environmentalism : Re-thinking Sustainability for the Twenty-First Century 29-31 January, Hotel Uto Kulm in Zurich.

B, Ewing et al. 2010. *The Ecological Footprint Atlas 2010.* Oakland : Global Footprint Network.

World Commission on Environment and Development. 1987. *Our Common Future.* Transmitted to the General Assembly as and Annex to Document A/42/427-Development and International Co-Operation : Environment.

http://www.un-documents.net/wecd-odf.htm

7

교육과 공공성:
미국 대학의 사회공헌

송 세 련

1. 문제 제기와 배경

1) 벤저민 프랭클린에 대한 오랜 기억

30여 년 전 아직 봄이 먼 겨울날의 보스턴에서 미국유학을 온 지 한학기가 지나고 2학기를 시작한 나는 첫날부터 헤매고 있었다. 정신없이 한 학기를 보내고 나니 학교에서 성적이 우수해 '딘 리스트 Dean's List'에 올랐으므로 어너스 프로그램(Honors program) 과목으로 한 학기를 구성하라고 연락이 왔었다. 물리학 전공이던 나에게는 1학기 때 수학, 물리학 등은 사실 서울에서 입시로 공부하던 것에 비하면 너무 쉬웠기에 성적이 우등생이라는 성취감은 별로 없었는데 정작 문제는 지난 학기에는 외국인대상 영어 수업(ESL : English for Second Language)을 듣던 내가 이제는 어너스 잉글리쉬(Honors English) 201을 수강하게 된 것이었다. 수강안내서를 들고 강의실을 찾는데 아무리 찾아도 432호 강의실을 찾을 수가 없다. 어느 덧 시작종은 울렸고, 얼굴이 벌게진 나는 아무나 붙잡고 다짜고짜 물었다. "저 여기 … 미치겠네 … 잠깐 나 좀 도와줘!" 강의 등록표를 잠깐 들여다보던 학생은 "이건 강의실이 아니라 교수 연구실 같은데 이상하네" 라고 한다. 아닌 게 아니라 교수 연구실이 모여 있는 쪽으로 가니 432호가 있었다. 조심스레 문을 여니 소파와 의자에 앉아있던 6명의 학생이 날 보고 있고 책상에 걸터앉은 교수가 "어, 들어와요. 어디서 헤메고 있나 그렇잖아도 걱정했지"라고 말하면서 웃는다. 어너스 프로그램 과목은 반 학기씩 하는 수업으로, 그 기간 동안 7권의 책을 읽고, 에세이를 쓰고, 7번 토론을 한다. 그리고 이 수업은 교수 연구실에서 소파와 의자에 이리저리 걸터앉아 음료수를 마시며 진행된다고 한다. 매우 어지러웠다.

그리고 첫 번째 책이 바로 벤저민 프랭클린의 자서전이었다. 아직 사전을 달고 살아야 했던 시절, 그 책을 읽고 나서 읽기보다 어려운 에세이를 썼다. 위인전하면 70-80년대 몸에 밴 스타일로 프랭클린의 업적과 어려움에 굴하지 않는 인간승리, 내가 어떻게 본받을 지에 대한 굳건한 다짐 등이 주요 내용이었다. 에세이를 제출하니 바로 교수가 보자고 연락이 왔다. 빨간 펜에 얼룩진 내 에세이를 앞에 놓고 문법이나 문장구성은 그렇다 해도 내용에 대해서 궁금하다고 한다. 그래서 프랭클린의 업적에 대해 다시 읽은 대로 열거하니, "잠깐, 정말 그렇게 생각 하냐"고 재차 묻는다. 아니, 위인전 읽고 감명 받아 본받겠다는데 이게 모범답안이지 뭘 또 원하나 싶은데, 이 교수는 인내를 가지고 시간을 들여 내가 읽으면서 느꼈던 솔직한 감정을 끌어내려 했다. 사실 말이 나와 생각해 보니 프랭클린이 자기 자랑이 좀 있는 사람인 것 같다고 했더니 교수 얼굴이 밝아진다. "그렇지? 또 벤저민은 어떤 사람 같은가?" 그래서 비판적 사고에 눈이 뜨기 시작한 나는 감히 이 '위인'에 대해 흠집 내기에 몰두하기 시작했다. 내가 주위 친구였으면 프랭클린과 별로 그다지 친하고 싶지 않았을 거라고 대답했을 때, 교수는 "에세이를 다시 써보지? 지금 얘기하던 걸 담으면 될 텐데" 라고 한다. 딴 학생들이 에세이를 3개 쓸 때까지 교수는 나에게 시간을 내서 프랭클린 에세이만 계속 다시 쓰게 하고서야 "이제 자네는 준비가 된 것 같아" 하면서 다시 진도에 합류시켰다. 그 때쯤 나의 글과 생각은 매우 달라져 있었다. 그래서 이 교수에게는 진정 고마운 기억이 있고 벤저민 프랭클린에게는 내가 행했던 인격학살에 대해 다분히 미안한 기억이 있다.

대학의 역할에 대해 생각하면 그 교수처럼 교육을 통해 학생들에게 새로운 지평을 열어주고 일깨워 주는 강의실이 그려지기 마련일 것이다. 그것은 사회 통념이기도 하고 대학에 몸담고 있는 내 기대감이기도 하다. 그러나 대학의 공공성에 대한 프로젝트를 진행하면서 나는 프랭클린이 그린 실용주의 대학의 이상이 오늘날에도 많은 공감대를 갖는 것을 새삼 느꼈다.

2) 유펜 탐구와 중점 이슈

이번 프로젝트의 연구대상으로 삼은 펜실베이니아대학교(University of Pennsylvania, 이하 '유펜')는 필라델피아에 위치한 사립대학으로 바로 그 벤저민 프랭클린이 세우고 창학 정신을 정립한 학교이다. 지난 20년간 역동적인 발전을 해서 지금은 미국에서 4-5위를 다투는 명문대학이다. 사실 프랭클린은 보스턴에서 태어나 자랐는데 인쇄상점에서 같이 일하던 형과 싸운 뒤[1] 필라델피아에 정착해서 한평생을 살았고 묘지도 필라델피아에 있다. 프랭클린이 필라델피아에 갈 때만해도 그곳은 인구 약 10,000명 정도의 당시 미국에서 세 번째로 큰 도시였다.[2] 지금도 인구 160만 정도의 미국 5대 도시(인근까지 합쳐

1 벤저민 프랭클린이 보스턴을 떠난 데에는 일화가 있다. 벤저민은 형제자매가 많았다. 아버지는 두 번의 결혼을 통해 무려 17명의 자녀를 낳았고 벤저민은 15번째 아들이었다. 그보다 아홉 살 많은 형 제임스 프랭클린(James Franklin)은 인쇄공으로서 뉴잉글랜드 쿠런트(New England Courant)라는 최초의 비 관영 신문을 창간했다. 제임스는 자신의 가게에서 벤저민을 인쇄공으로 받아들여 그에게 기술을 전수했는데, 벤저민은 형이 창간한 신문에 글을 쓰고 싶어 했다. 형이 허락하지 않자 벤저민은 사일런스 도굿 부인(Mrs. Silence Dogood)이라는 필명으로 형 몰래 기고를 해 신문에 게재했고 그의 기고문은 장안의 화제가 되었다. 나중에 사실을 알게 된 형이 크게 화를 냈는데(일설에 벤저민을 마구 때렸다는 얘기가 있다), 형을 피해 보스턴을 떠나게 되었고 정착할 곳을 찾던 중 뉴욕을 거쳐 결국 필라델피아까지 오게 되었다. 17살 때의 일이다.

2 1700년 미국도시인구는 최대도시 보스턴이 6,700명, 뉴욕이 4,937명, 그리고 필라델피아가 4,400명으로 그 뒤를 이었다. 산업혁명과 공업화가 진행되면서 필라델피아는 18세기경에는 한때 미국 최대도시였다(1790년 인구 42,520명).

메트로폴리탄 지역은 약 600만 명)이다. 또한 흑인 인구비율이 높은 도시 중 하나로 흑인과 히스패닉을 합치면 약 50%(백인 37%, 한국인 0.4%)이고, 많은 흑인 집중지역이 그렇듯이 필라델피아도 부유한 도시가 아니다. 부유하지 못한 정도가 아니라 필라델피아는 미국 대도시 중 가장 빈곤한 도시로서 인구의 27%, 미성년자의 3분의 1 이상이 연방정부 기준 빈곤선 보다 밑에 있다. 말하자면 등록금 비싼 명문 아이비리그 사립학교가 가난한 동네한복판에 자리 잡은 것이다. 한 때 유펜 학교 경찰(campus police)의 가장 큰 역할이 가난한 지역주민이 학교 캠퍼스 내에 들어와 귀한 집안 자제분들을 귀찮게 하지 못하도록 하는 것이라는 불명예스러운 평판도 있었다. 그러므로 이 확연한 빈부의 격차를 학교는 어떤 시각에서 바라보고 있는지 궁금했다. 빈부격차 같은 문제는 정부 소관이며 의회와 주, 연방 정부에서 대책을 마련해야 한다고 주장할 수도 있겠지만 한편으로는 정부의 보조를 어느 정도 받고 있는 학교로서, 또한 같은 지역사회에 공존하는 이웃으로서 무관심하다면 상식을 벗어난 태도일 것이다. 그래서 유펜이 지역사회에 어떤 정책을 펴고 있고 그에 대해 정부와 어떤 공조를 하는가는 대학의 공공성 측면에서 매우 흥미로운 의문점이었다.

지역사회에 대한 정책뿐만 아니라 또한 흥미로운 점은 세계적인 명문으로서 유펜이 최근 새로 조명되는 대학의 사회적 역할과 책임에 대해 어떻게 참여하는 가였다. 특히 미국의 명문대학 사이에서는 대학이 캠퍼스를 벗어나 학문과 연구와 더불어 실천과 봉사를 중요한 덕목으로 해야 한다는 공감대가 확산되는 추세였다. 하버드의 봉사 연수 주간 설정이나 프린스턴이 신입생들을 적극적으로 해외봉사에 보내는 것은 잘 알려져 있지만 이번에 봉사와 실천에 관해 최첨단 수준이라는 유펜의 실천 봉사 활동을 탐구해 보면 대학의 공공성 확장에 대한 시사점을 찾을 것이라는 기대감이 있었다.

유펜의 예를 탐구하면서 과연 유펜을 포함한 미국 대학이 걸어온 길은 우리나라의 대학 사정 및 비전과 어떤 차이점과 공통점이 있는 지에 대한 의문이 있었고, 계속 머릿속에서 떠나지 않던 화두였다. 결국 지구 반대편 대학에 대한 관심도 우리의 사회적 문제에 시사점을 던져줄 수 있는 가에 초점이 맞춰지기 때문이다. 대학 내외에서 끊임없이 벌어지는 담론은 과연 이 시대에 대학이란 무엇이고 어떠한 역할을 해야 하며, 과연 그 비용이 가치에 비해 정당성을 갖는가, 미래의 대학은 어떤 가치와 비전을 가져야 하는 가처럼 교육에 대한 열정이 남다른 우리나라로서는 만족할 만한 대답이 도출될 때까지 끊임없이 던져야 할 질문인 것 같다. 그리고 그 질문은 대학 총장이나 교수만 하는 것이 아니라 모든 관련된 사람, 즉 정부, 교육기관, 학부모, 기업 등 대학교육에 직·간접적인 영향을 받는 모든 사용자, 공급자, 정책입안자, 수행자들이 관심을 기울여야 할 중요한 사안이다.

이러한 화두에 대해 유펜을 탐방하면서 풀어갈 내용은 몇 가지로 간추릴 수 있다. 첫째는 지역사회에 대한 대학의 역할로서, 유펜이 네터센터(Netter Center)라는 학내 기관을 통해 정부와 공조하여 좋은 이웃으로 탈바꿈한 사례를 통해 지역시민으로서 대학을 파악해 본다. 둘째는 긴박한 공통의 문제를 대면한 지구촌 공동체 일원으로서 대학의 공공성인데, 유펜의 의과대학에서 지난 10년 동안 지속해온 보츠와나-유펜 파트너십(Botswana-UPenn Partnership, BUP)을 통해 지역사회를 넘어서 지구공통의 문제에 교육적, 실천적 관심과 성과를 추구해 온 사례를 살펴보고 시사점을 생각해 본다. 셋째는 이러한 사례를 토대로 보다 넓은 의미에서 대학의 미래와 공공성을 생각해 보고, 마지막으로 한국대학의 상황과 현실에 비출 때 유펜의 사례 및 제반 추세가 갖는 시사점을 정리해 본다.

2. 대학의 공공성-유펜의 사례

1) 지역사회에 대한 대학의 역할 : 네터센터의 아이라 하커비 박사와의 인터뷰

전에 몇 번 온 적이 있는 유펜에 방문한 것은 제법 쌀쌀해지고 비가 오는 10월 중순이었다. 하버드, 윌리엄 앤 메리(William and Mary), 예일대학에 이어 미국에서 네 번째로 오래된[3] 대학인 유펜은 1740년 설립했으며, 여기 오면 쿼드(Quad) 건물 외에는 고색창연한 건물이 별로 없다는 생각이 언제나 든다. 오히려 와튼 스쿨이나 애넌버그 스쿨(Annenberg School for Communications)같은 건물은 학교인지 현

3 원래 벤저민 프랭클린이 학교 이사회(Board of Trustees)를 구성해서 소집한 것은 1749년이어서 학교 창립도 1749년으로 사용했으나 1899년 유펜의 전신이 1740년에 시작되어 창립년도를 공식적으로 바꾸었다. 다분히 1746년에 생긴 프린스턴 대학보다 먼저 세워졌다는 사실을 과시하려는 결정이라는 비판이 따른다.

대미술관인지 헷갈리게 하는 우아함과 풍요로움이 묻어난다. 유펜은 미국에서 처음으로 의대를 설립한 학교(1765년)이며, 처음으로 유니버시티(University)라는 이름을 얻은(1779년) 유서 깊은 학교이다. 학부(학생 10,000명)와 대학원을 합치면 약 25,000명의 학생이 있고, 교수는 4,200명 정도니 내가 몸담은 경희대학교의 2/3정도 학생 수에 2배 남짓한 수의 교수를 두고 있다. 1994년에 US News & World Report(우리나라 일간지 대학순위와 유사)는 유펜을 미국 내 16위로 평가했는데, 2002년에는 4위로 올라섰고 그 후 줄곧 4~5위에 있다.

제2차 세계대전이 끝날 무렵만 해도 유펜은 특이할 것 없는 지역대학이었으나 정부의 연구지원금이 많아지면서 지역적으로 전략적 위치에 있는 유펜이 많은 혜택을 보기 시작했고, 특히 1980년대 들어 유펜은 연구실적, 학술적 성과 및 평판이 높아지면서 명문대학으로 발돋움하고 있었다. 그러나 그 와중에도 대학이 위치한 흑인 밀집지역인 필라델피아 서쪽은 갈수록 피폐해져가는 빈곤한 동네일뿐이었다. 잘나가는 명문대가 주위에 있어도 동네에 도움이 되는 것이 별로 없다는 "등잔 밑 돌보기" 각성이 유펜 내에서 일어나기 시작했고, 몇몇 단과대학에서 지역사회 봉사를 위한 프로그램을 만들었다. 그러다 결정적으로 1985년 4명의 학부학생들이 "여름방학 아르바이트 직업훈련"을 어너스 프로그램 세미나 과제로 수행하면서부터 '대학이 지원하는 지역사회 학교'라는 콘셉트가 자리 잡기 시작했고, 대학은 1992년 정식 프로그램으로 채택해 필라델피아 서쪽 지역 발전을 위한 지원 의지를 천명했다. 네터센터(당시에는 커뮤니티 파트너십 센터)는 이렇게 시작된 것이다. 네터센터를 필두로 유펜의 지역사회와 학교를 연결하는 노력은 30년이 지난 2009년에 유펜이 최고의 이웃 학교(Best Neighbor)로 뽑히는 결과를 보게 된다. 특히 이 학교 졸업생인 네터(Netter)부부가 천만 달러를 기부한 후 이름도 네터센터로 바꾸고 대학 전체를 아우르는 지역사회 봉사, 참여 프로그램이 되었다. 현재는 50명의 직원이 연 100명 가까운 교수, 학부정원의 18%에 달하는 2100명의 학생들이 참여하는 봉사 참여 교육 연구 이니셔티브로 성장했다. 네터센터는 필자가 머물고 있던 학교 내 호텔 바로 옆 오래된 건물에 있는데, 방문해 보니 끊임없는 학생들의 방문과 센터 내 직원 및 자원봉사자들이 여기저기서 벌이는 상담과 토의로 활발한 생동감이 느껴졌다.

이 프로그램을 창설한 아이라 하커비 박사[4]는 이러한 성과 뒤에는 정부와 지역사회를 연결하는 적극적인 중간자의 역할을 하는 대학 모

델 개발이 큰 몫을 차지했다고 말한다. "매년 예산 40억 중 거의 70%는 정부에서 각종 형태의 사업지원금으로 충당됩니다. 그러나 자금 뿐만 아니라 정부의 각종기관(주거, 환경, 노동, 운송 등)이 관여하고, 이러한 정부 관여를 대학의 연구, 지식, 봉사인력 및 추가 자금지원과 잘 묶어서 지역사회의 학교, 교회, 자선단체, 직업훈련소, 시민단체 등을 통해 효과가 나타나도록 하는 것이 적극적인 중간자 역할입니다. 대학은 학술적 지식과 지역사회에 필요한 서비스를 연결하는 핵심적인 기관입니다." 유펜은 이러한 봉사 실천의 도구로서 대학보조 지역사회학교(university assisted community school)를 운영하는데, 이것은 학교의 의미를 훨씬 넘어서 지역사회의 성인, 지역단체 등을 망라해서 관여하는 지역사회센터 역할을 하고 있다. 이러한 지역사회 학교를 통해 연 5,000명의 학생 및 가족, 10,000명에 가까운 주민이 건강관련 혜택을 얻고 있다고 한다. 이 성공적인 사례는 확산 프로그램을 통해 미국 각 지역에 이니셔티브로 자리 잡아 서필라델피아 뿐만 아니라 여러 지역이 혜택을 받고 있다.

솔직히 네터센터에 대해 처음 들었을 때는 대학이 인근 불우 청소년을 위해 야학을 여는 정도 아닌가 하는 선입견을 가졌었지만 보면 볼수록 감동마저 느껴진다. 우선 이 프로그램의 탄생이 한 학생의 아이디어에서 시작되었고, 학교의 전폭적인 지원이 있었는가 하면

---

4 하커비 박사는 네터센터의 설립자로 부부총장을 맡고 있다. 유펜에서 학부와 박사학위를 마치고 대학의 역할과 지역사회 기여에 대한 다수의 저서를 냈고 이 분야에서 미국 내 가장 주목받는 전문가 중 한명으로 평가 받는다.

정부와의 폭넓은 공조를 대학보조 지역사회학교라는 전략적인 서비스 딜리버리 모델로 엮어냈다. 게다가 졸업생이 쾌척한 1,000만 달러 등 학교만이 끌어 모을 수 있는 재원, 열정, 그리고 민관 합동으로 이룬 작품이라는 생각이 든다. 이와 더불어 내가 흥미를 느낀 것은 디렉터인 아이라 하커비(Ira Harkaby) 박사이다. 하커비 박사는 공공성 분야에서 저명한 학자, 저술가, 강사이지만 유펜의 전임교수는 아니다. 말하자면 계약으로 엮어진 직원인데, 이렇게 프로그램을 개발하고 학교 내외의 재원을 개발해 몇 십 년에 걸쳐 열정을 보이고 있는 이 사람이 바로 대학의 공공성에 또 하나의 중요한 열쇠를 쥐고 있지 않나 하는 생각이 들었다. 왜냐하면 1,000만 불이라는 적지 않은 금액이 기부되었지만 이 프로그램의 절대적인 예산은 정부에서 나오는데, 그것은 단순한 보조금 형태도 학술적인 연구비만도 아니다. 정부에서는 주거, 환경, 노동 등 각 부서에서 진행하는 프로그램을 어떻게 지역사회에서 효과적으로 펼칠 것인가 하는 중요한 숙제를 대학에서 전문적이고 지속적으로 풀어주는 것이다. 이를 중점적으로 이끌어 나가는 것이 하커비 박사로서 전문적인 역량과 (하커비 박사도 강의와 연구를 하고 있다) 그의 지속적인 열정이라고 파악되었다. 한국의 대부분의 학교에서 직원인 선생들은 대학은 비교적 편하기는 하지만 장래성과 기회가 결여된 직장이라는 인식을 가지고 행정직에 주로 종사하는 것을 볼 수 있는데, 이렇게 전임교원이 아닌 지식노동자/프로페셔널이 대학과 정부, 지역사회를 엮어주는 중요한 역할을 할 수 있고, 그것이 전도유망한 커리어가 될 수 있는 것에 많은 시사점이 있다.

그럼 과연 미국의 명문대학들은 사회에 대한 책임에 왜 눈을

뜨고 있는가? 하커비 박사는 사실 이것은 최근의 일이라고 할 수는 없다고 말한다. "많은 미국대학의 역사 자체가 사회에 기여하는 미션을 갖고 태어났어요. 19세기 중후반에 연방법에 따라 토지가 증여되어 생긴 대학(Land Grant Universities)들은 실용적인 지식/기술을 연구 전파하는 것을 법적인 목표로 생긴 대학들이었지요. 유펜은 사립이지만 벤저민 프랭클린이 실용적인 학문을 해야 한다는 정신으로 설립한 대학이기 때문에 맥을 같이 합니다." 이 말을 듣고 좀 더 알아보니 19세기 미국이 산업혁명과 급격한 사회변화를 교육으로 풀어보자는 의도에서 모릴 법안 (Morrill Acts of 1862 and 1890)을 통과시켰다. 법안의 골자는 농업, 과학기술, 엔지니어링에 중점을 두는 실용적인 교육을 전개할 학교 개설을 위해 연방정부가 각 주에 소유한 땅을 교육기관 설립을 위해 증여하는 것이었다. 그렇다고 실용교육으로 제한하지는 않고 전통적인 인문학 교육도 허가했으므로 대부분의 토지증여 대학은 종합대학으로 발전해서 버클리를 비롯한 UC 대학, 미시간, 오하이오 등 대규모 주립대로 자리 잡았고 심지어는 사립대 중 퍼듀, 코넬, MIT도 이러한 목적으로 토지가 증여된 대학들이었다. 실제 토지증여 대학 수는 미국에 80개가 넘는다고 한다. 하커비 박사는 "이러한 전통이 사실 제1,2차 세계대전을 치르고 사회가 복잡해지면서 대학의 역할이 축소되고 연구중심 대학들이 자신의 연구과제와 정부, 기업의 요구에 더 신경을 쓰다 보니 원래 대학의 사회 참여정신에서 잠시 물러나 있었습니다. 그러나 지금은 다시 초심으로 돌아가는 흐름이 생기는 것 같습니다."라 했다.

그리고 대학이 실천과 사회봉사, 지역사회발전을 중요하게 생각한 것은 이러한 태생적 자기성찰 외에 몇 가지 이유가 더 있다고 하커비 박사는 말한다. "지구사회의 문제들, 즉 환경과 기아, 테러, 그리고 시민의식이 절실한 점 등이 대학을 눈뜨게 했습니다. 또한 대학의 사회적 책임에 노력하는 것은 현실적 문제에 대한 학술적, 실용적 고민과 연구를 하게 되고 현장감을 익히기 때문에 결국 학문 발전에 직결됩니다. 실제로 많은 교수들이 네터센터를 통해 지역사회에서 활동하는 것이 나중에 논문, 책, 강의가 됩니다. 윈-윈 효과가 있습니다." 시간이 다되어 마지막으로 하고 싶은 말이 있느냐는 질문에 하커비 박사는 대학의 책임에 대해 재차 강조했다. "대학만큼 지식과 기술 및 인력이 거의 영속적으로 모여 있는 곳이 없습니다. 그러한 재원 위에 사회에서 높은 지도적 평판을 누리고 있는데 이것을 활용하여 사회를 개선하고 바꾸지 않는다면 무책임하다 못해 배신행위지요."

2) 지구촌 공동체 일원으로서 대학의 공공성 : 보츠와나-유펜 파트너십(BUP)

대학 구석에 모인 세계

유펜 캠퍼스 내에는 The Hilton Inn At Penn이라는 이름의 호텔이 들어와 있다. 주로 대학을 방문하는 사람들이 묵고 가는 곳인데 편리한 위치와 시설이 마음에 든다. 흠이라면 비싼 숙박비이다. 아마 부유하지 못한 나라 교수들은 학교를 방문해도 여기 묵기는 힘들겠다는 생각을 한다. 나처럼 단기 방문인 경우 호텔이 캠퍼스 내에 있다는 것은 큰 장점이다. 호텔을 나와 월넛 가(Walnut Street)를 건너 정치학과 건물과 애넌버그센터(커뮤니케이션 대학) 사이의 좁은 길을 따라가면 왼쪽 건물 사이에 약간 아쉬운 이름을 가진 광장이 나타난다.(리먼 브러더스[5] 소광장이다.) 그 후 바로 나오는 길이 스프러스 거리(Spruce Street)로 방문 기간 중 이곳을 가끔 찾았다. 왜냐하면 여기에 점심을 먹을 수 있는 푸드 트럭과 카트가 일정 간격으로 늘어서 있기 때문이다. 고를 수 있는 메뉴도 카트마다 다양해서 세계 여러 나라 음식이 모여 있다. 물론 우리나라의 제육볶음과 밥을 야채와 함께 파는 곳도 있는데(사실 한식을 취급하는 곳이 몇 군데 있다) 줄이 긴 것으로 보아 인기 있는 메뉴 같았다. 한식 외에도 세계 여러 나라의 다양한 음식이 제공되어 미국음식 외에도 중국, 베트남, 프랑스, 몽고, 멕시코, 브라질, 중동, 파키스탄, 그리스, 러시아, 태국 등 무슨 음식인가 살펴보기만 해도 시간이 한참 걸렸다. 명문대학답게 전 세계 학생들이 유학을 왔고 그만큼 인종도 다양하다. 학생의 40%가 아시아계(약 25%)를 포함한 유색인종이고, 11%가 외국국적 학생이라고 한다. 그런 만큼 학교의 관심도 세계를 무대로 하고 있었다.

보츠와나의 슬픔

2011년은 유펜이 보츠와나-유펜 파트너십을 시작한 지 10년

5 리먼브러더스는 한때 미국에서 4번째로 큰 글로벌 금융서비스회사였으나 2008년 서브프라임 모기지 사태로 월스트리트 위기 때 도산했다.

이 되는 해라 마침 10주년 심포지엄을 하고 있었다. 10년 전인 2001년, 인구 200만의 아프리카 남쪽 보츠와나는 풍부한 지하광물에 기반을 둔 높은 경제 성장률에도 불구하고 전반적인 낙후성과 더불어 에이즈 감염률 1위라는 불명예와 위기를 안고 있었다. 인구의 4분의 1이 에이즈에 감염되었고 30-40대 청장년층은 감염률이 40% 이상이었다. 당시 페타스 모가에 대통령은 유엔에서 이례적으로 에이즈의 만연을 침통하게 토로했다. "우리는 멸종의 위기를 맞고 있습니다. 소름끼치게 많은 수의 국민들이 죽어가고 있습니다. 이것은 절체절명의 위기입니다." 국제사회를 향한 SOS에 뜻있는 단체가 관심을 가지기 시작했고 그 하나인 게이츠 재단이 나서서 유펜에 도움의 손길에 동참할 것을 요청했다. 처음에는 유펜의 의과대학에서 네 명의 의사가 보츠와나에 가서 단기진료를 시작했다. 의사들이 가서 직접 실상을 보면서 지원자수가 늘기 시작했고 방문이 거듭될수록 위기감과 책임감을 느끼는 유펜의 구성원들이 늘었다.

당시 미국의 부시대통령은 아프리카 에이즈/HIV+문제에 적극적인 미국의 지원을 약속하며 아프리카 에이즈 펀드(PEPFAR : President's Emergency Plan for AIDS Relief)를 설립한다. 이것은 2003년부터 2008년까지 150억불에 달하는 자금을 의료연구와 구제에 투입하는 대규모 프로그램으로 5년 후인 2008년에는 리더십 법안(Leadership Act of 2008 : Tom Lantos and Henry J. Hyde United States Global Leadership Against HIV/AIDS, Tuberculosis, and Malaria Reauthorization Act of 2008)에 의해 2013년까지 연장되면서 규모도 480억불로 확대되었다. 심지어 부시행정부에 비판적인 사람들도 이 프로그램을 부시대통령의 (몇 안 되는) 대표적인 업적 사례로 꼽는다. 유펜 의사들의 열정에 정부의 기금이 결합하자 BUP는 본격적으로 규모 있는 프로그램으로 탈바꿈했다. 10년이 지난 오늘날 이 도움의 손길은 체계화되어 이제는 65명의 직원이 상주하고 매년 100명 이상의 의대생과 교수들이 보츠와나를 방문해 진료를 펼치는 중요한 이니셔티브가 되었다. 학무부총장인 빈센트 프라이스 박사는 "보츠와나 파트너십은 대학의 참여와 봉사의 전형이 되는 중요한 프로그램"이라고 강조한다.

심포지엄에 참석해 보니 10년 사이의 활동과 확대된 진료 분야 등에 대한 보고와 논의가 있었고 그동안 다듬은 비전과 전략이 보였다. 처음에는 위기감 때문에 시급한 의료행위에 치중하였으나 지금은 의료 인프라 구축을 지원하여 지속가능한 발전을 꾀하고 있고 이를 위해 보츠와나 의과 대학 및 보츠와나 정부와의 협력을 확대해 나간다는 장래 계획을 볼 수 있었다. 또한 현장에서 나온 여러 가지 아이디어 개발이 흥미로웠는데, 하나는 휴대폰 카메라를 이용해 벽지 낙후지역 환자의 상태와 감염부위를 촬영하고 이것을 수도인 가브로네(Gaborone)의 의료시설로 전송해 원거리 전문의 진료를 받게 하는 것으로서 아직 인프라가 부족한 나라지만 간단한 아이디어가 많은 생명을 구하는 사례를 보여 주었다.

이 프로그램의 선구자이며 책임자인 하비 프리드만 유펜 메디칼스쿨 교수는 프로그램 실행에서 정부의 역할과 협력이 가장 중요한 요인의 하나라고 강조한다. 물론 부시대통령이 만든 15조원 규모의 아프리카 에이즈 펀드가 있었기에 본격적인 활동이 가능했지만 보츠와나의 보건성의 인허가와 협력 파트너로서 역할이 충실했기 때

문에 보다 효율적이고 규모 있는 확산이 가능했다고 한다. 프리드만 박사는 인터뷰를 통해 "개발도상국일수록 정부의 이해와 도움이 없이는 행정적 걸림돌을 해결할 수 없고 심지어 부정부패와 싸워야하는 불필요한 소모가 발생하므로 정부와의 관계를 건설적이고 협조적으로 구축하는 것이 중요하다."고 경험에서 우러나오는 견해를 말했다.

보츠와나에는 배낭여행 간 것이 아니었다.

간간이 보여주는 사진에 있는 프로그램 참여 학생들의 밝은 모습을 보면서 이 프로그램이 학생들에게 실질적으로 미치는 교육적 효과에 대해 궁금해 하고 있었는데 심포지엄의 후반부에서 참가한 학생들이 각자 느낀 점을 발표하면서 그 대답을 얻었다. 학교로서는 참여 봉사의 일선에 있다는 면도 부각되지만 실제 의사와 학생들이 일선에서 보고 배우는 것이야 말로 큰 가치를 가지고 있었다. 레지던트로 다녀온 조이스 챙(Joyce Chang)은 미국과 너무 다른 절망의 현실에서 의사라는 직업과 자신이 추구해야 할 가치가 극단적으로 부딪치는 경험을 했다고 회고했다. 자신이 돌보던 환자들에 대한 안타까움이 더해지고 아직 학생인 자신의 성숙되지 못한 의료행위마저도 그들에게는 절실하다는 사실을 보면서 충격을 받았다. 미국에서 최첨단 시설의 병원에서 일하는 전문의로서의 자신의 미래를 생각하던 조이스는 과연 의사라는 직업은 어떠한 사명의식을 가져야 하는가에 고민하기 시작했다고 한다. 돌아온 후에 같이 일하던 현지의 인턴이 위로하는 이메일을 그에게 보냈다. "이번 달에 많이 환자를 잃었는데 그래도 네가 떠난 후에 사망해서 불행 중 다행이야. 네가 그 모습을 안 봐도 됐으니까…"라고 말했을 때는 환자 하나하나를 떠올리며 많은 눈물을 흘려야 했다고 울먹이며 보고했다.

조이스의 학생으로서의 경험과 유펜의 대학으로서의 의식, 그리고 부시대통령의 대규모 개입결정을 접목하여 생각하면서 그 시사점에 대해 생각해 보게 되었다. 대학의 공공성은 미래의 일꾼을 길러내고 학문을 발전시킨다는 고유기능 외에 현재의 문제에 고민하고 학생과 교수들을 접목시켜 현장의식과 기여의 영역을 넓히는 데 그 목적이 있다. 그러한 체험과 배움이 어우러져 더욱 시민의식과 스킬을 가진 미래의 일꾼을 만들 것이고 학문과 기술의 연계성을 높여 현재의 위기에 처한 지구의 문제에 직접적으로 기여할 것이다. 결국 실천과 봉사는 교육과 연구와 연결해 선순환을 이루는 핵심요소이고, 그 선순환의 동력이 사회를 더 발전된 방향으로 이끄는 힘이 될 것이다.

또한 대학이기 때문에 이러한 여러 요소들을 모아 운영할 수 있다는 점에서 대학이 할 수 있는 역할이 이시대의 공공 거버넌스를 위해서도 의미가 있다는 생각을 하게 된다.

의외의 반전

그렇지만 이러한 노력에도 불구하고 감수성과 문화적인 이해를 가져야 할 부분도 보였다. 애초에 이 탐방을 계획하면서 BUP 담당자에게 현지 프로그램의 효과와 영향을 보고 싶다고 부탁했었다. 그랬더니 보츠와나 현지에서 운영을 맡고 있는 자인 캐보낭(Zein Kebonang) 박사를 소개해 주었다. 케보낭 박사는 보츠와나 대학에서 법학을 전공하고 하버드 로스쿨에서 법학박사 과정을 졸업한 후 호주국립대에서 박사학위를 받은 젊은 인재로서 고국에 돌아와 현재 BUP 프로그램의 현지 운영을 맡고 있다. 심포지엄 중간 쉬는 시간을 이용해 얘기를 나눌 수 있었다. 그는 에이즈 퇴치를 위한 유펜의 노력에 동참하는 동안 많은 성과가 있었다고 하면서도 몇 가지 비판을 했다. 하나는 BUP 프로그램의 의사결정과 소통방식이 다분히 일방적이고 현지 문화와 감성을 고려하지 않은 '우월한 미국인'의 태도에서 비롯되었다는 실망감이었다. 물론 보츠와나가 수혜국이고 유펜이 미국정부의 지원을 받아 시급한 서비스를 베풀고 있는 상황이지만 쌍방향 협의가 생략된 통보방식의 의사결정이 많아 보츠와나에 오는 학생과 의사들의 마음가짐과 행동에 자존심과 마음의 상처를 주는 경우가 적지 않다고 말한다. 이 프로젝트가 유펜의 이해와 맞아서 학생과 교수들에게 다양한 경험을 주는 도구라는 것도 이해하지만 케보낭 박사의 동포들은 죽어가고 있는 상황이므로 더 진지한 접근이 필요하다고 아쉬워했다. 또 하나는 자금이 고갈되면 이 중요한 프로젝트가 대폭 축소되리라는 우려이다. 케보낭 박사는 이 프로그램이 펀딩이 지속되는 동안만 존재할 것이라고 믿고 있었고 필연적으로 펀딩이 종료되기 전에 현지 의사들을 많이 양성해야 하는데 사실 지난 10년간 이 프로젝트에 합류한 보츠와나 의사는 단 두 명이라고 했다. 유펜에서 이것을 좀 더 신경 쓰지 않은 것에 대해 적잖이 실망한 모양이었다. "그들은 돌아가서 또 다른 프로젝트와 펀딩을 찾으면 되지만 우리나라는 후유증과 함께 상황이 악화될 것이 보이기 때문에 마음이 조급해 집니다."

대화를 하다 보니 문제는 복잡하다는 것을 알 수 있었다. BUP 프로그램이 지속가능한 의료 인프라를 얘기하면서 진도가 나가지 않는 것을 탓할 수도 있지만, 정작 보츠와나의 재원이 부족한 것을 알 수 있었다. 현지 의료 인력이 원래 태부족이고(보츠와나 의사의 83%가 외국인이다), 외국 의과대학원으로 유학 가는 보츠와나 학생들은 대부분 경제적인 이유로 돌아오지 않는 실정이라고 한다. 오히려 하버드에서 법학석사를 하고 호주에서 박사학위를 한 케보낭이 선진국의 고용시장을 마다하고 보츠와나로 돌아간 것이 예외적이라는 것이다. 봉사로 시작하더라도 장기적이고 지속적인 기여를 위해서는 자금과 인프라 구축은 물론 문화적 이해와 대상국가의 한계점을 포용하며 의사결정이 조화롭게 소통되는 운영 노하우가 필요함을 볼 수 있었다.

우리나라도 개발도상국 초기에 이른바 브레인드레인(Brain Drain)

이 심각한 문제였고 특히 자연과학에서 심각해서 과학기술 발전에 심각한 장애가 있었다. 정부출연기관을 통해 많은 해외 두뇌를 불러들이는 성과를 거두기도 했지만 괄목할 만큼 경제발전을 이룬 지금에도 한국의 고급두뇌가 빠져나가는 현상은 우려할 수준이라고 한다.[6] 그러니 보츠와나의 젊은 인재들에게 낙후된 고향으로 돌아가야 한다는 주문은 외면당하기 쉬운 현실일 것이다. 그런 환경에서 미국의 첨단 기관이 남의 나라지만 공동 프로젝트를 시행한다면 고향땅을 걱정하는 많은 젊은이들의 마음에 불씨를 지펴줄 수 있을 것이고 그야말로 장기적인 토대를 마련해 주는 일일 것이다. 이러한 문화, 역사적인 근본문제에 대한 해결책 제시도 책임 있는 실천태도일 것이

---

6 "한국의 고급두뇌가 한국외면", http://economy.hankooki.com/lpage/economy/200705/e2007052217561770060.htm

다. 또한 그러한 고려사항은 같이 참여하는 학생들의 뇌리에도 오래 남아있을 것이다.

3. 대학의 가치와 공공성을 어떻게 생각할 것인가?

1) 대학의 역할 및 공공성은 어떻게 변화했나?

대학의 역할은 교육(teaching), 연구(research) 및 실천(practice)의 세 영역으로 나누어 생각해 볼 수 있는데 각 영역마다 시대와 사회의 요구에 의해 공공성이 가늠된다. 교육은 전통적으로 공공성이 전제된 영역으로서 사회 지도자를 길러내고 학자를 양성하는 등 역할이 비교적 뚜렷하다. 체계적인 사고와 탐구능력을 갖춰 현대사회의 핵심 구성원이 되는 것은 대학의 중요한 사명임에 틀림없다. 그러나 최근 대학교육의 가치와 의미는 졸업 후 취업에 좌우된다고 생각하는 것도 사실이다. 즉 하나의 투자개념을 염두에 둔 경제 모델로 파악하는 면이 많아진 것이다. 하나의 예로 내가 방문했던 와튼 비즈니스 스쿨(Wharton Business School)은 등록금이 굉장히 비싸지만 대부분의 학생들이 졸업 후 평균적으로 기대할 수 있는 연봉에 비춰보면 수익이 확실하다고 느끼므로 이들이 등록금 투쟁한다는 얘기를 들어보지 못했다. 그러나 경제가 점점 나빠지거나 아니면 월스트리트 연봉이 급감한다면 아마도 어긋나게 된 경제모델을 수정하려고 투자요소(등록금)을 조정하려는 시도가 생길 것으로 예상된다. 연구 영역에서 대학의 고유역할은 모든 지식의 발전을 추구하는 것이겠지만 랜드그랜트 대학(Land Grant University)의 예에서 보듯이 실용적인 학문 추구가 시대적 사명이 되기도 했다. 이 역시 공공성을 전제로 했지만 경제사회의 역학관계는 특히 미국대학으로 하여금 선별적이고 전략적인 선택 및 집중을 하게 해서 결국 연구 분야에서의 공공성도 상업주의의 영향에서 벗어나지 못한 면이 있다. 마지막으로 새롭게 재조명되는 공공성 분야는 실천분야라고 생각한다. 실용적인 학문추구라는 벤저민 프랭클린의 이상에도 불구하고 유펜도 프랭클린 사후 인문사회학(Liberal Arts) 중심으로 선회했다. 그리고 상아탑의 이미지와 캠퍼스 안으로 대학이 영역을 한정해 온 것도 사실이다. 그런데 최근 지구적 위기의 대두와 사회적 책임의 요구가 부상하는 것을 계기로 대학은 실천에 있어서 공공성을 담보하는 길이 무엇인가를 고민하기 시작했다. 미국의 예를 들어 역사적 관점에서 이러한 변화들을 살펴볼 수 있겠다.

기부금

따지고 보면 대학은 언제나 시대와 사회의 요구와 무관할 수 는 없다. 대학의 기원도 중세시대에 성직자를 길러낼 필요가 있었기 때문에 생겼고, 그러한 필요가 계몽주의시대를 지나 산업혁명을 거쳐 현대의 자본주의 사회가 주류가 되면서 필요에 대응하는 방향으로 변혁을 거듭했다.[7] 실지로 미국의 많은 대학 총장과 이사회 구성원들

---

7 데릭 복(Derek Bok) 전 하버드 총장이 저술한 *Universities in the Market Place*라

은 19세기 중반까지는 성직자가 많았다. 그런데 19세기 산업혁명이 급속히 진행되면서 이사회 구성원이 기업가들로 채워지기 시작했고, 앞서 살펴본 대로 토지증여 대학들(랜드그랜트 대학이 대표적)이 세워져 대규모 주립학교로 성장하기 시작했다.[8] 본격적인 변화는 제2차 세계대전 이후 우월한 기술 경쟁력으로 전쟁에 승리했고 미국의 위상 확대에 결정적 역할을 한 것을 계기로 정부의 연구 보조금이 급속도로 늘어난 이후에 생겼다. 1948년부터 68년까지 20년 동안 연방정부의 기초과학연구 지원은 25배로 늘어 그 당시 화폐가치로 연 30억불이 지원되었고[9], 이때를 기점으로 많은 미국대학들이 연구중심대학으로 탈바꿈해 정부자금을 통한 연구와 재정확충에 힘을 쏟기 시작했다. 또한 이때 제2차 세계대전에서 돌아오는 장병들이 대규모 실직자 군을 형성할 것을 우려해서 제대군인지원 법안(이른바 "G. I. Bill")을 통과시켜 대학 등록금을 지원해 주었는데, 이는 미국 대학교육의 대중화에 결정적 기회였다.[10] 학생도 많아지고 정부의 연구지원금과 보조금이 사립 공립을 불문하고 충분히 지원되던 시절도 1970년대에 이르면 오일쇼크를 겪고 경제적 침체를 겪으면서, 또한 복지예산의 증

는 책에 이러한 역사적 배경과 현황이 잘 기술되어 있다.

8 그러나 이사회에 기업가가 많아진 사실 자체가 대학사회를 기업정신 중심으로 바꾸지는 않았다. 대학의 근간이 되는 교수들이 반발했기 때문이라고 한다. 그러나 사회의 변화가 대학과 사회와의 긴밀한 연결고리를 만들기 시작했다는 사실에 이견이 없을 것이다.

9 Derek Bok, *Universities in the Market Place.*

10 1938년 당시 미국에서 18-20세 사이 연령층의 대학 진학 비율은 15% 정도였다. 현재는 약 70%가 대학에 진학한다.

대로 연방정부 및 주정부가 자금난을 겪으면서 한 풀 꺾여 대학 지원금 및 보조금이 삭감되기 시작했다. 대학은 새로운 자금의 출처를 찾기 시작했는데 다행인지 우연인지 80-90년대를 지나면서 본격적으로 정보 지식사회로 사회 및 경제 구조가 재편되기 시작한다. 그리고 중요하게는 1980년에 연방의회는 베이-돌 법안(Bayh-Dole Act)을 통과시키는데, 이 법안에 의해 대학의 지적재산권 소유와 활용이 매우 편해졌다. 이를 토대로 대학 연구팀(주로 과학 및 엔지니어링 분야가 많았고 후에 생물학 및 의생명과학 쪽으로 확대된다)이 기업, 정부와 공동연구 및 수주연구를 하는 일이 점점 많아졌고 단순한 연구비 지원이 아닌 지적재산권을 통한 진정한 수익창출의 기회도 늘어났다.[11] 그리고 이것은 비단 대학기관 뿐만 아니라 각 교수 개인들도 컨설팅 및 창업에 많은 기회가 주어져 수익창출과 상업화가 대학문화에 자리 잡는 계기가 되었다. 그렇다보니 이제는 경쟁적으로 수익기회를 다투어 노리게 되어 대학건물에 기부자 (또는 기업)의 이름이 붙고, 석좌교수 앞에도 예를 들어 삼성 경제학 석좌교수 식으로 대외 홍보용 호칭이 생기고, 머그컵과 티셔츠에 학교의 상징을 넣어 팔며, 학교 브랜드 향상과 졸업생들의 기부금 증액에 중요하게 작용하는 학교 미식축구팀에 대규모 투자하게 되었다. '미국대학의 상업화'에 대한 비판 속에서도 미국대학의 언론 발표 순위는 기부금 규모와 거의 비례하는 현상

11 대학 연구는 주로 지원금에서 나오고 기업에 제공되는 세제혜택의 도움을 받으므로 공적자금으로 충당되는데, 그 결과물은 대학이 소유해 추가 수익을 올리는 구조가 되었다(Derek Bok).

이 계속된다. 실지로 유펜이 일취월장 한 이유를 많은 이가 90년대의 성공적인 모금 캠페인에서 찾는 것을 볼 수 있다.[12] 또한 이러한 현상은 미국대학에 국한된 것이 아니고 벤치마킹을 통해 전 세계로 확대된다.

대학의 사회적 책임

2000년 이후 대학의 상업화와 경제모델에 의한 가치 척도는 대학의 역할에 대한 재조명을 요구했는데 '영혼이 없는 대학,' '표류하는 대학교육,' '인문교육에 미래가 과연 있는가,' 등 몇몇 저서 제목만 봐도 느껴지듯이 대학교육의 상업화에 대한 비판이 일고 있다. 하버드가 교과과정을 개편하여 인문사회 과목과 윤리교육을 강화한 것과 특히 2008년 월스트리트의 대규모 붕괴가 비윤리적이고 이기적인 사업운영 형태와 공모 때문이라고 속속 밝혀지면서 월스트리트에서 일하는 최고의 비즈니스 스쿨 출신들에 대한 전반적인 비난이 쏟아져 상위 비즈니스 스쿨의 교과과정 개혁을 초래한 것도 맥락을 같이

---

12 현 에이미 거트먼(Amy Gutmann) 총장의 전임인 주디스 로딘(Judith Rodin)은 성공적인 모금 캠페인을 통해 1993년 10억 달러가 조금 넘던 기금을 2003년까지 3배 이상 증가시켜 34억 달러로 만들었다. 월스트리트 붕괴와 경제침체로 인해 규모가 축소되었으나 이후 회복하였다. 에이미 거트먼 총장 임기 중 유펜은 약 4조 목표(35억 달러)의 기부금 모금 캠페인인 *Making History*를 2007년 10월부터 시작했으며 5년이 지난 2011년 9월 현재 15개월 이상 기간을 단축해 목표액을 달성했다. 현재 유펜의 기금 규모는 67억 달러에 이른다.

한다.

이러한 현상은 또한 지구촌 시대에 일고 있는 다중의 이해관계자 및 사회적 책임 담론과 직접적인 관련이 있다. 즉 과거에는 한 나라의 국경 내에서는 정부가 정책입안, 수행에 거의 독점적인 위치에 있어 사회와 경제의 방향을 좌지우지 할 수 있을 정도의 영향력을 행사했으나 글로벌 경제시대이자 인터넷, 교통의 발달로 더욱 좁아지고 있는 오늘날에는 한 나라의 금융과 실물경제의 많은 부분이 글로벌 경제변동의 일환이 되어 정부의 통제능력이 많이 상실되어 있고, 어젠다 세팅이나 문제의식의 생성 고취도 어느 정도 글로벌화 되어 있음을 볼 수 있다. 그러다 보니 자국 내에서도 정부는 시민단체, 기업, 학교 등 여러 이해관계자와 소통과 공조를 해야 정책이 입안되고 수행이 되는 것을 볼 수 있다. 이런 가운데 이해관계자의 향상된 영향력은 역으로 사회적 책임, 즉 공공성을 갖춰야 한다는 요구를 받게 되었다. 기업의 사회적 책임이 그 대표적인 예일 것이다.

"오늘날 지구촌은 복잡한 세계문제들이 서로 얽혀 고통 받고 있습니다. 그리고 이러한 중대한 문제 해결의 책임은 지식인들에게 있습니다." 반기문 유엔사무총장은 대학을 대상으로 하는 유엔 아카데믹 임팩트(UN Academic Impact, UNAI)를 발족하면서 지식인의 사회적 책임(Intellectual Social Responsibility)을 강조하는 화두를 던졌다. 대학은 비영리 교육/연구기관으로서 태생적으로 공공성을 띠고 있음에도 불구하고 최근 대학의 사명에 대한 재정의가 활발히 논의되고 있고 비단 대학뿐만 아니라, 기업, 시민단체, 개개인등 사회구성원집단에 대한 전체적 자기 성찰이 진행되고 있다. 이 배경에는 지구촌의 문제,

즉 기아, 테러, 환경, 빈부격차 등이 이제는 한계에 부딪힌 정부와 정치력으로 해결될 수 있는 것이 아니라 모든 이해관계자(stakeholder)의 네트워크적인 공조만이 지구촌의 생존과 번영을 희망할 수 있다는 인식이 자리 잡았다. 전통적으로 정부의 역할을 주로 다루던 UN의 경우에도 아카데믹 임팩트에 앞서 NGO의 영향력이 커지고, 글로벌 컴팩트 같은 기업의 사회적 책임을 강조하는 이니셔티브가 이미 활성화된 것을 보아도 알 수 있다.

이러한 글로벌 거버넌스와 관련된 일련의 상황을 볼 때 대학의 공공성은 미래의 일꾼을 양성하고 학문을 발전시키는 교육과 연구의 고유기능 외에 현재의 문제에 고민하고 학생과 교수들을 접목시켜 현장의식과 기여의 영역을 넓히는 실천이 좀 더 부각되고 있다고 하겠다. 그러한 체험과 배움이 시민의식과 스킬을 갖춘 미래의 일꾼을 만들 것이고 학문과 기술의 연계성을 높여 현재의 위기에 처한 지구의 문제에 좀 더 직접적으로 기여하는 고도의 학문창달에 기여할 것이다. 결국 실천과 봉사는 교육과 연구와 연계해 선순환을 이루는 핵심요소이고 그 선순환의 동력이 사회를 좀 더 발전된 방향으로 이끄는 힘이 되어야 할 것이다. 아이러니하게도 이러한 생각은 새로운 것이 아니라 랜드그랜트 대학을 만들었던 18, 19세기의 대학의 역할 그리고 벤저민 프랭클린이 200여 년 전 생각했던 것과도 일맥상통하는 대학 본연의 역할인 것이다.

2) 한국 대학에 주는 교훈

대학의 사회적 책임

한국으로 돌아와서 교정을 들어서는데 등록금에 대한 학생들의 불만표시로 릴레이 1인 시위가 눈에 들어 왔다. 단과 대학회의를 하면서 졸업학생들의 취업률을 높이기 위해 학교가 무엇을 해야 하는가 논의했다. 회의 주제는 대학 본부 회의를 하면서는 미래 대학의 모습이 무엇이고 어떻게 준비해야 하는 가였다. 한국에서는 교육이 전통적으로 중요하고 핵심적인 자질인 만큼 이 논의는 학생, 교수, 학부모를 넘어 사회 전반과 정책입안자들, 기업가 등이 같이 관심을 갖는 여러 가지 기대와 가치를 제시하는 주제이다. 또 '대학'이라고 해서 일률적인 역할이 있는 것도 아니다. 4년제 대학과 2년제 대학, 연구중심 대학, 교육중심 대학, 프로페셔널 양성을 위한 전문대학원과 학자와 연구인력 양성을 위한 대학원 등이 여러 가지 니즈에 다른 전략을 가지고 대응하고 있다. 그러므로 문제를 단순화시키면 곧 한계에 부딪히고 모순된 면이 드러나기 마련이다. 그럼에도 불구하고 한국의 대학과 미국의 대학을 단편적이지만 비교하고 대학에게 향하는 시대적 요구에 관해 생각하면서 대학의 공공성에 관한 생각을 정리해 보았다. 그 출발점은 대학이 갖는 본연의 목적에 충실한 가운데 시대적 요구에 유연하고 장기적인 안목으로 대처해야 할 것이라는 전제였다. 교육 연구 실천의 프레임에서 보자면 각 영역에서 기본에 충실하면서 동시에 현재 사회에 필요한 것을 제공해 주어야 한다는 것이다.

교육

교육면에서 대학은 안목과 사고능력 및 소양과 리더십을 갖춘 사회 구성원을 길러내고 전문성의 정도와 길에 따라 학자 및 연구 인력을 양성한다. 인간의 수명이 늘어나 50세 즈음에 퇴직을 해도 거의 반평생이 남아 있는 오늘날에는 평생교육의 밑거름이 되고 변화하는 세상에서 자신의 길을 개척해 나갈 수 있는 지성인을 배출하는 역할이 기대된다. 그러나 많은 경우 대학의 척도는 취업능력으로 가늠되어 사회의 경제모델에 종속된 수단으로 파악된다. 대학 본연의 역할을 지키면서 시대와 교육 객체가 요구하거나 필요로 하는 교육을 시켜줄 수 있는 것이 필요하겠다. 이와 함께 열려있는 교육환경을 만들어 배우고자 하는 대학 외 사회 구성원에게 기회를 제공하는 것이 중요하겠다. MIT의 대표적인 오픈코스웨어(Open Course Ware)와 크리에이티브 커몬(Creative Common) 등은 이러한 교육의 공공성을 반영한 것이라고 하겠다. 그러면 교육면에서 대학의 역할과 공공성은 누가 담보할 수 있는가? 무엇보다도 대학 자신이 확고하게 가지고 있는 사명의식과 교육목표 및 비전이 교육의 기본과 시대의 요구 사이에서 충실하게 교육내용을 담아낼 수 있을 것이다.

연구

대학은 연구의 측면에서 지식의 발달과 심화를 기본으로 하지만 실용적이고 사회에 도움을 줄 수 있는 성과 개발과 나눔 실천이 대학의 역할이라 하겠다. 그러나 앞서 보았듯이 이러한 활동에서도 상업화가 두드러져 성과와 재무적 보상을 추구하는 현상이 나타나고 있다. 그럼으로써 교육과 실천이 균형 있게 조화되지 않고 편향되는 상황이 빚어진다. 이 또한 연구가 산업경제 모델에 편입되어 나타날 수 있는 현상으로서 한편으로는 대학과 각 교수의 재정적 수입원이 되고 학내외 활동 무대를 마련해 주지만, 반대로 연구과제의 선택, 교육효과 제고, 연구자/교수의 가용시간 배분 등에서 자유로운 활동이 어려워지는 것도 사실이다. 연구 측면의 공공성을 제고하기 위해서는 상업적인 연구로의 편중을 완화하고 지구의 문제를 해결할 수 있는 연구 환경 조성과 연구자의 의지가 중요하고, 이는 정부, 학계 및 사회단체에서 어느 정도 연구 환경을 조성해 주는가가 요점일 것이다. 또한 학제와 학문영역을 넘나드는 학제 간 공조(interdisciplinary collaboration)를 통해 실용 가능하고 완성도 높은 연구를 진행하면 결국 공공성을 담보하는 계기가 될 것이다.

실천

대학은 실천의 측면에서 캠퍼스 내에서 안주하는 상아탑 개념의 학술활동에 익숙진 면이 많으나 사회의 중요한 이해관계자로서 사회적 책임을 다하는 것이 점점 더 중요해 지고 있다. 비단 학생들에게 현장 경험을 위한 연수, 인턴십, 봉사활동을 넘어서서 보츠와나에 유펜 의사와 학생들이 생명을 구하고 의료체계 구축에 일조하듯 현재 지역 및 지구의 과제가 무엇인지 소통하고 해결책을 제시하는 활동이 더 큰 비중을 차지할 것이다. 특히 대학은 지식사회의 총아인 최고전문인을 반독점적으로 보유하고 있고, 젊은 인력을 대거 동원할 수 있으며 정부, 기업, 사회단체를 망라하는 네트워크를 가지고 있어서 다수의 이해관계자를 규합하고 체계적으로 문제해결에 접근하게 하는 중간자 역할을 할 수 있다. 이는 공공성에 직접적으로 연결된 이슈로서 사회의 이해관계자가 만들어 나가는 뉴 거버넌스의 핵심에 대학이 설 수 있다는 의미이다. 생각해 보면, 기업은 수익창출 동기, 정부는 정치성향에 따른 정치적 동기, 시민단체는 기관이기주의에 빠질 염려가 있으나 대학은 그 중 가장 단기의 정치, 경제적 성과 지향주의에서 자유로운 중립적이고 이해상충이 없는 중간자 역할을 할 수 있다.

대학의 역할을 단편적으로 정의할 수는 없을 것이다. 이 사회의 직장인과 학자, 연구자를 길러내고 연구를 직접 수행함으로써 학문과 지식을 넓히고 넓은 시야로 볼 때 인류발전에 기여하는 것이 대학이다. 강의실을 떠나 오지에 가서 오늘 한 사람을 구하고 내일 여러 사람 생명을 연장시키기 위해 참여하고 봉사하는 것도 대학이 역할 중의 하나이다. 또한 정부와 사회단체, 개인 등을 엮어 사회의 재원과 관심을 필요한 곳에 집결시켜 관리하는 것도 분명 대학이 할 수 있는 영역이다. 따지고 보면 내가 몸담고 있는 학교만 해도 35,000명의 젊은이가 2,000명의 대부분 지식산업의 최상층을 이루는 교수들과 어울리는 곳이 대학이므로 이러한 자원을 잘 활용하는 것이 관건이라 하겠다.

정부의 역할

대학의 참여의지와 순수성이 있더라도 이번 탐방을 통해 부각된 것은 정부의 역할이다. 네터센터나 보츠와나 파트너십 모두 적극적인 참여 뒤에는 정부의 보조가 확연히 자리 잡고 있었다. 네터센터는 천만 불의 기금에도 불구하고 매년 필요한 예산의 75%가 정부의 각종 프로그램 기금에서 나오고 있었고, 보츠와나 파트너십도 부시 대통령시절 아프리카의 에이즈 퇴치 연구기금으로 15조원을 조성하면서 일부가 보츠와나 파트너십으로 유입된 것이다. 대학과 정부의 공조가 강조되는 면이다. 아무리 사립대학이라도 정부에서 보조해 주는 예산이 대학재정을 돕고 있다. 한 보도에 따르면 우리나라는 GDP 대비 0.7%의 예산을 고등교육에 지원하고 있는데 이는 OECD 평균인 1.3%에 크게 못 미치는 수치이다. 학생들에게는 학비를, 연구자/교수에게 연구비용을 대폭 늘려 활성화 하는 것이 정부의 역할일 것이다.

우선 교육비용 측면의 공공성에서 볼 때 정부의 역할이 대학 교육비를 복지 예산화 해서무상교육을 해야 할 것인가에 대해서는 개인적으로 다분히 회의적이다. 오래 전 파리에서 공부하고 있는 친구를 배낭여행 중에 찾아간 적이 있다. 그 친구가 평소에 많이 듣던 소르본 대학(파리 1대학)에 다니고 있었는데 가보고 놀랐던 경험이 있다. 700년이 넘은 역사의 오래된 대학이지만 시설 면에서 그렇게 오래된 티를 내는 대학도 많이 보지 못했기 때문이었다. 건물 자체가 고색창연해서 곳곳의 조각품이며 세월에 그을린 석조 구조물들이 좋아 보일만도 한데 여기저기 낙서가 난무하고 청소는 잘 안되어 있고 난방/냉방이 엉망이어서 학교 다니는데 고생이 많다고 했다. 그러나 그 학교는 학비가 당시(80년대 후반)에 70달러 남짓해서 부러워했던 기억이 있다. 역사가 오랜 대학들이 세계 최고 대학으로 인정받는 것을 많이 보는데(하버드, 옥스퍼드, 캠브리지, 예일 등) 세계에서 두 번째로 유서 깊은 소르본대학[13]은 명성과 역사에 비해 객관적인 평가에서 뒤떨어지는 것을 볼 수 있다. 지금도 소르본대학은 학교에 내는 돈이 100유로 안팎이라고 한다. 그런가 하면 하버드대학은 올해 등록금을 인상해 54,496달러, 우리 돈으로 약 6,200만원의 등록금을 내야한다고 한다. 등록금의 차이가 있지만 비교대상이 아니라고 말할 수는 없지 않을까?

실제로 2011년 세계대학 평가[14]를 보면 영국, 미국 등의 유서 깊은 대학들이 높은 순위를 차지하는데 비해 소르본 대학은 200위 밖으로 밀려나 있었다. 사실 오래된 대학은 주로 이탈리아, 스페인, 영국, 프랑스, 독일에 몰려 있는데, 세계대학평가 100위권에 들어있는 대학은 영국, 미국대학이 주로 들어 있고 50위권에 프랑스 대학이 두 개 있으나 모두 최근에 생긴 에콜(Ecole)들이다. 그래서 참고로 국가 정책에서 등록금 면제나 대부분 지원하는 나라를 대학 순위와 비

13 현존하는 세계에서 가장 오래된 대학은 이탈리아 볼로냐 대학으로 1088년에 설립되었다.

14 2011/12년도 QS World University Rankings 평가 http://www.topuniversities.com/university-rankings/world-university-rankings/2011.

교해보면 100위권 안에는 10개 정도이고, 그 중 5개는 독일대학이며 50위 안에는 3개 대학(스위스 2개 대학과 프랑스의 고등사범학교)만이 이름을 올리고 있었다. 대학평가가 얼마나 객관적인가, 지표가 얼마나 참다운 대학의 경쟁력을 반영하는가 등 국내에서도 일어나고 있는 논란을 되풀이 하는 것은 지금은 큰 의미가 없어 보인다. 그러한 부족함에도 불구하고 주목할 점은 사회의 재원을 투입하여 열심히 쌓아올린 대학의 경쟁력은 그 나라의 경쟁력과 어느 정도 비례하고, 그것만 보아도 대학에 대한 투자와 지원이 계속되어야 한다는 것이다.

그러나 지금은 다음 질문이 더 중요할 수 있다. 과연 누가 그 재원을 충당하는가와 투자 재원이 효율적으로 쓰이고 있는가이다. 1인 시위하는 학생을 보면서, 입학과 동시에 막대한 부채를 안고 가는 현실과 방학 때나 학기 중에도 과도한 아르바이트에 내몰려야 하는 현실 등은 분명히 시정해야 하며 학생에게만 책임을 전가하는 구조적 문제에 개선이 필요하다. 학교는 수익사업, 기부금 유치, 연구비 유치 등을 통해 등록금 비율을 분명히 낮춰야 한다. 지금처럼 등록금만이 학교운영의 대부분 수입원이 되는 구조는 어느 모델을 보아도 바람직하지 않다. 그러나 더 중요한 것은 정부의 지원이다. 정부의 지원은 등록금 일부를 복지 예산화 할 수 있지만 기본적으로 연구지원 예산을 늘려 대학이 연구 활동으로 대학시설 및 인력 운용 상당부분을 충당할 수 있어야 할 것이다. 이것은 대학의 등록금 의존도를 낮추는 반면 장학금 비율을 대폭 높이거나 등록금 수준 자체를 낮춤으로써 학생과 학부모에게 전가되는 재정 부담을 줄일 수 있을 것이다. 또한 대학에 유입되는 여러 형태의 투자가 효율적으로 쓰이는 지를 검토하고 개선해야 한다. 물론 거의 횡령 수준의 비리는 형사 처벌해야 할 현행법 위반사항이므로 제외하고 재원투입의 교육적 효과가 얼마나 있는지 학교운영 및 재정운영 면의 개선이 있어야 할 것이다. 대학이 특정 기업에 귀속되다시피 하는 현실을 우려하는 목소리에 동참하면서도 한편 기업의 합리적인 운영방식이 대학에 긍정적인 영향을 주는 부분이 분명히 있을 것이라는 생각이 든다. 다만 학술적이고 교육적인 비전에 관한 부분은 기업에서 영향을 끼칠 영역이 아니라는 생각에는 변함이 없다.

비용 측면의 공공성 논의에서 벗어나 대학의 사회적 책임에 정부가 어떻게 공조하고 지원해 전반적인 공공성을 극대화 할 것인가 고려해서 정부와의 공조를 통해 정책 입안, 수행, 결과 관리까지도 파트너로서 역할을 하는 곳이 대학이다. 유펜에 지역학교를 세우고 이를 토대로 지역사회에 봉사하는 복지활동을 시작한 것은 한국 상황에서 자세히 연구해 볼 만한 사항이다. 또한 정부의 ODA(Official Development Assistance) 수준이 OECD 국가 평균의 절반 정도이나 매년 크게 늘어나고 있는 추세인 것을 볼 때, 앞으로 해외원조를 누구를 통해 또한 어떤 형태로 전달하고 그로 인해 한국의 소프트파워를 높여갈 것인가에 대학의 역할이 클 수 있다는 것을 BUP 사례를 보면서도 느꼈다. 적정기술이든, 물자원조든, 기술 제휴든 한국이 모델이 될 수 있고 공조를 이끌어 낼 수 있는 여러 기회를 활용하는 것이 중요할 것이다. 그렇다면 한국이 이루어낸 민주화, 경제 성장의 기초가 된 과학 기술의 발전 등이 하나의 매개체가 될 수 있고, 대학의 축적

된 지식과 교육역량, 프로젝트 수행능력, 실천 봉사에 친화적인 조직 구성 및 구조 등이 대학을 이상적인 매개체로 만들 수 있다. 또한 더 매력적인 것은 대학은 매개체이지만 중간자 역할에 이상적이라는 것이다. 객관적이고 중립적이고 비영리 집단인 대학이 정부뿐만 아니라 사안에 따라 기업과 사회단체, 개인을 규합하고 이끌어 나갈 수 있다는 점이 중요하다. 대학이 효율성을 제고할 수 있다는 전제에서 펼치는 논지이지만 가능성이 매우 높아 보인다.

4. 결어

일찍이 칼 야스퍼스는 1946년 발간된 『대학의 이념*Idea of the University*』이라는 저서에서 "대학은 학자와 학생들이 모여 진리를 추구하는 작업에 매진하는 공동체이다." 라고 하였다. 2000년에 들어 어느 기고자는 대학교육 저널인 크로니클지 (Chronicle of Higher Education)에 지식에 대해 이렇게 정의했다. "지식은 벤쳐 캐피탈의 한 형태이다." 다분히 시니컬한 최근의 지식에 대한 시각이 말해 주듯 시대에 따라 대학의 역할과 대학이 추구하는 목표는 달라지기 마련이다. 과거에도 그래왔고 앞으로도 어떤 형태든 사회와의 상관관계를 계속할 것이다. 교육이라는 특성 때문이기도 하지만 가장 영속성 있는 기구 중 하나라는 점에서 공공성에 대한 논의 또한 앞으로도 계속될 것이다. 대학이 대중화되고 경제 모델과 공생하는 가운데 지식사회의 구심점이 되면서 사실 대학의 역할과 가치는 더 큰 화두가 될 가능성이 크다. 현대사회가 시장중심의 공리주의적 사회이자 자본주의 사회가 되면서 대학도 그 구성인자로 파악되는 것이 사실이다. 그래서 투자대비 수익 측면에서 바라보고 학생을 소비자로 파악한다. 일리가 있지만 이번 대학의 공공성에 대한 프로젝트를 하면서 느낀 점은 대학이 교육, 연구, 실천에 대한 뚜렷한 사명감과 목표의식 없이는 사회기류를 앞서나가는 인재를 기를 수 없고 사회적 책임을 다 할 수 없을 것이라는 생각이 들었다. 100년 인생을 대비하는 교육, 실용적이고 지구문제를 공동으로 해결해 나갈 수 있는 공익적인 연구자세, 그리고 캠퍼스 내에서 안주하지 않고 학생과 교수, 대학기관이 사회적 책임에 대한 실천적 사명감을 가지고 행동하는 것 등이 이 시대가 요구하는 대학의 공공성이 아닌가 생각한다. 유펜의 사례를 보면서 정부 및 각종 이해관계자와의 공조와 교류 속에서 대학의 시대적 사명과 정체성은 끊임없이 성찰되고 정의될 것이라고 느꼈다.

이 시대의 지도자들은 교육 및 교육기관에 대한 비전과 사명에 대해 고민해야 할 것이다. 벤저민 프랭클린이 당시 미국상황을 보면서 뚜렷하게 실용주의 교육과 연구에 힘을 실었던 것과 마찬가지로 말이다. 그러나 중요한 것은 그러한 비전을 소통하고 공감대를 얻어 정책으로 제시하려면 사회적 프로세스와 지도력이 따라야 한다. 벤저민 프랭클린의 비전이 그의 사후 곧바로 퇴색되었다는 사실에서 그 중요성을 알 수 있다. 따지고 보면 이 시대에 벤저민 프랭클린과 같은 지도자를 양성하는 것도 대학이니, 결국 대학과 이 사회의 미래는 대학이 공익적인 사명을 가지고 인재 양성에 달려있다고 할 것이다. "벤저민 프랭클린이 대학에 다닌 적이 없다는 사실은 아이러니지만 말이다."[15]

15 벤저민 프랭클린은 학생시절 보스턴 라틴스쿨을 다녔지만 졸업하지 못했다. 그래서 그가 정식으로 학교에 다닌 것은 10살이 마지막이다. 그 후 그는 왕성한 독서열로 혼자 교육을 계속했다.

참고문헌

서울경제. 2007. 「한국의 고급두뇌가 한국 외면」. 5월 22일.

Arum, Richard and Roksa, Josipa. 2011. *Academically Adrift : Limited Learning on College Campus.* The University of Chicago Press.

Bok, Derek. 2003. *Universities in the Market Place : Commercialization of Higher Education.* Princeton University Press.

Franklin, Benjamin. 1973. *Autobiography of Benjamin Franklin.*

Lewis, Harry R.. 2007. *Excellence Without a Soul : Does Liberal Education have a Future?* Public Affairs.

MBN. 2012. 「하버드대 등록금 3.5% 인상」. 3월 27일. http://mbn.mk.co.kr/pages/news/newsViewphp?category=mbn00008&news_seq_no=1171556

Newman, Frank., Couturier, Lara. and Scurry, Jamie. 2004. *The Future of Higher Education: Rhetoric, Reality and the Risk of the Maket.* Jossey-Bass.

Inside Higher ED. 2007. 「Harvard Moves Ahead on Curricular Reform」. 2 Aug. http://www.insidehighered.com/news/2007/02/08/harvard

QS World University Ranking. http://www.topuniversities.com/university-rankings/world-university-rankings/2011

8

다문화와 공공성:
프랑스의 다문화 정책[1]

이 화 용

1. 들어가는 말

국경을 넘나들며 일어나는 경제 활동과 빈번한 교류 등으로 다문화사회는 많은 국가가 경험하는 공통의 상황이 되고 있다. 지구화 시대 다문화사회로의 전환은 한국사회 역시 겪을 수밖에 없는 변화의 하나이다. 지구화가 본격적으로 진행되기 이전, 이미 미국과 캐나다, 유럽 국가들은 자국의 정치적, 경제적 상황으로 인해 다문화사회

1 이 글은 2008년 정부(교육과학기술부)의 재원으로 한국연구재단의 지원을 받아 수행된 연구임(NRF-2008-005-J01802).

를 경험하면서 이를 견인할 정책과 사회적 틀을 만들기도 했지만, 한국의 경우 다문화사회는 매우 최근에 우리한테 익숙해지기 시작한 용어이다. 한국 사회에서 다문화는 한국남성과의 결혼을 위해 들어오는 외국인 여성과 주로 3D업종에 종사할 외국인 노동자 등의 유입으로 그 존재를 알리기 시작하였다. 2000년대 들어 이들의 수가 늘어나면서 한국은 다문화가 사회적 관심사가 되었는데, 2011년 현재 우리나라 인구의 약 2.5%는 외국인, 귀화자와 그들의 자녀들이다. 수치상으로는 한국도 다문화사회에 진입했다고 할 수 있다. 학계 일각에서는 이 정도의 수치로 한국을 다문화사회라 말하기는 어렵고, 더욱이 그것을 사회적으로 의제화 할 필요는 없다는 입장도 있다. 그러나 다문화가 지구촌의 많은 국가에게 피할 수 없는 현상이듯이, 앞으로 한국사회가 다문화를 지향하든 그렇지 않든 다문화는 점점 중요하고 복잡한 이슈가 될 것이다.

문화적, 인종적, 종교적으로 다양한 집단들이 공존하는 다문화사회로 전이하면서, 단일화된 국가 정체성과 문화가 분화된다. 다문화사회에서 국가 정체성을 어떻게 규정하고 어떠한 수위까지 다양한 문화적 가치를 수용하여 사회를 통합할 것인가는 많은 국가가 직면하고 있는 문제이다. 다문화사회에서 다양한 문화적 가치를 아우르는 사회통합 혹은 다문화정책의 기조는 크게 두 가지, 동화주의와 다문화주의로 대별될 수 있다. 동화주의는 유입된 이민자의 이전 문화를 인정하지 않고 이입국의 문화 속에 동화시키는 것을 말하며, 다문화주의는 다양한 인종, 문화, 종교적 배경을 가진 사회구성원들이 요구하는 문화적인 인정과 생존 요구를 수용하는 정체성의 정치

(identity politics)를 지지하여 사회 내 다양성을 인정함을 뜻한다.[2]

실제 다문화주의는 1960년대 미국과 캐나다 등에서 사회통합의 한 방법으로 고려되기 시작하였다. 미국의 경우, 다문화주의가 다양한 성적, 계층적, 인종적 갈등을 겪으면서 여러 사회적, 문화적 운동으로 발전되었다. 그 과정에서 미국 정체성에 대한 논의가 이루어졌고 다양한 소수집단의 정체성을 인정하는 다문화주의가 수용되었다(황혜성, 2007, 510-11). 한편, 캐나다는 자국에서 영어권, 프랑스어권과 다른 유럽계들 간의 견제를 인정하면서 다문화주의의 기초를 다져갔다. 1970년대 이민 유인정책에 따라 비유럽계의 이민이 증대되면서 소수집단의 정체성과 권리를 인정하는 다문화주의가 공식적인 통합정책으로 시행되었다. 이후 미국, 호주와 유럽 여러 국가들이 다문화주의를 이민자 통합정책 혹은 사회통합정책으로 채택하고 있다.

그러나 최근 들어 다문화주의 혹은 다문화정책을 시행하고 있는 여러 나라에서 다문화정책의 실패에 대한 선언이 이어지고 있다. 2010년 10월 메르켈 독일 총리는 다른 문화적 배경을 가진 사람들과 이웃으로 살고자 한 다문화사회를 위한 독일의 시도가 실패했다고 주장하였다. 2011년 2월 캐머런 영국 수상도 다양한 문화와의 병존을 인정해 온 다문화정책이 실제 영국 사회에 어떠한 소속감도 갖지 못하게 한 실패작이라고 고백하였다. 이어 프랑스의 사르코지 대통령 역시 프랑스에서 다문화정책이 실패했다는 발언을 하였다. 왜

2 김비환, 「한국사회의 문화적 다양화와 사회통합 : 다문화주의의 한국적 변용과 시민권 문제」, 『법철학연구』 제10권 2호(2007), 317-348.

유럽 주요 국가들의 수장들이 연이어 다문화정책의 실패를 언급하고 있는가? 프랑스, 독일, 영국은 지금까지 동일한 이민정책을 취해오지 않았고, 특히 프랑스와 독일은 다문화주의 정책을 행한 나라도 아니다. 영국은 서로 다른 문화의 공존을 수용하는 다문화정책을 시행한 반면, 프랑스는 이민자에게 프랑스적 삶에 대한 수용을 이민자들에게 요구하는 동화주의 정책을 써왔고, 독일의 경우 사민당과 녹색당의 연립정부가 나오기 전까지 이민정책 자체가 부재할 정도로 이민문제와 정책을 공론화시키지 않았다. 이처럼 서로 상이한 다문화정책을 사용했음에도, 위 세 국가들은 경쟁이나 하듯이 다문화주의의 실패를 말하고 있다. 유럽의 주요 국가 수장들이 다문화정책의 실패를 말하는 이유와 의도는 어디에 있는 것인가?

가장 직접적인 의도는 보다 개방적인 다문화사회를 위한 이민정책을 구상하고 시도하고자 했던 이전 정부에 대한 영국 캐머런 내각, 프랑스 사르코지와 독일 메르켈 정부의 비판이자 혹은 강경한 이민정책을 요구하는 내부 압력에 대한 반응에서 찾을 수 있다. 그러나 이것이 함의하는 정치적 의지는 보다 포괄적인 성격을 갖는다. 즉 이들 국가들의 다문화정책 실패 발언은 다양한 문화적, 인종적, 종교적 집단들이 공존하면서 다양한 가치와 기준에 의해 국가가 분화되는 결과를 갖기보다 지금까지 유지되어 왔던 국가의 정체성을 지지하면서 가겠다는 향후 정치 방향의 천명이라 할 수 있다. 이는 자본과 노동의 지구화로 인해 많은 국가들에게 이민문제가 점점 큰 비중을 차지하는 사안이 되어 격렬한 논쟁을 불러일으키는 시점에 나오는 것이어서 더욱 우리의 주목을 받는다.

최근 한국은 다문화 붐이라 할 정도로 다문화에 관한 관심이 매우 높았다. 2006년 한국정부는 공식적으로 다문화사회로의 지향을 표명하였다. 단일민족과 혈통을 강조해 온 한국의 특성상 다문화의 갈등이 없는 것은 아니지만, 지금까지 비교적 큰 충돌 없이 다문화사회로의 진행이 이루어지고 있다. 한국 다문화사회의 주요 구성원인 이주노동자나 국제결혼 이주여성이 겪는 어려움과 이들 이민자에 대한 비인권적 수준의 차별 등이 심각한 문제로 지적되기도 하지만, 다문화정책 자체에 대한 반대 소리는 거의 없었다 할 수 있다. 한국의 경우 다문화 역사가 짧지만 시민단체와 언론이 다문화 문제를 이슈로 부각시키고 정부가 이를 정책의제로 채택하면서 다문화정책이 비교적 무리 없이 진행되어 왔다. 선진이민국가에서 보이는 다문화사회의 오랜 갈등과 균열에 비해, 한국사회에서는 상당히 수월하게 다문화에 대한 합의가 일어난 것처럼 보인다. 그러나 다문화 역사가 짧고 다문화와 다문화정책을 둘러싼 노골적인 갈등과 담론을 거치지 않은 한국이 매우 순탄한 경로를 가고 있다는 판단은 너무 성급하다. 한국사회에서 다문화가 사회적 갈등의 이슈가 되지 않은 데는 시민단체와 언론이 다문화 문제를 일찍이 제기하고 이에 정부 차원의 정책과 지원이 뒤따라 이루어진 것에 일정 부분 이유가 있다. 그러나 다문화는 수면 위에 아직 적극적으로 올라오지 않은 잠재적인 사회적, 정치적 이슈이기도 하다. 이미 인터넷 상에서는 다문화를 비판하거나 부정하는 글들과 사이트들이 늘어나고 있으며, 근래 외국 이주민들에 의한 범죄 증가로 인해 이들에 사회적 반감도 커지고 있다. 이러한 사회적 분위기와 관련하여 다문화에 대해 친화적인 입장을 보여주었던 2000년대 정권의 성격이 앞으로도 지속되리라 장담할 수도 없다.

최근 유럽 국가들이 겪고 있는 다문화 관련 갈등과 정책의 변화에 비추어 볼 때, 향후 한국의 다문화 문제도 지지를 얻기보다는 갈등과 균열의 요소로 기능할 가능성이 적지 않을 듯하다. 이 글은 유럽 국가, 특히 프랑스의 다문화정책을 타산지석의 교훈으로 삼아 한국에서 보다 성공적인 다문화정책을 위한 요건을 고찰해 보고자 하는 하나의 시도이다. 이를 위해 이 글은 프랑스 다문화정책을 비판적으로 평가하고[3] 이를 준거삼아 한국 다문화사회에 관한 성찰의 기회를 갖고자 한다.

2. 프랑스 다문화정책 : 정치 갈등의 현장

프랑스라 하면 여러 인종이 어울리고 다문화적 포용에 매우 관대한 나라의 이미지가 떠오른다. 프랑스는 그 어느 나라보다 개인적 자유와 개성을 중시하고 있다고 인식된다. 그럼에도 톨레랑스의 국가 프랑스에서 일어나고 있는 인종적 갈등과 사회적 균열의 소리가 최

3 프랑스 다문화정책에 대한 평가는 프랑스 파리의 국제관계연구소의 베르토시 박사와의 인터뷰를 토대로 한다. 인터뷰는 2011년 7월 20일에 파리에서 이루어졌다. 베르토시 박사와의 인터뷰를 위해 많은 지원을 해 준 경희대 공공대학원과 중앙일보, 그리고 인터뷰에 응해 준 베르토시 박사에게 감사의 뜻을 전한다.

근 지구촌 뉴스로 종종 부각되고 있다. 1989년 크레유에서 일어났던 히잡 사건, 2005년 방리유에서 이민 2세대들이 주도한 소요사태와 지난 3월 툴루즈에서 있었던 무차별 사격 등 일련의 사건들이 프랑스 다문화사회의 현황과 고통을 보여준다.

프랑스는 오랜 이민역사를 갖고 있다. 이민자가 프랑스 전체인구의 8%가 넘는 프랑스는 오래 전부터 다문화사회를 이루어왔다. 프랑스는 산업화로 인한 노동력 공급을 위해 19세기 말부터 이민을 수용하였다. 제1차 세계대전 경 프랑스에 들어 온 이주노동자의 수는 더욱 증가하였는데, 이들 대부분은 유럽계였다. 주로 이들은 이태리와 스페인 국적의 사람들로서 프랑스와 유사한 문화적 유산과 배경으로 인하여 사회적으로 심각한 마찰이 없었다. 제2차 세계대전 이후, 다른 서유럽 국가와 마찬가지로 프랑스는 노동력의 부족으로 외국인 이민에 관대하였다. 급속한 경제성장으로 많은 산업인력이 필요했던 프랑스에 이슬람 문화권, 특히 알제리, 모로코, 튀니지 등 북아프리카 국가의 외국인 노동자가 유입되기 시작했고 1960년대부터 이들의 수가 눈에 띄게 증가하기 시작하였다. 낮은 출산율과 부족한 노동력으로 인해 프랑스 사회에서 별 문제 없이 이루어지던 이민이 사회적 문제로 부상한 것은 1970년대 중반이었다. 이 시기는 이른바 '영광의 30년'이라 불리던 1945년부터 1973년까지 좋은 시절이 가고 중동전쟁으로 인한 전 세계 오일쇼크로 프랑스도 높은 실업율을 기록하던 때였다. 프랑스의 부족한 노동력을 채워주던 무슬림 이주민도 더욱 어려운 환경에 처해지고 문화적 갈등도 겪게 되면서, 무슬림 이주민들을 프랑스 사회의 문제아로 보는 인식이 생겨나기 시작했다.[4]

이민의 역사가 오래된 만큼, 프랑스에는 다문화사회를 견인해 온 많은 노하우가 있을 법하다. 그럼에도 끊이지 않고 프랑스에서 인종적 갈등과 논쟁이 일어나고 있다. 프랑스 사회를 견인해왔던 다문화 정책의 특성은 무엇일까? 혹은 톨레랑스의 이미지와는 달리 다문화사회를 이끄는 진지한 노력이 없었던 것은 아닐까? 혹은 다문화를 다루는 접근방식과 패러다임에 문제가 있었던 것인가?

프랑스 다문화정책의 이해와 평가를 위해 파리에서 활동하는 해당분야 전문가와 인터뷰를 가졌다. 2011년 7월 필자는 인터뷰를 위해 파리를 방문했다. 한 여름의 파리는 관광객으로 보이는 많은 사람들로 매우 북적거렸다. 파리 시민도 이전만큼 긴 여름 바캉스를 떠나지 않는다는 지인의 설명을 듣고 나니, 파리 시내를 메운 사람들이 세계 각국에서 몰려 온 관광객인지 다양한 얼굴색의 파리 거주민인지 나로서는 알 길 없었다. 한 여름의 파리는 자유분방해보였고 아주 개방적이고 활달한 에너지 넘치는 도시의 분위기를 맘껏 뿜어내고 있었다.

프랑스 다문화사회에 관한 이야기를 나누기 위해 프랑스 국제관계연구소(IFRI)의 크리스토프 베르토시 박사를 만났다. 프랑스 국제관계연구소는 국제문제와 글로벌 경향에 관한 정책지향적 연구를 하는 대표적인 민간 싱크탱크이다. 베르토시 박사는 이 연구소에서 이민과 시민권센터 책임자로서 다문화와 시민권 문제와 관련된 주목

4 박단, 「프랑스 : 공화국과 무슬림 이민자」, 박단 엮음, 『현대 서양사회와 이주민: 갈등과 통합사이에서』(서울 : 한성대학교출판부, 2009), 18-19.

사진 : 프랑스 다문화정책과 쟁점에 관하여 이야기를 나누고 있는 프랑스 국제관계연구소의 베르토시 박사와 필자

할 만한 여러 연구 성과를 내고 있다. 베르토시 박사가 일하는 국제관계연구소는 관광객으로 넘치는 파리 중심부에서 조금 떨어진 곳에 있었다. 한국으로부터 인터뷰를 위해 날아 온 필자를 베르코시 박사는 매우 반갑게 맞아주었다. 그러나 일단 인터뷰가 진행되자, 베르토시 박사는 프랑스의 기존 다문화정책에 대해 매우 비판적인 날을 세웠다.[5] 먼저 인터뷰의 물꼬를 트기 위해 사르코지 대통령의 발언부터

5 베르토시 박사의 주장이 프랑스 다문화 사회를 모두 설명하지는 않는다. 그러나 그와 인터뷰를 통해 프랑스 다문화사회를 가늠하는 하나의 의미 있는 시각

꺼냈다. 베르토시 박사는 대뜸 프랑스에서 다문화주의는 아예 없었다고 말한다. 성공인가 실패인가를 논하기에 앞서, 프랑스 다문화주의가 없었다는 베르토시 박사의 지적은 매우 긴장되고 흥미로운 시작임에 틀림없었다.

베르토시 박사는 먼저 자신이 사용하는 다문화주의 용어가 사회 내의 다양성이라는 매우 단순한 의미임을 설명했다. 이미 다문화주의 관련 저서를 여러 권 출판한 바 있는 그가 다문화주의에 대한 역사적, 철학적 논의와 쟁점을 모르는 바가 아닐 것이다. 나아가 다문화주의가 특정 지배문화를 전제하고 그 하위문화로 다문화를 위치시키는, 지배를 위한 규범적 용어 혹은 그와 같은 정치적 지배를 중립화시키는 방법이 될 수 있다는 것도 잘 알고 있을 터였다. 베르토시 박사는 프랑스 다문화사회를 이해하기 위해 다문화주의에 대한 엄격한 학문적 논의보다는 다문화 현상 그 자체에 주목했다. 그는 프랑스 사회에서 진정 필요한 것은 프랑스 사회에 문화적 다양성이 존재한다는 사회적 사실을 인정하고 이를 수용해야 한다고 역설했다. 프랑스에서 다문화주의란 없었다는 베르토시 박사의 단언은 다문화주의의 개념과 관점에 따라 여러 갈래로 해석할 수 있는 주장이지만, 베르토시 박사는 자신이 사용하는 다문화주의 용어를 간단하게 다양성으로 이해하면 무리가 없다고 밝혔다. 결국 그는 프랑스 사회에서 다문화주의가 없었다는 사실은 실제로 문화적, 종교적, 인종적 다양성에 대한 인정이 없었다는 의미라고 덧붙였다.

으로 이해하고, 이를 우리 사회의 반면교사로 삼기를 기대해 본다.

> 프랑스에서 다문화 논의는 정치적 논쟁일 뿐이다. 다른 유럽국가와 마찬가지로, 프랑스에서 다문화사회는 정치적 필요에 의해 유지되었다. 다문화정책은 정치적 위기에 대한 모면책으로 제시되었을 뿐이다.

프랑스에서 이민이 사회적 문제로 대두되기 시작한 1970년대 중반부터 이민은 정치적 이슈가 되었고 이민자 정책은 좌파나 우파 정권의 성향에 따라 변화를 보였다. 이민자 유입을 긍정적으로 받아들였던 프랑스 경제가 악화되고 프랑스인과 북아프리카 지역에서 온 마그레브 사람들과 반목이 깊어지면서, 1974년에 집권한 지스카르 데스탱 정부는 이민에 대한 통제를 시작했다. 정부는 이민자 모집에 대한 제재와 이민자 송환정책 등을 시행했으나, 이 시기 이민통제는 이전에 비해 상대적으로 높아진 것이지 실제 크게 적극적이지도 강압적이지도 않았다. 오히려 프랑스에 들어온 외국인이 사회에 적응할 수 있도록 사회적 기반을 지원하고 이민자의 가족 합류를 허용하며 영주권 부여도 매우 느슨하게 이루어졌다.

1981년에 시작된 사회당 미테랑 정부는 이민 친화정책을 보였다. 정권 초기 미테랑 정부는 경제적 필요가 아닌 사회주의 이념에 따라 프랑스 사회에 있던 불법이민자를 합법화시키고 이민자 가족결합에 대한 제한 등을 없애버렸다. 그러나 이러한 정책이 오히려 프랑스의 반 이민정서를 더욱 부추기는 계기를 제공하였다. 그 결과 이민을 반대하는 극우정당인 민족전선이 부상했는데, 민족전선은 프랑스 사회의 위기를 이민자들의 존재와 연결시켰다. 미테랑 정부도 이민자, 특히 마그레브 국가 출신 사람들에 대한 반감의 확대로 인해 강화된 이민정책을 취하지 않을 수 없었다. 뒤푸아 법을 통해 일정기간 프랑스에 거주한 외국인에게 자동적으로 부여했던 10년 체류권에 제재를 가했고 파스쿠아 법을 제정해 외국인의 프랑스 거주를 한층 어렵게 하는 조건들을 내놓았다.

우파정권의 시라크 대통령 재임(1995-2006) 중 이민정책은 더욱 반이민적으로 전개되었다고 할 수 있다. 입국과 체류 조건을 엄격히 하고 통제함으로써 불법입국을 저지하기 위한 법률들이 마련되었다. 한편 1997년에 구성된 사회당 조스팽 정부는 불법체류자들에게 합법적 지위를 주는 정책을 시행하는 등 이민자를 차별하는 통합정책을 고쳐나가는 노력을 기울였다. 이처럼 정권의 성향에 따라 정책적으로는 이민정책에 대한 유화의 편차가 두드러졌다.[6]

이처럼 프랑스의 이민정책은 정권 성향에 따라 다르지만, 이민은 통제해야지 고무해서는 안 된다는 정치적 공감대가 이루어졌고, 사회적으로도 이민에 대한 반감이 증가하였다. 마찬가지로 점점 더 열악한 생활을 감당해야 하는 프랑스 이민자들도 불만과 좌절에 빠졌다. 정치적으로 배제되고 교육 수준이 낮으며 취업률은 보잘 것 없는 이민자들을 반길 사회란 없으며, 그러한 차별 사회에 충성하고 깊은 소속감을 가질 이민자 또한 없을 터이다. 기존 사회 구성원과 이

---

6 김민정, 「프랑스 이민자정책 : 공화주의적 동화정책의 성공과 실패」, 『세계지역연구논총』 25집 3호 (2007), 5-34.

민자 간의 긴장관계는 악순환을 반복해서 전자는 사회적 불안의 원인을 후자에게, 후자는 출구 없는 자신들의 삶을 만든 주범을 전자에게 떠넘기고 있었다. 이민문제는 정치적 이슈가 되기에 충분하였다. 정치권은 무엇보다 표를 의식하여 기존 사회구성원의 반 이민정서에 반응하지 않을 수 없었고 이들 구성원의 입장에서 사회적으로 박탈되고 정치적으로 소외된 계층을 구성하는 이민자 문제를 취급했다. 이 과정에서 다양한 문화의 차별 없는 공존과 어울림을 지향하는 다문화주의 의미는 희석되고 주변화 될 수밖에 없어 보인다. 다문화정책이 일관성 있는 정치적 비전의 산물이 아니라 상황에 민감한 발 빠른 대책이라는 비판이 과장이 아니며, 베르토시 박사가 프랑스 다문화주의 논의를 정치적 필요에 따른 정치적 논쟁일 뿐이었다고 강하게 비판한 것은 바로 이런 맥락과 닿는다.

프랑스 다문화정책이 이민자 당사자를 주체화시키지 못한 정치적 논쟁에 불과했다는 지적과 함께, 다문화정책이 진정성을 갖지 못한 이유로는 다문화통합정책의 이데올로기가 꼽히고 있다. 프랑스는 이민자 통합정책의 두 가지 틀, 즉 동화주의와 다문화주의 중 동화주의를 통합정책의 기조로 택해 왔다. 이는 사회통합을 위해 다른 문화를 가진 이민자가 프랑스의 문화와 가치 속으로 섞여서 복종과 순응해야 함을 의미한다.

프랑스 사회통합 정책의 기저가 되는 동화주의는 프랑스 공화주의 원칙에 근거한다. 공화주의는 프랑스 혁명의 유산이자 프랑스 공화국의 정치이념이기도 하다. 공화주의는 모든 사람은 동등하며 차별해서는 안 된다는 인류 평등을 강조한다. 프랑스는 자유와 평등, 박애를 표방하는 공화주의에 의거해 이민자들도 프랑스 시민이 될 수 있다는 논리를 전개한다. 프랑스 공화주의는 일견 매우 평등한 자유이념처럼 보인다. 그러나 인류평등을 지향하는 프랑스 공화주의와 이민자의 정체성을 인정하지 않는 프랑스 동화정책은 상호모순 아닐까? 진정한 공화주의라면 외국에서 들어 온 이민자라 할지라도 그들이 지향해온 정체성과 그 속에서의 자유를 인정해야 하지 않을까? 왜 이민자의 문화적 정체성은 인정되지 않을까? 그 대답은 복잡하지 않다. 프랑스 공화주의는 매우 제한적인 의미의 자유와 평등을 지향하는 정치 이데올로기이다. 다시 말해, 프랑스 사회가 정해놓은 틀 속에서 프랑스 시민을 위한 프랑스 공화주의가 작동할 뿐이다. 외국에서 온 이민자는 프랑스의 용광로 속에서 섞여 프랑스인으로 거듭 태어날 때 비로소 평등하고 자유로운 시민이 된다. 이민자들이 이전에 가졌던 문화적, 종교적 정체성이 공적영역에서 포기되고 대신 프랑스 정체성을 따를 때 이들은 프랑스 공화국의 구성원이 될 수 있는 것이다. 이것이 프랑스 공화주의 동화정책의 논지이다.

문화적 정체성과 차이를 인정하지 않는 공화주의 통합방식인 동화정책에 대한 문제제기가 점점 거세지고 있다. 베르토시 박사는 프랑스가 명실상부한 다문화사회로 자리 잡기 위해서 공화주의 동화정책에 대한 재검토가 필요하다고 보았다.

> 개인의 자유를 인정하는 공화주의를 내세우면서 프랑스 시민이 된 이민자의 정체성을 부정하고 이들에 대한 차별을 보이는 것은 일관성있는 공화주의가 아니다. 실제로 공화주의가 이민자 정

책에 적극 동원된 것은 1980년대 이후로 최근의 일이다. 공화주의에 의거한 동화정책은 정치적 필요에 따른 정치 이데올로기일 뿐이다.

실제로 프랑스의 공화주의 통합 모델은 무슬림 이민자들이 대거 들어오면서 만들어진 정책이다. 이전 유럽계 이주민들이 프랑스 사회에 들어올 때는 통합의 문제가 정치적, 사회적 이슈가 되지 않았다. 그러나 종교에 근거한 문화적 차이가 뚜렷한 무슬림의 수가 늘어나면서 프랑스 이민자 통합모델은 매우 중요한 문제가 되지 않을 수 없었다. 특히 이는 무슬림 이민자들이 가족과 함께 정주하기 시작하는 1980년대부터 가속화되었다. 공화주의적 동화주의는 정치적 필요에 의해 급조된 이민자 통합정책의 정당화 논리라는 것이다.

프랑스 이민자 통합모델인 동화주의가 야기한 프랑스 사회 내 이민자, 특히 무슬림과의 갈등과 긴장의 대표적 사례로 1989년 히잡 사건을 들 수 있다. 이는 무슬림 여성들이 머리에 쓰는 스카프를 칭하는 히잡 착용을 둘러싸고 일어난 일련의 사건이다. 파리 북쪽에 위치한 크레유에 세계 각국에서 이주해 온 학생들로 구성된 그야말로 다양한 문화가 모인 학교가 새로 문을 열었다. 모로코 출신의 자매는 학교에 히잡을 착용하고 왔다는 이유로 퇴학을 당하였다. 전통적으로 프랑스의 공립학교에서는 정교분리 원칙에 따라 종교적 상징 착용을 금지해 왔고 이에 따라 학교장은 퇴학결정을 내렸던 것이다. 프랑스를 뜨겁게 달군 이 사건에서 가족과 학교는 교실을 제외한 학교 다른 곳에서 히잡 착용 허용이라는 타협점을 찾았다. 그러나 이

사건은 1989년에 끝나지 않고 이후 히잡 착용을 각자의 이해관계에 따라 해석한 종교권과 극우 정치조직 등과 얽혀 매우 복잡한 사회적, 정치적 문제가 되었다. 가톨릭계와 이슬람교 양쪽 모두 이를 공립학교에서 종교 도입을 위한 계기로 삼고자 하였다. 반면에 우익은 히잡 착용을 이슬람 문화의 정착으로 우려하여 반대하거나 오히려 히잡 착용을 찬성하여 우월성을 전제로 하는 문화적 차이를 선명하게 부각시키고자 하였다. 히잡 착용 문제는 프랑스 전체 사회에 많은 논쟁을 반복하다, 2004년 상하원에서 '종교적 상징 착용 금지법'이 통과되면서 일단락되었다.

프랑스에서 정교분리의 공화주의 전통은 프랑스 역사에서 이루어진 공적 약속이다. 특히 프랑스 공립학교에서 특정 종교의 상징물 착용을 허용하지 않는 원칙은 역사적으로 가톨릭 교권주의자의 교육에 반대한 프랑스 공화국 교육과정 세속화의 일환이었다.[7] 정교분리는 프랑스 역사 맥락에서 충분히 이해되어야 할 전통이나, 문제는 19세기 말에 정해진 이 원칙에 갇혀 21세기의 시대적 변화를 인식하지 못한 데 있다. 변화에 대한 이러한 무감각이 전통을 고수하려는 에드먼드 버크식의 역사적 보수주의인지, 문화적 차별의 결과인지 확실하게 말할 수는 없다. 그러나 십자가나 유대교 키파(kippa) 착용으로 인한 논쟁이 프랑스 사회에서 공론화된 적이 없었던 점을 기억한다면, 베르토시 박사의 공화주의적 동화주의가 급조된 정치적 이념이라는 주장이 단지 감정적인 표현만으로 들리지는 않는다.

7 박단 엮음, 『현대 서양사회와 이주민 : 갈등과 통합사이에서』, 563-4.

2005년 프랑스 방리유에서 일어난 소요사태는 프랑스 이민자 통합정책의 본질을 더욱 의심케 하는 사건이었다. 10월 27일 축구시합을 보고 귀가하던 두 이민자 세대의 10대 소년들이 갑작스런 검찰 검문을 피해 달아나다 감전사하였다. 이를 계기로 프랑스에서 폭력이 난무하는 과격한 소요사태가 일어났다. 이 소요는 비상사태 법을 발효해야 할 정도로 매우 심각하고 오래 지속되었다. 소요는 그 동안 누적되어 있던 무슬림 이민자 차별에 대한 폭발이기도 하였지만, 사건이 일어난 후 프랑스 정부의 조처에 대한 강한 반발이기도 하였다. 무슬림 이민자들을 열등한 인생으로 취급하고 차별한다는 이민자들의 반발과 자신들의 종교적, 문화적 정체성을 잊지 않고 프랑스 사회에 동화하지 않으려 한다는 이민자에 대한 정부의 비판 사이에는 상호 대립만 있을 뿐이다.

베르토시 박사 역시 프랑스 사회에 깊이 만연된 인종차별의 현실을 짚었다.

> 프랑스 사회에 사는 이민 2, 3세대들은 완벽한 프랑스 시민이다. 그들은 자신의 부모세대와는 달리 문화적 정체성을 주장하지 않는 경우도 많고 여느 프랑스인처럼 살아간다. 그렇다고 이들이 프랑스 사회에 통합되었나? 아니다. 이민자들과 소수 인종은 프랑스 사회에서 차별을 받고 있다. 사회 불안과 경제적 위기가 이들 때문이라고 밀어붙이는 것도 이러한 차별의 하나이다.

다시 사르코지 대통령의 발언으로 돌아가자. 사르코지 대통령의 다문화정책 실패 발언의 기저에는 다문화사회를 제대로 다루지 못한 정부 정책에 대한 비판보다는 이민자들로 인해 프랑스의 정체성이 제대로 지켜지지 못했다는 주장이 더욱 강조되고 있다. 사르코지 대통령의 발언은 앞으로 제대로 지켜내지 못한 프랑스 정체성을 강화하는 방향, 다시 말해 동화주의정책을 포기하지 않고 계속 프랑스 이민자 정책의 기준으로 삼겠다는 의지를 시사한다.

프랑스 다문화사회의 갈등과 균열의 원인에 대한 사르코지 대통령 발언과 이민자들의 차별을 비판하는 베르토시 박사 사이의 의견 간극은 이민문제를 바라보는 프랑스 사회 내의 대조적인 입장을 그대로 보여준다. 즉 이민자들에 의해 흐려진 프랑스 정체성을 회복하자는 주장, 프랑스 주류사회의 만연된 인종 차별, 동화주의 이민정책의 지속적인 강행과 이민자 통합 모델의 수정 요구 등은 오늘날 프랑스 사회의 모습들이다. 지구화 시대, 프랑스뿐 아니라 지구촌의 많은 나라에게 이민 혹은 이주민의 유입은 공통된 추세이다. 앞으로 다양한 문화권의 사람들과 함께 사는 것은 선택이라기보다 불가피한 현실처럼 보인다. 다문화 현실을 받아들이고 이를 이끌어 가는 방법도 이전과 같을 수 없을 것이다. 프랑스의 동화주의 모델 역시 변화를 모색하지 않을 수 없을 듯하다. 공화주의가 곪아 터진 구시대 프랑스에 대한 답이었듯이, 배타성과 차별이 심화된 프랑스를 진단하고 추동할 새로운 정치의 전환이 필요한 시점이다.

3. 그리고 한국

우리나라 인구의 약 2.5%는 외국인, 귀화자와 그들의 자녀들이다. 외국 이주자 비율이 인구의 5%정도에 이를 때 이를 다문화사회라 명명할 수 있다는 학설에 따른다면, 한국도 이제 다문화사회로 들어가고 있다고 할 수 있다. 산업인력의 부족으로 인해 1980년대 후반부터 들어온 이주노동자와 1990년대 중반 이후 늘어난 국제결혼이주자 등이 한국 다문화사회의 주요 구성원을 이루고 있다. 어느 나라든 이민정책은 이민 혹은 이민자가 사회적 문제가 되면서 그에 따른 임시방편의 대응이었다. 우리나라의 사정도 크게 다르지 않다. 이주노동자와 국제결혼 이주여성들이 들어오기 시작하던 1980년대 후반과 90년대, 한국정부는 이들에 대한 어떠한 정책과 비전도 갖추고 있지 못했다. 더욱이 한국의 경우, 외국인 노동자 유입에 대한 논의와 이에 따른 준비기간도 없이 인력난이 심화되어 이민정책의 방향과 비전은 생각할 겨를도 없었다.[8]

이주노동자의 수가 급격히 증가하고 산업 현장에서의 요구가 높아지자 정부는 이주노동자에 대한 첫 지침을 만들었다. 그것이 1993년 채택된 산업연수제이었다. 산업연수제를 통해 당시 산업체에 취업 중인 미등록노동자를 산업연수생의 이름으로 제도화시켰다. 그러나 근로기준법의 통제를 받지 않는 산업연수생은 저임금으로 오랜

---

8 이혜경, 「아시아 태평양 지역의 외국인 노동자 고용에 관한 연구」, 『한국사회학』 31권 3호 (1997), 497-527.

노동시간의 격무에 시달리면서 오히려 미등록 노동자보다도 못한 조건에서 일을 하는 등 여러 폐단이 노정되었다. 결국 산업연수제는 이주 노동자의 인권침해와 불법체류의 문제를 낳는 동시에 외국인노동자를 저임금으로 싸게 사려는 의도라는 비판을 받았다. 이러한 폐단을 고치고자 2004년 이주노동자 인력활용정책이 산업연수제에서 고용허가제로 변경되었다. 그럼에도 값싼 노동력을 선호하는 중소기업 쪽의 이해관계와 맞물려 산업연수제는 고용허가제와 병행되다 2007년에 와서야 완전 폐지되었다. 이주노동자가 고용허가제로 인해 법적 지위를 갖게 되었지만 내국인 노동자와 같은 권리를 갖는 것은 아니며, 고용허가제의 명칭에서 시사되듯이 이주노동자의 구직은 고용자의 권한에 달려 있다. 또한 고용허가제를 시행함으로써 감소할 것으로 기대되었던 미등록 불법 체류 노동자의 수가 늘고 이주노동자에 대한 비인권적 처우에 대한 문제 제기가 지속되고 있다.

한편, 1990년대 이후 결혼이민자, 특히 농촌 지역에서 국제결혼 이주여성의 수가 급증하였다. 다문화정책이 발표된 2006년 통계를 보면 전체결혼의 11.9%, 농촌지역의 경우 35.9%가 국제결혼을 하였다.[9] 한국에 온 국제결혼 이주여성들이 외국인이라는 이유로 복지의 사각지대에서 혜택을 전혀 받지 못하고 있었을 뿐만 아니라 결혼 이주여성에 대한 비인권적인 사례가 종종 보고 되었다. 그럼에도 결혼 이주자, 특히 농촌 지역 국제결혼 여성이주자에 대한 실태조사와 정책 등이 지역적 수준에서 미비하게 이루어질 뿐이었다.

9 김민경, 『다문화가족의 이해』(파주 : 한국학술정보, 2012).

다문화문제의 심각함을 인지한 한국정부는 2006년 다문화사회로의 전환을 공식 선언하며 일련의 다문화정책을 발표하였다. 2006년 4월 26일 국제결혼 이주여성에 대한 차별을 해결하고 다문화가족을 보호하려는 '결혼이민자 가족의 사회통합 지원 대책'을 발표하고, 5월 26일 외국인 이주노동자의 처우 개선을 포함하는 '외국인정책 기본 방향 및 추진체계' 등 일련의 정책이 발표되었다. 이듬해 2007년 7월 18일에는 다문화사회 정책 추진을 위한 법적 기반이 되는 '재한외국인 처우기본법'이 시행되었다. 이로써 한국정부는 사회 통합차원에서 다문화를 수용하려는 입장을 공식화하였다.[10]

2006년 이후 발표된 한국 다문화정책을 일별해보면 다음과 같은 몇 가지 특징을 찾을 수 있다. 첫째, 정책의 주요 목표는 사회통합에 있다. 다문화 정책을 통해 국제결혼여성과 이주노동자와 그 외 외국인들을 한국사회에 잘 적응하도록 아우르겠다는 취지이다. 둘째, 사회통합 방식은 다문화주의가 아니라 동화주의에 가깝다. 결혼이주여성의 경우가 대표적인 예이다. 가부장제의 한국 가정에서는 결혼을 통해 자신의 집안에 들어온 외국인 며느리, 아내가 전통예절 등의 한국 문화, 한국 가족으로 동화를 당연한 것으로 받아들인다. 가정에서나 지역에서나 결혼이주여성의 낯선 문화에 대한 이해보다는 이들을 한국 문화에 동화시키는 관행이 더욱 보편화되어 있다. 이주

10 이러한 다문화 정책과 법의 내용에 관해서 이혜경, 「이민정책과 다문화주의 : 정부의 다문화 정책 평가」, 『한국적 "다문화주의"의 이론화 최종보고서』(2007), 219-250 참조.

노동자의 경우도 다르지 않다. 한국에서 체류하고 원활한 적응을 위해 이들에게 한국어와 한국문화에 대한 습득을 요구한다. 프랑스와 같은 수준의 동화주의는 아니지만, 한국의 다문화정책은 동화주의 성향을 가지며 이는 한국사회 저변에 자리 잡은 다문화에 대한 국민적 정서이기도 하다.

셋째, 한국 다문화정책은 이주노동자보다 결혼이주여성에 중점을 두고 있다. 이는 한국 다문화정책의 목적이 국가 구성원의 보호에 있다는 지적과 무관하지 않다. 결혼이주여성보다 수적으로 더 많은 이주노동자가 한국 다문화정책의 주변에 놓여 있는 반면, 결혼이주여성이 다문화정책의 핵심을 이루는 것은 이들이 한국사회의 구성원과 결혼하여 다음 세대를 출산하고 양육하는 대한민국 가족의 일원이라는 데 그 이유가 있다.[11] 자국민보호의 목적은 정부의 이주노동자 관련정책을 일별해보면 더욱 두드러진다. 한국정부는 애초부터 이주노동자들의 정착화를 원하지 않았다. 경제적 인력 부족으로 인해 저임금의 이주노동자들이 필요했지만 이들에게 대한민국 구성원으로 살기 위해 요구되는 권리를 부여하는 일은 관심사가 아니었다. 고용허가제 시행으로 이주노동자는 최저임금 등 매우 기본적인 수준의 노동법을 적용받고 있지만 이주노동자의 구직은 당사자가 아닌 고용주의 허가에 의해 결정된다. 나아가 고용허가제에서 명시되고 있는 사업장 이동 금지조치는 이주노동자로 하여금 열악한 사업장의 조건에 대한 불만을 표명할 수 있는 기회를 단절시키며 사업주에게는 이

11 박종보·조용만, 『다문화가족지원법 마련을 위한 연구』(여성가족부, 2006), 10.

를 시정할 필요성과 의지를 제공하지 않는다. 이주노동자의 체류 기간 한정, 가족과 동반 거주의 불인정 등에서 보여지듯이 국제협약에서 인정하고 있는 기본적인 권한조차 인정하지 않는 실정은 한국 다문화정책의 현주소이기도 하다.

2006년부터 일련의 다문화정책이 나오면서 한국 다문화주의가 갑자기 정책담론으로 부상하였고, 이에 정부주도의 다문화주의를 우려하는 비판적 지적이 제기되기도 하였다. 위에서 보듯, 정부주도의 다문화정책은 소수집단의 권리 확보에 강조점을 두기보다는 민족주의 이념의 틀 속에서 이루어질 수 있기 때문이다.[12] 이는 매우 적절한 비판임에 분명하다. 그러나 한국의 경우, 이주노동자와 국제결혼이주여성 등에 관한 사회적 관심을 일으키고 이에 대한 정책적 대응을 도모하는 데 시민사회의 역할이 적지 않았다. 이민자문제가 사회에 위협이 된다는 인식 속에서 사후약방문의 정책을 내놓았던 프랑스나, 노동인력의 유입으로 인해 이주민이 존재했지만 이민국가로 공식화하는 것을 꺼려했던 독일의 경우와 달리, 한국 다문화정책에는 입안 초기부터 일정부분 시민사회의 참여가 있었다. 시민단체들의 주도적 활동과 언론매체들이 한국 다문화의 짧은 역사에 비해 다문화의 사회적 이슈화와 의제화에 큰 역할을 했다. 또한 시민사회에 우호적이었던 정권과의 시대적 조우도 지적하지 않을 수 없다.[13]

---

12 김희정, 「한국에서의 이주노동과 다문화주의」, 오경석 외 지음, 『한국에서의 다문화주의』(파주 : 한울아카데미, 2007), 21-56.

13 김선미, 「이주·다문화 실태와 지원 사업 분석 : 정부 주도와 시민사회 주도」, 『시

한국 다문화 역사가 짧고 이주민 규모가 크지 않은 상황 속에서 다문화정책이 다자주도(정부, 시민단체와 언론 등)에 의해 이루어졌다 해도, 한국 다문화정책이나 다문화사회 관련 정책 역시 정치적 필요성에 따라 정략적으로 이용될 가능성은 충분히 높다. 이미 정치적 고려에 의한 정책 결정 사례 경험도 있다. 예컨대, 이주노동자고용정책에서 문제가 많았던 산업연수생제도가 일찍이 파기되지 못하고 2007년에 와서야 없어진 것은 중소기업의 이해관계와 맞물려 있다. 1997년 당시 김대중 후보가 고용허가제를 공약사항으로 내걸었지만, 중소기업의 이해관계와 때마침 터진 IMF 사태로 인해 사실상 2004년에 들어서 시행할 수 있었다. 이 고용허가제 마저 산업연수생제도와 병행할 수밖에 없었고, 고용허가제로 일원화된 것이 2007년이었다. 또한 한국사회의 민족주의 이념은 다문화정책의 한계를 일찌감치 규정할 수도 있었다.

우리 사회의 미래를 위해서 한국 다문화정책의 방향이나 다문화주의의 필요성은 계속 합의점을 찾아서 소통해야 할 과제이다. 다음과 같은 대조적인 두 견해는 다문화에 대한 한국사회의 인식을 볼 수 있다는 점에서 시사점이 적지 않다. 하나는 한국다문화사회 관련 연구를 지속적으로 해온 김혜순의 견해로 그녀는 한국사회에서 정체성을 둘러싼 갈등이 크게 일어나지 않았고 시민단체와 정부의 주도로 인해 한국사회에서 다문화주의가 성급하게 수용된 감이 있음을

민사회와 NGO』 제7권 2호(2009), 189-228.

지적한다.[14] 다시 말해, 너무 짧은 시간에 다문화 열풍이 불어 다문화주의가 바람직한 방향으로 이해되어 마치 사회적 합의가 이루어진 것처럼 보인다는 것이다. 한편, '국경 없는 마을'의 프로젝트를 이끌었던 오경석은 한국 다문화주의 논의가 많이 이루어졌지만 다문화사회의 주체인 이주민의 소리를 반영하지 못하고 문화적 강조보다 더 중요한 이주민의 생존을 위한 진지한 고민이 부재함을 비판한다.[15] 이 두 견해는 다문화사회로 진행하고 있는 한국사회에서 다문화를 둘러싼 쟁점과 향후 방향에 관한 논쟁을 보여준다.

2006년 이후 한국 다문화 정책과 법 제정은 이주민을 한국사회에서 부족한 인력의 공급원이라는 도구로 보던 시각을 통합 대상으로 변화시켜 이들을 안으려는 시도이다. 정책과 법 마련을 통해 단순히 외국인 출입국, 체류 관리, 영주, 국적 제도 등의 행정 업무뿐만 아니라 사회 적응과 사회 통합과 같은 새로운 틀을 정비하기 시작했다. 이런 점에서 다문화정책으로의 변화 자체가 하나의 발전이라는 평가를 받을 수 있다. 그러나 통합의 의도와 목적이 대한민국 구성원을 위한 통합이며 정작 통합의 대상이 되는 이주민을 주체화시키는 노력은 빠져 있다는 비판은 유효하다. 다문화정책 결정과정에서 자신들의 목소리가 생략된 채, 현행 정책과 법체계에서 주어진 대로 살

---

14 김혜순, 「한국적 "다문화주의"의 모색 : 세계화 시대 이민의 보편성과 한국의 특수성」, 『한국적 "다문화주의"의 이론화 최종보고서』(동북아시대위원회, 2007), 1-34.

15 오경석, 「어떤 다문화주의인가? : 다문화사회 논의에 관한 비판적 조망」, 『한국에서의 다문화주의』, 21-56.

아야 하는 비주체적인 이주민의 존재는 우리사회가 성찰해야 할 과제임이 틀림없다. 그러나 이 과제의 핵심은 근본적으로 국민국가 체계의 구성과 맞물려 있다. 이는 프랑스나 한국이나 마찬가지이다.

4. 현장을 넘어서 : 다문화, 시민권과 공공성

프랑스와 한국 다문화정책에서 정작 이민자, 이주노동자나 결혼이주여성들의 권리와 목소리가 생략되어 있다는 비판, 이주민들에 대한 인권 차원의 대우와 배려가 부족하다는 지적은 마땅하다. 그럼에도 어느 국가든 다문화 관련 문제는 근본적으로 국민국가 체계의 구성과 맞물려 있어 그 대안을 찾기가 쉽지 않다. 이들 국가 모두 이주민과 이민자 문제를 다루는 데 국민국가 체계에서 가장 중요한 요소의 하나인 시민권 문제로부터 자유롭지 못하기 때문이다.

전통적인 시민권 개념은 정치공동체의 구성원에게 시민으로서의 권리와 의무를 행할 수 있는 일종의 허가증이다. 시민권을 가진 사람들은 정치적 권리, 문화, 언어를 공유함으로써 공통의 국민 정체성을 가질 수 있다. 경계 안과 밖을 결정하는 시민권의 소유 여부는 한 국가 내에서 개인 삶의 질을 가늠하는 필요조건 중 하나이다. 국가 구성원에게 주어지는 시민권 혹은 영주권 제도는 현행 국민국가 체계의 특성이지만, 동시에 다문화사회의 진행을 한계 짓는 요소가 되기도 한다. 국가체제 하에서 시민권은 이주민이 원한다고 주어지는 것이 아니라 국가의 결정에 의거한다. 시민권 제공이 없는 다문화주의, 다문화정책은 이주민에게 온전한 권리를 주지 못하므로 정치적, 사회적 배제 없는 다문화사회를 이루는 데 한계를 갖는다. 이주민들에 대한 차별과 이민정책이 근대국가의 경계와 국가 구성원의 보호라는 테두리 속에서 이루어지는 한, 다문화정책이 이민자와 이주인 통제와 관리 기술에 지나지 않는다는 비판은 과장이 아니다. 이주민들에 대한 차별은 문화적 차이에서 비롯되기도 하지만, 보다 근본적으로 이주민들의 사회적, 경제적, 혹은 정치적 참여가 곧 시민권 경계의 침범으로 이해되는 국민국가 체계와 결코 무관하지 않다.

국민국가 체계는 근대 이후 자리를 잡은 현실 정치의 틀이다. 그러나 오늘날 전개되고 있는 지구화의 속성으로 인해 국민국가의 기능과 역할, 권한이 변화하고 있다. 이것이 국가 공동체의 종언을 의미하는 것은 아니지만 적어도 변환이라는 점에는 크게 이의가 없을 것이다. 지구화의 특성인 사회적 상호작용의 증대, 네트워크화는 국민국가 체계의 수정을 요구한다. 다문화사회는 단지 개인적 사정으로 이주해온 사람들에 의해 만들어진 사회가 아니다. 정치, 경제, 문화, 사회 구조적인 상호연결성의 증가로 인해 결과된 다문화사회를 20세기 정치 동학으로 견인하기에는 제한이 있다. 다문화사회를 동화나 배제, 혹은 무늬만 다문화주의인 방식으로 다루어서는 21세기 다문화사회의 공존을 보장할 수 없다. 다문화사회를 위한 미래지향적인 담론이 절실하게 필요한 시점이다.

차등적 시민권(differentiated citizenship) 연구에 천착해 온 영(Young)은 공동의 시민권을 갖고 있음에도 사회문화적 정체성의 차이로 인해 사회적 소외감이 일어날 수 있음을 간파했다. 영은 집단적으로 특수화된 형태의 시민권, 즉 차등적 시민권을 제안하며 서로 다른 정체성을 가진 집단을 국민문화로 통합하는 전통적 시민권에 도전하였다.[16] 소이살(Soysal) 역시 전통적인 국민국가 시민권 개념을 넘어서, 영토에 근간하는 국적을 가진 개인이 아닌 지구촌의 구성원으로서 개인에 준거하는 탈국가적 시민권(postnational citizenship) 개념을 제안한다.[17]

영의 차등적 시민권, 소이살의 초국가적 시민권 개념 등은 국민국가가 직면하고 있는 다문화 문제에 대한 거대 담론의 응답이라 할 수 있다. 그러나 이와 같은 거대담론이 아직 구체화되어 있지 않은 상황에서, 다문화사회가 직면하고 있는 전통적인 시민권 개념, 국민국가 주권과 개인적 차원의 인권 갈등을 풀어 갈 정치적 유연성과 융통성이 필요할 것이다. 주권국가 경계와 인권 보편성 사이의 긴장을 완화시킬 수 있는 방법을 모색하고 인정의 정치학, 정체성의 정치학과 자유민주주의가 양립할 수 있는 해법에 대한 고민과 성찰이 요구되는 것도 이런 맥락에서이다.

근대 국가의 틀에서는 국가 구성원들이 자신 공동체에 대한 동일한 가치와 의견을 공유하며 동시에 국가도 그것을 요구해 왔다. 국가가 제시하는 가치가 곧 구성원이 취해야 할 가치였으며, 공적 가치

16 Iris M. Young, 'Polity and Group Difference : A Critique of the Ideal of Universal Citizenship', *Ethics*, 99/2(1989), 250-74.

17 Yasemin Soysal, *Limits of Citizenship: Migrants and Postnational Membership in Europe*(Chicago : University of Chicago Press, 1995), 2-3.

와 구분되는 개인들의 사적 가치 중 전자를 중시해야 한다는 인식이 지배적이었다. 국가에 의해 만들어진 정치적 정체성을 순순히 따르지 않고 자신들만의 가치를 지향하는 집단이나 개인의 수가 점차 늘어나고 있다. 21세기 국가 공동체에서 구성원이 지향하는 가치는 결코 일률적일 수 없고 매우 다양하다. 포스트모더니즘이 주장하는 가치의 존재 자체에 대한 부정을 인정하는 것이 아니라면, 21세기 다양한 가치와 의견이 존재하는 공동체에서도 공동체를 이끄는 공동 가치의 존재는 분명 필요하다. 21세기 시대적 변화에 부응해 국가는 가치를 만드는 주체로서의 권위도 능력도 잃어가고 있다. 이 지점에서 필자는 국가 주도에 의한 다문화사회가 아니라 공공성에 의거하는 다문화사회를 제안하고자 한다.

지금까지 공공성의 의미는 주로 사적인 것과 구분해 위압적인 공적 권위로 이해되어 왔다. 21세기 들어 공동체 내의 가치와 생활양상이 더욱 다양화되는 상황에서 공공성의 내용은 공적 영역의 문제로 제한될 수 없다. 공공성은 국가가 제공하는 공적 재화와 서비스가 아니라 올바른 정치 공동체 운영의 기준이 되어야 한다. 다원화된 현대 사회에서 공공성의 주체가 개인을 위압했던 권위적인 국가라는 주장은 더 이상 설득력을 갖지 못한다. 공공성이란 무엇을 뜻하는지, 그것은 어떻게 실제로 구현되어야 하는지는 국가가 아닌 공동체 구성원과 함께 그 내용을 찾아가야 한다. 이런 이해 속에서 공공성은 열린 담론의 공간이지 상명하달의 공적 권위가 아니다.[18]

---

18 사이토 준이치 지음, 윤대석 외 옮김, 『민주적 공공성』(서울 : 이음, 2009).

이러한 의미에서 다문화사회가 겪고 있는 정치적, 사회적 갈등을 해소하고 미래의 방향을 설정하는 데 공공성이 판단의 준거로 작용할 수 있다. 다문화사회에서 잠재되어 있거나 실제로 드러나는 문제들을 공론화시키고 해결하기 위해 국가 혹은 정치권에게 전적으로 의존하지 않고 시민사회 차원의 담론을 끌어내는 작업도 공공성을 도모하기 위해서이다. 21세기 공공성의 의미와 가치를 되새기며 적극적으로 공동체 전체 구성원과 대화하고 아우르는 노력 없이, 특정 소수집단을 사회에 위험하고 도전적인 세력으로 모는 담론이나 이들을 사회의 희생양으로 만드는 정략적 행위로는 다문화사회의 성공을 기대할 수 없다.

앞의 프랑스 다문화정책에 관한 장에서 프랑스 공화주의가 소수집단의 정체성을 인정하지 않는 동화정책의 정당화 논리로 쓰였음을 설명한 바 있다. 공화주의라는 보편적 정치이념이 오히려 배제의 기제로 사용된 좋은 예이다. 프랑스의 경우 보편성을 갖추었다는 공화주의 이념이 과연 누구를 위한 것인지, 그 본연의 의미를 실천하고 있는지 되묻게 한다.

한국 다문화 정책의 방향과 미래도 마찬가지이다. 국가가 제시하는 공적 가치나 시민권을 가진 구성원의 바램만으로 다문화 사회를 견인할 수 없다. 피할 수 없는 다문화사회의 진입이라는 현실 앞에서 공동체 모든 구성원의 공생을 위해 공공성에 대한 지속적인 논의와 성찰이 필요하다. 한국사회의 경우, 지금은 합의된 것처럼 보이는 다문화사회로의 전환이 언제 다시 국가적 쟁점으로 변할 수 있을지 모른다. 오랜 역사의 선진 다문화국가의 고민과 갈등을 반면교사로 삼아, 우리도 공공성 갖춘 담론의 확장을 준비해야 할 것이다. 21세기 세계 변화를 직시하면서 국민국가 체계 틀 속에서 유연성을 갖고 한국사회의 소수자에 대한 목소리에 귀 기울이고 이들과 함께 할 수 있는 진정한 공동체 정신이 필요하다. 이제 다문화사회를 성공적으로 이끌 수 있는 힘은 정치적 이해관계가 아니라 공공성에 근거한 담론의 확장과 이를 공적으로 실천하는 능력에 있을 것이다. 그 능력은 국가 구성원인 민관 협력 속에서 만개될 작품이다.

참고문헌

김남국. 2008. 「한국에서 다문화주의 논의의 전개와 수용」, 『경제와 사회』 겨울호.

김민경. 2012. 『다문화가족의 이해』. 파주 : 한국학술정보,

김민정. 2007. 「프랑스 이민자정책 : 공화주의적 동화정책의 성공과 실패」. 『세계지역연구논총』, 25집 3호.

김비환. 2007. 「한국사회의 문화적 다양화와 사회통합 : 다문화주의의 한국적 변용과 시민권 문제」. 『법철학연구』 제10권 2호.

김선미. 2009. 「이주·다문화 실태와 지원 사업 분석 : 정부주도와 시민사회 주도」, 『시민사회와 NGO』. 제7권 2호.

김영옥 외. 2009. 『국경을 넘는 아시아 여성들』. 서울 : 이화여자대학교출판부.

김혜순. 2007. 「한국적 '다문화주의'의 모색 : 세계화 시대 이민의 보편성과 한국의 특수성」, 『한국적 '다문화주의'의 이론화 최종보고서』. 동북아시대위원회.

김희정. 2007. 「한국에서의 이주노동과 다문화주의」. 오경석 외 지음. 『한국에서의 다문화주의』. 파주: 한울아카데미.

박단. 2007. 「프랑스의 이민자정책과 공화국 통합모델」. 『이화사학연구』. 서울 : 이화사학연구소.

박단 엮음. 2009. 『현대 서양사회와 이주민 : 갈등과 통합 사이에서』, 서울 : 한성대학교출판부.

박종보·조용만. 2006. 『다문화가족지원법 마련을 위한 연구』. 여성가족부.

사이토 준이치 지음. 윤대석 외 옮김. 2009. 『민주적 공공성』. 서울 : 이음.

오경석. 2007. 「어떤 다문화주의인가? : 다문화사회 논의에 관한 비판적 조망」. 『한국에서의 다문화주의』. 파주 : 한울아카데미.

이혜경. 1997. 「아시아 태평양 지역의 외국인 노동자 고용에 관한 연구」, 『한

국사회학』 31권 3호.

______. 2007. 「이민정책과 다문화주의 : 정부의 다문화 정책 평가」. 『한국적 '다문화주의'의 이론화 최종보고서』.

정희라. 2009. 「자유방임식 다문화주의」, 『현대서양사회와 이주민 : 갈등과 통합 사이에서』. 서울 : 한성대출판부.

황혜성. 2007. 「'용광로'에서 탈소수 민족의식으로」. 『서양사론』 93호.

Soysal, Yasemin. 1995. *Limits of Citizenship : Migrants and Postnational Membership in Europe,* Chicago : University of Chicago Press.

Young, Iris M.. 1989. 'Polity and Group Difference : A Critique of the Ideal of Universal Citizenship.' *Ethics* 99/2.

9

국제개발협력과 공공성: 세계백신면역연합(GAVI)의 아프리카 질병퇴치[1]

손 혁 상

1. 들어가며

메마르고 척박한 땅이라는 관념의 아프리카의 케냐 나이로비의 공항은 상상과는 달리 푸르른 나무들이 펼쳐져 있는 아시아의 공항이란 착각을 갖게 했다. 그러나 푹푹찌는 더위는 불쾌지수를 높이는데 일조를 하기도 했다. 필자 일행이 자동차로 이동하여 케냐의 수도 나이로비에서 120㎞ 떨어진 카지도에서 또다시 56㎞를 들어간

1 이 글은 2011년도 정부재원(교육과학기술부 인문사회연구역량강화사업비)으로 한국연구재단의 지원을 받아 연구되었음(NRF-2011-413-B00006).

모토로키 마을보건소. 이곳의 사무엘 온얀고(34) 간호사는 마을 보건사(Community Health Worker, CHW)들과 월례회의를 마치고 세 명의 CHW와 함께 자동차로 6㎞ 떨어진 마사이 부족 마을 왕진에 나섰다. 그는 마을 아이들의 출생일과 신체발달상황, 그동안의 접종 기록 등이 적혀있는 개인건강보건기록카드를 보면서 접종을 제때 받지 못한 아이가 있는지 파악했다. 이어 다라이얀 텐커세 펠레(생후 9개월)양이 예방 접종을 맞지 않았다는 것을 알고는 주사를 놓았다. 온얀고 씨가 아이 엄마인 논쿠자 엔올레 펠레에게 "이제 생후 1년 이전에 맞아야 할 주사는 다 맞았다. 안심해도 좋다"고 말하자 펠레는 웃음을 지으며 부족말로 "아이의 건강을 챙기는 엄마가 된 것 같아 기쁘다"고 말했다.[2]

인구의 절반 이상이 하루 소득 1달러 미만인 최빈국 케냐. 수도를 조금만 벗어나도 사방이 '사파리'와 다름없는 허허벌판인 이곳의 아이들의 예방 접종률은 2008년 47%에서 2010년 기준 79%로 높아졌다. 마을보건소에 가면 BCG, 폴리오, 홍역, DPT 등의 필수예방접종을 무료로 받을 수 있다. 보건소까지 가지 않더라도 자신의 마을 보건사에게 요청하면 보건소 직원이 왕진을 나와 접종해 주기도 한다. 이런 혜택을 누릴 수 있게 된 뒤에는 세계백신면역연합(Global Alliance for Vaccines and Immunization, 이하 GAVI)이 추진하는 새로운 국제 협

2 필자는 조선일보 김경진 기자와 함께 2011년 8월 25일부터 9월 1일까지 케냐 보건성과 마사이 거주 지역 보건소, 마을 등을 방문하여 GAVI사업에 대한 현장조사를 실시하였음.

력 모델이 있었다.

세계백신연합은 2000년에 설립된 민관협력기관으로, 선진국과 개발도상국의 정부, 세계아동기구(UNICEF), 세계보건기구(WHO), 빌 앤멜린다 게이츠 재단, 여러 NGO, 백신제조업체 등이 공동으로 설립한 새로운 형태의 국제조직이다. GAVI 설립을 주도했던 빌앤멜린다 재단의 빌 게이츠는 언론과의 인터뷰에서 "3살 때 말라리아로 죽는 것은 70세에 암으로 죽는 것과 다르다"며 "(백신 지원은) 인간이 보여 줄 수 있는 최고의 관용"이라며 지원을 호소하기도 했다.

이렇게 다양한 개발주체들이 참여한 GAVI는 다양하고 새로운 방법으로 재원을 확보하고 싼값으로 백신을 구매한다. 예를 들면 회원국들은 이사회의 요청에 따라 채권을 발행하고 이사회는 이를 즉시 현금으로 바꾸어 백신 구입비용으로 사용한다. 또 이해당사자인 제약회사를 이사회 구성원에 포함시켜 제약 회사에 맞춤형 백신을 제작할 수 있도록 지원하고, 이를 시장가보다 낮은 가격에 공급받는다.

지금까지 지구의 빈곤문제 해결을 위한 국제개발협력은 주로 선진국 중심의 개별국가차원이나 세계은행이나 UNDP 등 국제기구 중심으로 이루어져 왔다. 그러나 20세기 후반부터 옥스팜, 월드비전, 세이브더칠드런 같은 개발 NGO가 빈곤문제 해결에 기여하는 역할을 확대시켜 왔으며, 2011년 부산세계개발원조총회에서는 또 하나의 개발주체로서 기업의 역할과 책임을 강조하였다. 따라서 향후 빈곤문제 해결을 위한 개발주체간의 다양한 파트너십이 형성될 것으로 보이며 다양한 주체들의 연합인 GAVI는 향후 파트너십 진행에 주요한 시금석이 될 것으로 보인다.

이러한 배경에서 케냐의 현장조사 결과를 바탕으로 전통적인 원조공여국 중심의 개발재원 조달을 넘어 새로운 방식의 개발재원 조성이 필요한 상황을 조망해보고 대안적 개발재원 조성의 다양한 방식을 검토하려고 한다. 다음으로 GAVI의 비전, 성격, 사업효과를 논의하면서 이러한 방식의 개발협력사업 확산 가능성을 공공성의 확대 측면에서 모색해보고자 한다.

2. 대안적 재원조달 방식의 등장

1) 새로운 재원조달과 방식의 상황적 요청

현재 세계 10억 명 이상의 인구가 하루 1달러 이하로 생계를 유지하고 있다. 이러한 개도국 빈곤문제 해결의 책임이 일차적으로 누구에게 있는가하는 논쟁에서, 제2차 세계대전 이후 신생독립국의 기아와 빈곤문제가 식민지 종주국인 선진공여국의 책무라는 전통적 주장에서 이제 개도국을 비롯하여 국제기구, 기업, 시민사회 모두가 인류 공동의 책임이라는 국제적 합의로 변화하고 있다.

OECD의 통계에 따르면 1960년부터 2007년까지 OECD 개발원조위원회(Development Assistance Committee, 이하 DAC) 회원국들이 개발도상국에 제공한 공적개발원조(Official Development Assistance, 이하 ODA)는 순 누계로 USD 1조 7,021억을 기록하고 있다. 국가별로 살펴보면 미국이 약 4,000억 달러로 전체의 23.4%를 제공하여 최대공여국이었으며, 그 뒤로 일본, 독일, 프랑스, 영국의 순으로 나타났다. 한국도 2010년 OECD DAC에 가입하여 선진공여국 클럽의 일원이 되었으며 2013년 2조원 이상의 ODA 예산을 책정하고 있다. 최근에는 OECD DAC회원국뿐만 아니라 중국, 브라질, 인도, 남아프리카공화국과 같은 신흥공여국도 최근 개발도상국에 ODA를 남남협력의 방식으로 제공하고 있다.

개도국 빈곤퇴치를 위해 선진국가들이 ODA가 국민총생산(GNI)에서 차지하는 비율이 0.7%가 되어야 한다는 국제적 합의는 새천년개발목표(Milliennium Development Goals, 이하 MDGs)에서 천명되었고 2002년 몬테레이선언에서도 재확인 되었다. 그러나 OECD DAC이 이 비율에 대한 연례통계를 발표하기 시작한 1960년 이후 DAC국가들의 평균이 UN의 권고를 충족한 해는 한 번도 없었다. DAC 전체로 보면 1960년대 초에 0.5% 수준을 기록한 이래 계속 ODA/GNI 비율이 하향곡선을 그렸으며 특히 1980년대 냉전종식 이후 개도국에 대한 전략적 동맹의 유용성이 떨어진 이후에는 0.2%대에 그쳤다. 다만 2000년대 UN MDGs에 대한 국제적 관심이 높아지고 아프리카 최빈국에 대한 외채탕감의 영향으로 2000년대 중반 약 0.3%를 넘긴 후 그 수준을 현재 유지하고 있다(주동주, 2010). UN이 제시한 ODA 목표치(GNI 대비 0.7%)를 유지하고 있는 국가는 2010년을 기준으로 24개국의 DAC 회원국 중 덴마크, 룩셈부르크, 네덜란드, 노르웨이 및 스웨덴의 5개국 뿐이며, ODA/GNI 평균비율은 0.31%로 목표의 절반에도 미치지 못하고 있는 실정이다.

경제협력개발기구(OECD)가 발표한 OECD 개발원조위원회

(DAC) 회원국 2010년 공적개발원조 실적통계에 따르면, 2010년 한국의 공적개발원조(ODA, 순지출) 규모는 12억불로 2009년 규모(8억2천만불) 대비 25.7% 증가하여, OECD DAC 회원국 중 ODA 증가율 2위(1위는 포르투갈, 한국은 비EU회원국 중 1위)를 기록하였다. 그러나 한국의 2010년 ODA 규모는 23개 회원국 중 18위이며, GNI 대비 ODA 비율은 0.12%로 최하위(23위) 수준이다(외교통상부, 2011).

〈표 1〉 한국과 OECD-DAC 회원국의 연도별 ODA/GNI

(순 지출 기준, 단위 : %)

연도	2002	2003	2004	2005	2006	2007	2008	2009	2010
DAC평균	0.23	0.25	0.26	0.33	0.31	0.28	0.30	0.31	-
한국	0.06	0.06	0.06	0.05	0.05	0.07	0.09	0.10	0.12

OECD/DAC database, 외교통상부

최근 금융위기 속에서 공적개발원조(ODA)를 위한 선진국들의 급격한 재원확대에 대한 의구심이 증가하고 있다. 선진국들의 정부 예산으로 공여되는 ODA 자금이 여전히 가장 중요한 개발재원인 것은 분명하지만, 여기에만 의존해서는 2015년 MDGs의 달성이 불가능하다는 인식이 확산되고 있다. 선진공여국의 재정위기와 함께 민간자금을 개도국 개발사업에 활용하려는 국제적 논의는 필요한 개발재원의 확보를 위해 실험적으로 도입되었던 대안적 개발재원(Innovative Sources of Financing for Development)의 가시적 성과로 이어졌고, 대안적 개발재원의 활성화에 대한 논의는 더욱 활발히 진행되고 있다(조은진, 2010).

대안적 개발재원에 대한 국제적 논의는 2004년 1월 코피 아난 유엔사무총장의 적극적 지지아래 브라질, 칠레, 프랑스 대통령이 개도국 빈곤문제 해결을 위해 국제사회가 혁신적이고 대안적 재원을 개발해야 한다는 이니셔티브를 제네바에서 발의하면서 본격적으로 시작되었다. 이 후 2005년 9월 UN에서 알제리, 브라질, 칠레, 프랑스, 독일, 스페인이 공동으로 추진한 '혁신적 개발재원에 관한 선언'[3]이 79개 회원국에 의해 추인되었고, 2006년 파리에서 열린 혁신적인 개발재원 조달방법(Innovative Development Financing Mechanism)에 관한 장관급 회의 이후 대안적 개발재원에 관한 리딩그룹(Leading Group for Innovative development financing, 이하 Leading Group)이 조직되었다. 그 후 Leading Group은 대안적인 개발재원 조달방법에 대해 가장 주도적인 조직으로서, 우리나라 등 55개국과 세계은행(World Bank), 국제보건기구(WHO), 국제연합아동기금(UNICEF), 국제연합개발계획(UNDP) 등 15개의 국제기구, 20개의 NGO들이 회원으로 활동하고 있다(조은진, 2010; 김태균, 2011).

2) 다양한 대안적 재원조달 방식의 분류[4]

UN, UNDP, OECD, 그리고 Leading Group의 웹사이트는 현재 활발히 진행되거나 협의 중인 다양한 대안적 재원조달 방식에 대

3 Declaration on Innovative Sources of Financing for Development

4 www.un.org, www.undp.org, www.oecd.org, www.leadinggroup.org 웹사이트의 내용을 바탕으로 필자가 재정리.

한 내용을 다루고 있다. 대안적 재원조달 방식은 자금의 모금 방식에 따라 크게 새로운 수익 창출, 채권, 자발적 기여, 보증, 그리고 채무스왑의 5가지 형태로 나눌 수 있다. 대안적 개발재원 조달은 기존의 ODA와 다른 형태의 재원들이라는 면에서 ODA를 보완하는 장점을 가지고 있지만, 대부분 국제공조 가능성이 미비하여 현실적으로 실행되기에는 무리가 있다. 다만 항공권연대기여금의 경우는 상대적으로 국제적 공조체제 조건에서 자유롭고 국내법으로 기여금 조성의 실행 근거를 마련할 수 있다는 융통성이 강한 관계로 현재 전 세계적으로 가장 많이 선호되고 있다. 한국도 2007년부터 항공권연대기여금을 실행하고 있다. 그러나 이러한 대안적 재원조달 방식들은 공여국이 추구하는 전략적 가치가 취약국의 빈곤 퇴치라는 규범적 차원과 국내 정치적 책무성이라는 현실적 차원에서 발생하는 긴장과 갈등 속에 실제 정책으로 반영되지 못한다는 한계가 있다.

(a) 새로운 재원 창출

대안적 재원조달 방식 중 가장 많은 비율을 차지하는 것은 새로운 재원 창출을 통하여 재원을 조달하는 방식이다. 이러한 방식으로는 우선 세계적으로 가장 활발히 진행되고 있는 항공권연대 기여금과 화폐거래세가 있다. 이 밖에도 새로운 재원 창출 형식으로 청정개발체제(Clean Development Mechanism, CDM)와 탄소세, 공정기후펀드, 환경보호활동에 대한 기금, IMF의 특별인출권(SDR), 국가복권 등이 진행 또는 협의 중에 있다.

국제항공세 또는 항공권연대기여금(Air-ticket levy or Solidarity levy on air ticket)

국제항공세는 현재 가장 활성화된 대안적 재원조달 방식 중 하나이다. 국가에 따라 국제항공세(Air-ticket levy) 또는 항공권연대기여금(Solidarity levy on air ticket)의 형태가 있다. 국제항공세의 목적은 에이즈, 결핵, 그리고 말라리아 치료를 위한 자금의 축적에 있다. 2009년 기준 13국이 국내세금으로 적용하고 있으며, UNITAID 펀드는 기존제도를 통해 전달되고 있다. 현재 연 2억 5,000만 달러에 달하는 기금이 모이고 있다.

항공권연대기여금은 항공권이 결제될 때 정부에 의해 각 항공 여행객에 대하여 의무적으로 일정금액 기부가 되는 대안적 재원조달 방식이다. 현재 가장 많은 국가들이 참여하고 있는 재원 조달 방식으로 참여 국가들은 기금이 할당되는 UNITAID, 글로벌 펀드, GAVI와 같은 다국적 기구의 집행위원회로 역시 참여하게 된다. 현재 17개의 참여국이 항공권연대 기여금을 도입하고 있으며, 국가별로 최소 2만 7,000달러(마다가스카르)에서 최대 9억 9,720만 달러의 기금을 모금하였다. 우리나라 역시 항공권연대기여금을 제도적으로 실행하고 있으며, 7,500만 달러를 모금하였다.

탄소세(Carbon Tax)

탄소세와 환경에 부정적 영향을 미치는 활동에 대한 세금의 잠재력에 대한 관심은 점점 증가하고 있다. 탄소세는 화석 연료의 사용에 대한 세금을 부과하는 형식으로 탄소 배출의 감소는 물론 대안적 재원조달 방식으로서의 역할도 있다는 장점이 있다. UN의 보고에 따르면 OECD국가의 탄소 배출 1톤당 1달러의 세금을 부과한다면 2020년까지 100억 달러의 증액이 가능하다고 보았다. 최근 세계은행과 IMF는 탄소 배출을 줄이기 위하여 선진국의 항공 및 선박 연료 1톤 당 25달러의 글로벌 탄소세의 도입을 제안하였다. 이를 통해 2020년까지 2,500억 달러의 증액이 가능할 것으로 보인다. 지난 20년간 몇몇 국가에서는 국가적 차원에서의 다양한 탄소세가 실행되어 왔다. 그러나 국가수입에 비해 과잉된 세금부과를 감수해야 하는 저소득국가를 고려한다면, 국제적 차원의 통합적인 도입을 위해서는 더 세부적인 협의가 필요할 것으로 보인다.

글로벌 펀드(Global Fund)

공적개발원조 중에서 공적 기부(Official Contributions)로 국한한다. 글로벌 펀드의 목적은 에이즈, 결핵, 말라리아를 극복하기 위한 공적-사적 파트너십의 체결이다. 글로벌 펀드의 운영은 개발도상국의 제안을 기초로 하여 개개의 분배된 펀드를 공동 부담하는 방식이다. 현재 일 년에 32억 달러의 대안적 재원 조달이 가능하며, 2009년까지 140억 달러를 조달하는 성과를 이뤘다.

(b) 채권

채권발행을 통한 수익 창출 역시 대안적 재원조달 방식 중 하나이다. 대표적인 채권을 통한 대안적 재원조달 방식으로는 국제백신

개발 채권(IFFIm)과 이주자 채권이 있으며, 국제 백신개발채권의 경우 공여국이 채권 발행 주체이고, 이주자 채권의 경우 주로 중산층 국가가 채권을 발행해왔으나, 최근에는 저소득 국가도 채권을 발행하기 시작하였다.

국제백신개발채권(International Finance Facility for Immunization, IFFIm)

국제백신개발채권은 금융시장에서 채권을 형성하기 위해 공여 정부로부터 장기 공여보증을 이용하는 사설단체이다. 2006년 6개의 공여국가(영국, 프랑스, 이태리, 스페인, 스웨덴, 노르웨이)에 의해 시작되었다. 국제백신개발채권은 국제 자본 시장에 채권을 발행함으로써 ODA(특별히 면역 프로그램)에 활용될 자금을 모금한다. 국제백신개발채권은 공여국 정부의 장기 ODA 이행과 함께 20년에 걸쳐 장기적으로 민간 투자자에게 상환한다.

첫 발행 이후로 남아프리카 공화국, 네덜란드, 호주, 그리고 브라질 등 10개국이 참여하고 있다. 현재까지 5개의 시장에 10차의 시기에 걸쳐 19개의 개별 채권이 발행되었으며, 총 36억 달러의 자금이 증액되었다. 2010년 말까지 19억 달러가 70개 저소득국가에 분배되었다. 이는 2000년 GAVI 설립 이후 총 지불금액의 49.2%에 해당하며, 2006년 IFFIm 설립 이후 64%에 해당한다. 이렇듯 IFFIm을 통해 증액된 금액의 상반수는 GAVI로 조달되었으며, 이를 통해 GAVI는 저소득국가에 백신을 지원할 수 있었다. 2011년 말까지 IFFIm을 통해 막은 죽음은 13억에서 20억 8천만 명으로 평가된다. 2030년까지

63억 달러의 대안적 재원 조달이 가능할 것으로 예상된다.

(c) 자발적 기여

자발적 기여는 공공 및 시민사회 단체 혹은 기업 차원에서의 기여를 통한 대안적 재원조달 방식을 말한다. 대표적 자발적 기여 형식으로 국제디지털연대펀드와 Product(RED)가 있다.

Product(RED)

일부 기업들은 세부 상품(RED)를 생산하기 위해 자체적으로 이 재원조달 형식을 이행하고 있다. 이러한 상품 판매로부터 오는 수입의 일부는 에이즈, 결핵, 말라리아와 같은 질병 치료를 위한 자금을 조달하는 글로벌 펀드로 재할당된다. 주요 수혜 국가는 르완다, 가나, 레소토, 스와질랜드, 남아프리카 공화국, 그리고 잠비아 등이 해당된다. Product (RED) Initiative는 글로벌 펀드의 집행위원회에 의해 다국적으로 운영된다. 현재 American Express, Apple, Nike, Dell 등 12개의 다국적 기업이 참여하고 있다. 2006년 (RED)가 시작된 이후로 1억 7천만 달러가 글로벌 펀드에 지원되었으며, 에이즈에 감염된 750만 환자들이 (RED) 구매에 의해 지원되고 있다.

(d) 보증

민간 기업에 대한 인센티브 보증을 바탕으로 진행되는 선시장

공약(Advanced Market Committment, AMC)은 현재 항공권연대기여금과 함께 가장 활성화된 형태의 대안적 재원조달 방식이다. 이디오피아, 말라위, 니카라과, 인도 등 일부 국가에서 진행되고 있는 지표 기준 날씨 보험 역시 보증의 형태에 속한다.

선시장공약(Advanced Market Commitment, AMC)

공여국가와 제약회사 사이의 정부-민간의 파트너십의 형태이다. 제도적으로 선시장공약이 형성되면, 공여국가는 백신 개발을 위한 비용을 보장하기 위한 기금을 약속한다. 이러한 공약은 백신 개발회사에게 백신 개발에 투자하기 위한 보조금을 제공함은 물론 백신의 수요를 보장하고, 생산량을 확대할 수 있다. 이러한 약속을 바탕으로 백신 회사는 개도국에게 동의된 가격으로 백신을 장기적으로 공급한다. 세계은행이 공여 비용 지불과 재정상의 리스크를 책임진다. 5개의 공여국가(캐나다, 이탈리아, 노르웨이, 러시아, 그리고 영국)와 빌앤멜린다 게이츠 재단으로부터 저소득국가에 사용될 폐렴 질환 백신에 대한 선시장공약으로 15억 달러가 보장된다. 2011년까지 총 37개국이 백신을 지원받았으며, 16개국은 GAVI를 통해 지원받았다.

(e) 채무스왑

채무스왑은 채무국가의 부채를 면제해주는 대신 해당국가로 하여금 공적 기여 활동에 재투자를 장려하는 형태의 대안적 재원조달 방식이다. 자연보호 활동을 목적으로 하는 자연보호채무상계, 가난

극복을 위한 프로젝트에 재투자하는 C2D, 그리고 건강 분야의 개발 프로젝트에 재투자하는 Debt2Health 등 부채를 감면해주는 만큼 해당 채무국가는 다양한 목적의 프로그램에 재투자 한다.

자연보호채무상계(Debt-for-Nature)

자연보호채무상계는 환경 프로젝트에 재투자함으로써 두 국가 사이의 파트너십을 통해 공적 부채를 차환하는 재원조달 방식이다. 1980년대에서 1990년대 사이의 초기의 형태는 환경 NGO가 국가의 외부 채무를 구매하는 대신 국가가 특정 지역을 보호하는 형태였지만, 이후에는 채무가 현지 화폐로 변환되어 현지 환경단체나 정부기관에 의한 보호활동에 쓰이는 형태로 변하였다.

자연보호채무상계의 가장 대표적인 예는 폴란드의 에코펀드이다. 에코펀드는 1992년부터 2007년까지 대기오염, 기후변화, 생태변화, 그리고 발틱 해안 정화 등과 관련한 1,500여 개의 프로그램을 위한 자금을 조달하였다. 현재 자연보호채무상계에서 WWF(World Wide Fund)는 여러 국가들의 참여를 유도하는 대변인의 역할을 하며 모금된 펀드는 WWF로 할당된다. 프랑스와 마다가스카르의 파트너십으로 2,000만 달러(2008년), 프랑스와 카메룬의 파트너십으로 2,500만 달러(2002년), 그리고 미국과 페루간의 파트너십 체결로 4,000만 달러(2002년)의 대안적 재원 조달이 가능하였다.

대안적 개발재원의 가장 큰 의의는 재원 조성이 선진국과 개도국의 국제적 연대 아래 이루어지고 있다는 것이다. 과거에는 재원 조성이 선진국의 몫이었고 재원의 사용에 대해서만 선진국과 개도국이 협의하였지만, 혁신적 개발재원은 재원 조성에서부터 개도국이 활발하게 참여하고 있다. 2015년까지 MDGs 달성이라는 공동목표 아래 전 세계가 함께 재원 조성을 위해 노력하고 있다. 그러나 여전히 개발재원의 대부분을 차지하는 것은 기존의 공여국들이 정부 예산에서 납입하는 ODA이다. 대안적 개발재원을 더욱 다양화시키고, 실행하는 것은 전 세계적인 과제이다(조은진, 2010). 이러한 대안적 개발재원이 성공적인 개발 재원으로 가장 잘 실행되고 있는 좋은 예로 세계백신연합(Global Alliance for Vaccines and Immunization, GAVI Alliance)를 설명하고자 한다.

3. 세계백신면역연합 GAVI Alliance

세계백신연합은 2000년에 수립된 민관협력기관으로서, 어느 한 기관이나 단체의 노력만으로는 이룩할 수 없는 면역체계 증진 목표를 실현하기 위하여 공공-민간분야가 서로 협력할 수 있도록 지원하는 단체이다. 특히 GAVI는 선진국과 개발도상국 정부, 세계아동기구, 세계보건기구, 세계은행 등의 국제기구와 NGO, 백신 제조기업, 공공보건연구기관 등이 참여하는 연합체로서 민주적인 거버넌스 구조를 가지고 있다.

또한 개발도상국 정부에서 사업을 직접 주도하게 해서 보건사업의 효과성을 증진할 뿐만 아니라 지속적인 보건체제의 역량을 강화 하는데 주력하고 있다. 커뮤니티 중심의 의료 서비스를 제공해

지역의 자생력을 키우는 것도 GAVI의 역할 중 하나다. 또한 앞에서 설명한 대안적 개발재원의 수단인 선시장 공약(AMC)을 통하여 기존의 백신사용을 활성화하며 신백신 개발을 촉진하며 있으며, 국제백신개발채권(IFFIm)으로 법적인 구속력의 형태로 안정적이고 지속적인 개발재원을 성공적으로 충당하고 있다. GAVI Alliance는 다음과 같은 다섯 가지 전략 목표를 지향하고 있다. ① 지속적인 면역 처방 및 기타 보건 서비스 제공을 통한 수혜국가의 보건체제 역량강화 ② 충분히 사용되지 못하고 있는 기존의 백신 및 새로운 백신 사용의 활성화, 백신관련 기술들의 통합 및 백신 공급의 안전성 강화 ③ 지속가능한 방법의 면역처방 및 공공의료서비스를 시행하는 국가들의 보건체제 역량 강화 ④ 국가면역처방프로그램 운영자금의 장기적이고 안정적인 지원 ⑤ 업무 효율성 향상, 지지도 확보 및 지속적인 혁신을 통해 공공-민간 세계보건 협력체로서 GAVI의 부가가치 증가 등이다.

그렇다면 이러한 목표를 어떻게 성취하고 실행하고 있는지에 관해 GAVI의 성과, 연합체로서의 GAVI의 거버넌스 구조와 특징을 살펴보고, 사업의 특성에 대해 알아보고 혁신적 개발재원을 어떻게 구체적으로 실행하고 있는지 살펴보자.

GAVI의 가시적 성과

전 세계에서 매년 2백만의 아이들은 예방접종으로 생명을 살릴 수 있음에도 불구하고 죽어가고 있다. 이것은 매 20초마다 한명의 아이가 사망하고 있다는 것을 뜻한다. 사망하는 대부분의 아이들은 개도국에 한정되어 있다. 저소득 국가의 아동 사망률은 다양한 원인으로 나타나는데 〈그림 1〉에서 나타나듯이 신생아(생후 28일 이내)의 죽음은 미숙아이거나 체중미달, 감염이나 저산소증 그리고 출산시 트라우마(Trauma)에서 나타나게 되며, 대다수의 아이들은 5세 미만의 나이에 폐렴이나 설사에 의한 질병에 의해서 사망하게 된다.

〈그림 1〉 저소득 국가의 아동사망의 원인

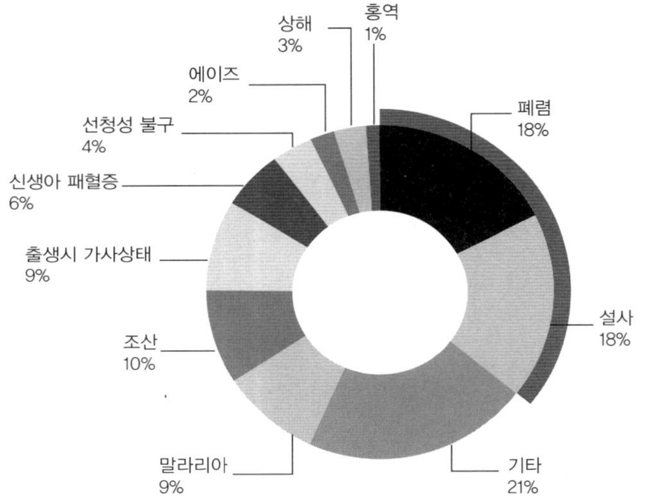

재인용 GAVI(WHO, World Health Statistics 2010)

그러나, 대부분의 질병은 조기 치료인 예방 접종으로 예방될 수 있다. 〈그림 2〉에서 볼 수 있듯이 2010년부터 2010년까지 GAVI의 지원을 통해 약 500백만 명 이상의 조기사망을 방지하였으며, 약 288백만 명의 아이들이 GAVI를 통해 예방 접종을 할 수 있었다. 약 5,090만 명의 어린이들에게 디프테리아, 파상풍, 백일해(DTP)의 예방 백신을 처방하였으며, 1억 9,220만 명의 어린이들의 B형 감염예방 백신 처방, 및 약 4,170만 명의 늑막염과 폐렴 등의 치명적 감염을 일으키는 B형 유행성 인플루엔자(Hib) 예방 접촉 처방 및, 약 3,560만 명의 어린이들의 황열병 예방 백신 처방을 하였다.

〈그림 2〉 GAVI의 예방접종으로 인한 질병 예방 성과

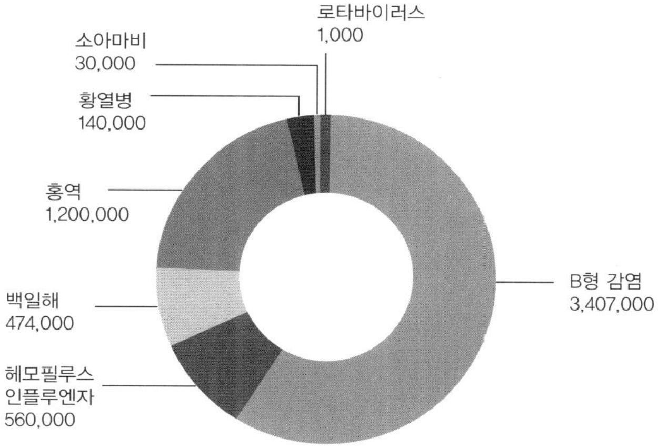

재인용 GAVI (WHO, World Health Statistics 2010)

GAVI의 거버넌스

GAVI는 정부, 국제 기구, 시민사회, 백신업계, 전문가 등 총 28석으로 구성된 이사회로 〈그림 3〉에서 보는 바와 같이 GAVI 대표, World Bank, WHO, UNICEF, 빌게이츠 재단, 5개 공여국(① USA/Canada/Australia ② UK/Norway/Ireland ③ Italy/Spain ④ France/Luxembourg/EC/Germany ⑤ Netherlands/Sweden/Denmark), 5개 수원국, 2개 백신업체,

1개 시민사회 단체, 1개 보건연구기관, 독립 인사 9인으로 구성되어 있으며, 여기에 6개의 위원회 및 자문위원회가 운영되고 있다. GAVI의 이사회는 GAVI의 전략적 비전과 방향을 제시하고, 주요 안건들을 결정하며, 수혜국가에 대한 면역처방 프로그램의 지원을 승인한다. 이사회는 위원회의 다양한 활동을 바탕으로 주요 핵심 정책의 개발을 지원하며 세부적인 활동들을 감독한다. 특히 GAVI의 의사결정 구조는 이사회의 만장일치로 결정되는데 28석의 의견을 조율하여 결정하는 구조를 가지고 있다. 이를 통해 다양한 이사회의 구성원들의 의견을 적극 반영하여 민주적인 합의체를 유지하는데 최선을 다하고 있는 점을 발견할 수 있다.

〈그림 3〉 GAVI의 파트너십

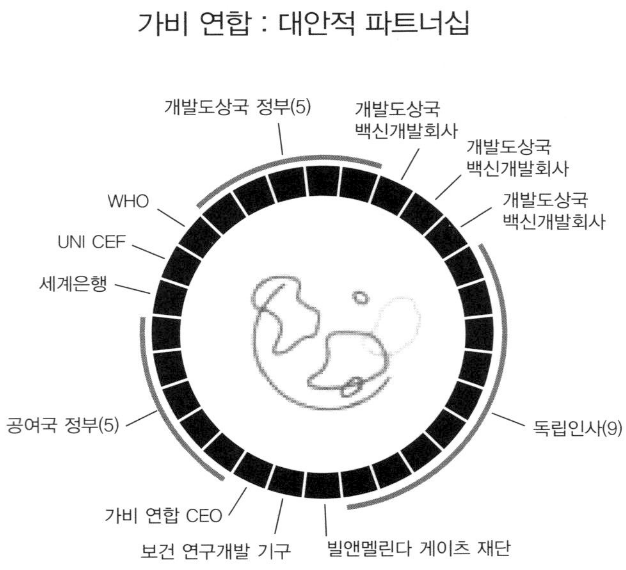

GAVI web site

사업의 특징

GAVI는 현장직원을 직접 파견하지 않고 수혜국 정부로부터 사업보고서를 보고받는 형식의 관리 시스템을 가지고 있다. 이는 운영비를 5%를 한정하는 원칙을 유지하기 위한 방식이며 수혜국가들의 국가 역량을 개발하고 주체성을 강화하기 위해서 면역처방사업의 능동적인 파트너로 여긴다. 수혜대상국은 유엔아동기금(UNICEF)과 세계보건기구(WHO) 등을 포함한 GAVI 파트너들의 도움을 받아 자국에서 실시해 오던 면역처방 프로그램들을 평가하고, 사업진행 시 발생할 수 있는 난관들과 기회 및 국내의 요구사항들을 자세히 파악하면서 자국의 면역처방 범위의 확대를 위한 다년간의 세부계획을 준비한다. 또한 GAVI는 성과 기반의 보상시스템을 통해서 수혜국가 스스로 자국의 면역처방 적용범위를 확대하도록 장려한다는 목표를 갖고 있다. 수혜 국가들은 DTP3(디프테리아, 백일해, 파상풍) 백신을 세 차례 모두 접종한 어린이의 숫자가 국가 목표를 초과하여 한 명씩 증가할 때 마다 미화로 20달러를 받게 된다.

재원현황

GAVI는 그동안 제한이 많았던 면역분야에 대한 자금 지원 문제를 해결하기 위해 직접적인 기여방식으로 자금을 조달해 왔으며, 최근에는 민간분야의 솔루션을 공공분야에 적용한 두 가지 혁신적인 방법으로 자금을 조달해 오고 있다. 첫째는 개발도상국에 필요한 백신을 개발하는데 드는 막대한 초기비용을 해결하기 위한 선시장공약(AMC)이고, 둘째는 지원국의 경제적 부담을 줄이는 동시에 개발도상국에게는 한층 지속적이며 예측 가능한 자금조달을 위해 설립된 국제백신개발채권(IFFIm)이다.

1) 직접기여 : 미국, 영국, 노르웨이, 네덜란드 등 공여국 정부의 재정 지원, 빌게이츠 재단 등 민간 부문 지원이다.

〈표 2〉 면역, 질병에 직접 기여금액

국가	기간	금액
미국	2001년부터 10년간	6억 4,700만불
영국	2000년부터 19년간	3억 5,300만불
노르웨이	2001년부터 11년간	5억 2,300만불
네덜란드	2001년부터 10년간	2억 1,600만불
캐나다	2002년부터 15년간	1억 9,900만불
게이츠 재단	2000년부터 14년간	15억불

GAVI

한국은 2010년부터 신규 공여국(2010년부터 12년간 100만불)로 참여하기로 하였으며, 2011년 7월부터 미국, 호주, 캐나다, 일본, 한국 공여국 그룹에 참여하여 본격적인 이사회 활동에 착수하고 있다.

2) 선시장공약(Advance Market Commitments, AMC)

2009년 6월 GAVI, 세계은행, WHO, UNICEF,와 5개국(이탈리아, 영국, 캐나다, 러시아, 노르웨이), 그리고 빌앤멜린다 게이츠 재단이 최초로 폐렴 백신을 공급하기 위해 출범한 것이 선시장공약(AMC)이다. 이것을 통해서 1조 5천억 원의 지원을 약속 받았다.

〈표 3〉 AMC 시범 프로그램 선약정금액 현황

(단위 : 백만불)

구분	이탈리아	영국	캐나다	러시아	노르웨이	빌게이츠재단	합계
약정액	634	485	200	80	50	50	1,500

GAVI

공여국이 제약회사들이 개발도상국들이 필요한 백신을 개발, 제조하는 것을 장려하기 위해 백신이 시장에 출시되었을 때의 가격을 보장하는 자원을 지원함으로써 제약회사에게는 개발도상국이 필요로 하는 백신을 개발하고 제조하는 인센티브를 제공하고, 개발도상국에게는 보다 장기적이고 예측 가능한 백신 공급을 보장하게 된다. 2010년 3월 글락소스미스클라인(GSK) 와 화이저(Pfizer)가 향후 10년간 3천만 개의 폐렴 백신을 공급하는 AMC의 제약회사 파트너가

〈그림 4〉 AMC 시범 프로그램의 백신 가격에 대한 지불 구조

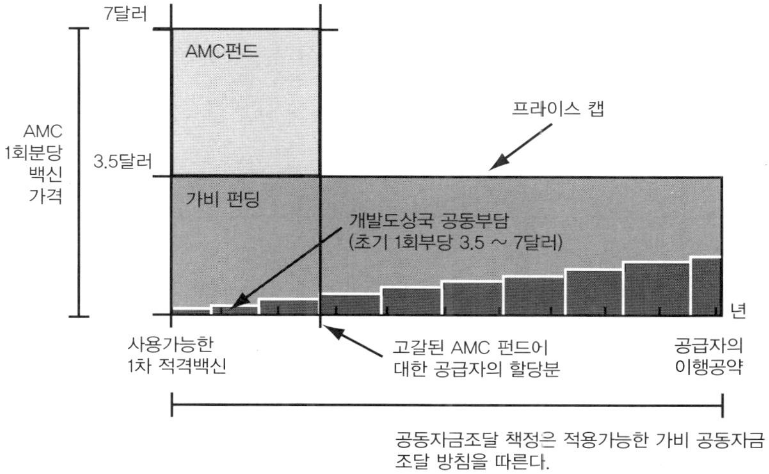

GAVI

되었다. 백신의 비용은 GAVI와 백신을 공급받을 개발도상국에서 공동 부담하며 일 회분이 3.5달러에 제공될 예정이다. AMC 후원국과 기관들이 전체 백신개발 및 제조·비용의 20%를 지원하게 된다.

3) 국제백신개발채권(International Finance Facility for Immunisation, IFFIm)

국제백신개발채권은 각국정부의 지원공약을 바탕으로 국제자본시장에서 채권을 발행해 백신기금을 모금하는 혁신적 자금조달 메커니즘으로, 채권발행 수익은 GAVI 프로그램에 바로 쓸 수 있는 현금으로 전환되어 2006년 첫 채권 발행 후 2009년까지 23억 달러를 모금했으며, 백신공급을 통해 총 140만의 인명을 구했다. 특이 이는 국제사회에서 20년 이상의 장기적이고 법적인 의미를 지는(legally binding) 지원을 이끌어낸 역사상 첫 펀딩 메커니즘이란 의의가 있다. 지원국에게는 경제적 부담을 줄이는 동시에, 백신공급에 있어서는 한층 더 예측 가능한 자금을 확보하는데 기여한다.

〈표 4〉 각국정부의 IFFIm 기여현황

공여국	기간	규모
오스트레일리아	20년	2억5,000만 호주 달러
프랑스	20년	12억4,000만 유로
이탈리아	20년	4억7,350만 유로
네덜란드	8년 (2009 – 2016)	8,000만 유로

노르웨이	5년	2,700만 US 달러
	10년	15억 노르웨이 크로너
남아프리카공화국	20년	2,000만 US 달러
스페인	20년	1억8,950만 유로
스웨덴	15년	2억7,620만 스웨덴 크로너
영국	20년	13억8,000만 UK 파운드
	20년	2억5,000만 UK 파운드

GAVI

4. 맺으며

GAVI와 다른 국제기구와의 차이는 현장에 직원을 파견하지 않는 것이다. GAVI는 이런 방식으로 재단의 비용을 절감하고 있다. 집행에 사용되는 재원도 전체 지원금액의 5% 미만으로 엄격하게 제한하고 있다. 또 각국의 보건 사업 분야에 GAVI 계좌를 통해 직접 비용을 전달함으로써 수혜국들의 부정이나 횡령 등을 원천적으로 봉쇄하고 있다. GAVI는 현장에 직원을 파견하지 않는 대신 독특한 정보관리체계를 만들었다. 케냐 보건부에서는 각 가구별 보고서에 해당하는 '513보고서'부터 월·6개월·일 년 단위의 단계별 보고서인 '516보고서' 등을 작성해 GAVI에 제출한다. 이렇게 모니터링을 철저히 하기 때문에 돈이 샐 염려가 없다는 게 케냐 보건부의 설명이다. 보건부 지역건강국 제임스 므위타리 국장은 "GAVI의 특징 중 하나는 각국의 정부를 통해 지급되는 것이 아니라 워크 플랜(사업 계획)에 따라 사업처에 직접 배당된다는 점"이라며 "이 계획대로 사업이 집행됐는지 일 년에 한 번 시민사회의 검증을 받은 보고서를 제출해야 다음 사업이 진행된다"고 말했다. 사업예산이 재무부나 보건부 등으로 전해졌을 때 GAVI의 원래 취지인 백신 공급에 돈이 쓰이지 않고 수도 개설, 학교 증설 등 다른 사업으로 돈이 유용되는 것을 막을 수 있게 하기 위한 취지다.

커뮤니티 중심의 의료 서비스를 제공해 지역의 자생력을 키우는 것도 GAVI의 역할 중 하나다. 2009년부터 케냐 지역에선 8개 도 중 상대적으로 보건 환경이 좋은 중앙과 나이로비를 제외한 6개 도, 53개 지역에 3,500개의 디스펜서리(지역 보건소)를 세웠다. 이 지역보건소가 7~10개 정도의 마을을 관할하고 각 마을에선 3~4명 정도의 마을보건사(CHW)가 활동한다. 이렇게 각 마을 단위를 기초로 한 체계적인 시스템 덕분에 현재 케냐는 접종률 목표치 85% 중 이미 79%를 채웠다. 단순한 예방접종 뿐 아니라 기본적인 보건 위생에 대한 주민 인식도 높아지고 있다. 카지도의 구립 보건소 수잔 오헤노 전략팀장은 "GAVI의 지원으로 지역봉사자인 CHW를 교육하고 관리하는 광역마을보건사(Community Health Extention Worker, CHEW)가 육성됨에 따라 지역 단위에서의 보건 사업을 활성화할 수 있게 됐다"고 말했다. 오헤노 팀장은 "인구의 70%가 학교를 다니지 않는 마사이족에게는 동물들이 먹는 물을 그냥 마시지 말고, 모유수유를 통해 신생아의 면역력을 키우라는 기초적인 교육만으로도 질병을 예방할 수 있다"고 말했다. CHEW는 25명 내외의 CHW를 담당한다. 이들은 환경보건(2년제)이나 간호 분야(2년~2년 6개월)의 교육을 이수한

자들로 GAVI로부터 월급을 받고 있다. 이처럼 GAVI는 단순한 백신 공급에 그치지 않고, 백신이 모두에게 전해지도록 인프라 구축비용까지 지원한다. 의료 인력 양성에 드는 돈이나 의료 인력이 활동하는 데 드는 자동차·오토바이 등을 지원하는 다면적 지원을 하고 있는 것이다. GAVI가 이런 시스템을 구축할 수 있었던 것은 GAVI만의 새로운 국제 협력 리더십의 모델이 있기 때문이다. 보건부 므위타리 국장은 "GAVI는 글로벌 파트너들과 재정을 함께 운영하기 때문에 재정 지원 규모가 크고 안정적일 뿐만 아니라 새로운 백신을 값싸게 공급받는데도 효과적"이라며 "지원을 받는 입장에서 GAVI의 까다로운 절차들이 성가실 때도 있지만 수치를 통해 GAVI가 질병 발생률을 현저하게 떨어뜨렸다는 것을 확인할 때마다 GAVI의 중요성을 실감하게 된다"고 말했다.

전 세계적 수준에서 개발을 위한 재원 규모를 살펴볼 때, 정부가 주도하는 ODA는 해외직접투자(FDI)의 절반 정도이고 자국노동자의 송금액의 약 1/3 규모이다. 이러한 현실에서 정부가 기업과 NGO를 포함한 민간영역과의 파트너십을 통해 질병퇴치라는 지구 공공성 제고를 위해 노력하는 것은 더 이상 선택이 아닌 당면한 과제이다. 상대적으로 적은 규모로 원조를 집행하는 한국의 경우 원조의 효과성을 높이기 위해서 공공재단, 기업, 시민사회 등 민간영역에 속해 있는 다양한 개발협력주체들의 힘을 모으고 재원을 동원하는 촉매제 역할을 본격적으로 수행할 수 있는 공공성의 파트너십이 더욱 요청된다.

참고문헌

김태균. 2011.「ODA를 넘어서 : 국제개발원조를 위한 혁신적 재원조달에 관한 연구」.『21세기정치학회보』 22권 1호.

주동주. 2010.「국제 원조의 규범과 실태」.『한국의 개발협력』 창간호.

조은진. 2010.「혁신적 개발재원 논의 동향」.『한국의 개발협력』 창간호.

웹사이트

www.odakorea.org

www.undp.org

www.gavilliance.org

www.iff-immunisation.org

www.vaccineeamoco.org

www.leadinggroup.org

이동수
서울대학교 정치학과에서 학사와 석사를 취득하고, 미국 밴더빌트대학교(Vanderbilt University)에서 정치학 박사학위를 받았다. 대통령직속 녹색성장위원회 위원, 대통령실 정책자문위원을 역임했으며, 현재 경희대학교 공공대학원 원장으로 있다. 『미래와의 소통』(편저), 『민주주의 강의 4 : 현대적 흐름』(공저), *Democracy and Social Justice in Asia and the Arab World*(공저), 「지구시민의 정체성과 횡단성」, 「미국건국에 있어서 공공성과 공동성」, 「르네상스기 이태리 도시국가의 정부」, 「소통정치와 미디어」 등의 저서와 논문이 있다.

김태영
경희대학교 정치외교학과를 졸업하고 서울대학교와 미국 시라큐스대학교(Syracuse University)에서 각각 석사학위를, 미국 코넬대학교(Cornell University)에서 박사학위를 받았다. 안전행정부 정책자문위원, 자체평가위원 등을 역임했으며, 현재 경희대학교 행정학과 교수, 공공대학원 부원장을 맡고 있다. 『정책학의 주요이론』(공저), *Public Management*(공저), 『행정학 한국화』(공저), *Dynamics of Government Innovation*(공저), 『다산의 행정개혁』(공저), 『정부혁신의 철학적 기초에 관한 소고』, 『재정분권정책에 대한 비판적 고찰』 등의 저서와 논문이 있다.

신동면
연세대학교 행정학과를 졸업하고, 동 대학원에서 석사, 박사학위를 취득하였고, 영국 바스대학교(The University of Bath)에서 사회정책학 박사학위를 받았다. 한국사회정책학회 연구위원장, 한국정책분석평가학회 연구위원장을 역임했으며, 현재 경희대학교 행정학과 교수로 재직하며 한국사회정책학회 부회장을 맡고 있다. *Social and Economic Policies in Korea : Ideas, Networks, and Linkages*, 『동아시아 국가의 공공부조』, 『사회양극화 극복을 위한 사회정책 구상』(편저), 『갈등과 제도』(공저), 『박정희의 맨얼굴』(공저) 등의 저서와 논문들이 있다.

김운호
경희대학교 경영학과를 졸업하고 동 대학원에서 경영학 박사학위를 받았다. 1999 서울NGO세계대회 조직위원회 프로그램기획단장, 행정자치부 공익사업심사위원을 역임했으며, 현재 경희대학교 공공대학원 교수, 경희미래위원회 사무총장, 한국비영리학회 부회장,

사회복지공동모금회 기획분과실행위원으로 있다. 『행복과 21세기 공동체』(공저), 「NPO 리더의 과업에 따른 역할유형에 관한 연구」, 「비영리단체 모금의 성공요인과 기준에 관한 소고」 등 저서와 논문이 있다.

남순건

서울대학교 물리학과를 졸업하고, 미국 예일대학교(Yale University)에서 입자물리학이론으로 박사학위를 받았다. 현재 경희대학교 물리학과 교수로 재직 중이며, 일반대학원 원장과 한국물리학회 입자물리분과 위원장을 맡고 있다. 세계 물리의 해에 『웰컴 아인슈타인』이라는 프로그램으로 KBS에 출연하였으며 『스트링코스모스』, 『정확히 풀리는 양자계』(공저), 『과학이 나를 부른다』(공저) 등의 저서와 다수의 국제학술지 발표논문이 있다. 최근 들어서는 소외지역의 과학대중화를 위해 울릉도, 서귀포, 부안군 등의 고등학교를 찾아가 과학강연을 하고 있다.

이영식

서울대학교 화학과를 졸업하고, 동 대학원에서 석사학위를, 미국 컬럼비아 대학교에서 적외선 다이오드 레이저분광학 연구로 이학박사 학위를 받았다. 미국 국립 로렌스 버클리 연구소 연구원을 거쳐 현재 경희대학교 응용화학과 교수로 재직 중이며, 후마니타스칼리지 학장을 맡고 있다. 화학, 일반화학 분야의 다수의 번역서와 저서가 있고, 녹색교육센터를 설립하여 중학교, 고등학교의 〈환경과 녹색성장〉 교육과정 개편, 환경분야 모델 교과서 제작, 지속가능발전 분야 공공기관 교육기부 자문 등을 하고 있다.

송세련

미국 보스턴칼리지(Boston College : B.S. Physics)와 보스턴칼리지 로스쿨(Boston College Law School : J.D.) 및 하버드 케네디 스쿨(Harvard Kennedy Schoo : M.P.P.)을 졸업했다. 현재 경희대학교 법과대학 교수로 재직 중이며, 총장실 정책위원을 맡고 있다. 미국 변호사, 맥킨지 경영 컨설턴드, 미국내 커뮤니티 활동경력을 토대로 기업지배구조, 기업의 사회적 책임, 비즈니스와 인권 등 기업 및 글로벌 이해관계자관련 영역에 대해 주로 연구활동을 하고 있다.

이화용

이화여자대학교 정치외교학과를 졸업하고, 영국 케임브리지대학교에서 석사, 박사학위를 받았다. 한국정치학회 편집이사, 한국정치사상학회 이사 등을 맡아왔고, 현재 경희대학교 공공대학원 교수로 재직 중이다. 저서로 ***Political Representation in the Later Middle Ages: Marsilius in Context***, 『지구화 시대의 국가와 탈국가』(공저), 『유럽 민주화의 이념과 역사 : 영국, 프랑스, 독일』(공저) 등이 있으며, 「서양 중세후기 세속화의 이해」, 「주권의 경계를 넘어서-지구시민사회형성을 위한 규범적 논의」, 「권력과 소통의 정치학 : 영국 근대사회계약 담론을 중심으로」등의 논문이 있다.

손혁상
서울대 정치학과를 졸업하고 미국 펜실베니아대(Univ. of Pennsylvania)에서 석사학위취득과 박사과정을 수료하고 경희대학교에서 박사학위를 받았다. 참여연대 국제연대위원장과 한국국제개발협력시민사회포럼(KoFID) 운영위원, 통일부 자문위원을 역임했으며, 현재 경희대학교 공공대학원 교수와 국제개발협력연구센터장, 한국국제개발협력학회 부회장, 국무총리실 국제개발협력실행위원, 외교부와 한국국제협력단 정책자문위원으로 활동하고 있다. 『국제개발협력 첫걸음』(공저), 『구성주의 이론과 국제관계 연구 전략』(공역), *Globalization and East Asian Community*(공저), 『우리사회의 경계 : 어떻게 긋고 지울 것인가』(공저) 등의 저역서가 있다.

21세기 글로벌 사회 공공성
- 현장을 가다

발행일 1쇄 2013년 10월 31일
지은이 이동수 편
펴낸이 여국동

펴낸곳 도서출판 인간사랑
출판등록 1983. 1. 26. 제일 - 3호
주소 경기도 고양시 일산동구 백석동 1178 - 1번지 2층
전화 031)901 - 8144(대표) | 977 - 3073(영업부) | 031)907 - 2003(편집부)
팩스 031)905 - 5815
전자우편 igsr@naver.com
페이스북 http://www.facebook.com/igsrpub
블로그 http://blog.naver.com/igsr
인쇄 인성인쇄 **출력** 현대미디어 **종이** 세원지업사

ISBN 978 - 89 - 7418 - 319 - 6 93340

* 책값은 뒤표지에 있습니다. * 잘못된 책은 바꿔드립니다.

* 이 책의 내용을 사용하려면 저작권자와 도서출판 인간사랑의 동의를 받아야 합니다.

이 도서의 국립중앙도서관 출판시도서목록(CIP)은 서지정보유통지원시스템 홈페이지(http://seoji.nl.go.kr)와 국가자료공동목록시스템(http://www.nl.go.kr/kolisnet)에서 이용하실 수 있습니다.(CIP제어번호: CIP2013021756)